ADMINISTRAÇÃO REGIONAL DO SENAC NO ESTADO DE SÃO PAULO

Presidente do Conselho Regional
Abram Szajman

Diretor do Departamento Regional
Luiz Francisco de A. Salgado

Superintendente Universitário e de Desenvolvimento
Luiz Carlos Dourado

EDITORA SENAC SÃO PAULO

Conselho Editorial
Luiz Francisco de A. Salgado
Luiz Carlos Dourado
Darcio Sayad Maia
Lucila Mara Sbrana Sciotti
Luís Américo Tousi Botelho

Gerente/Publisher
Luís Américo Tousi Botelho

Coordenação Editorial
Ricardo Diana

Prospecção
Dolores Crisci Manzano

Administrativo
Verônica Pirani de Oliveira

Comercial
Aldair Novais Pereira

Edição
Bete Bhering
Cesar Baiocchi

Projeto Gráfico | Diagramação
Gustavo Coelho

Capa
Antonio Carlos De Angelis
foto: Jag / Adobe Stock

Ilustrações
Anderson Ribeiro
banco vetor: www.vecteezy.com

Colaboração
Gustavo Azevedo

Revisão de Prova
Nair Ofuji

Revisão de Textos em Português
Giselle Romualdo
Amanda Andrade

Revisão de Textos em Romaji
Franko Koitiro Fukada
Mário Toshihiro Akaki
Márcia Hissami Endo Akaki

Transcrição dos Títulos para o Alfabeto Japonês
Professor Pr. Eduardo Toshiaki Yassui

Concepção Fotográfica e Fotos
Ronaldo Catão

Impressão e Acabamento
Gráfica Serrano

Proibida a reprodução sem autorização expressa.
Todos os direitos desta edição reservados à
Editora Senac São Paulo
Av. Engenheiro Eusébio Stevaux, 823 – Prédio Editora
Jurubatuba – CEP 04696-000 – São Paulo – SP
Tel. (11) 2187-4450
editora@sp.senac.br
https://www.editorasenacsp.com.br

© Editora Senac São Paulo, 2021

Dados Internacionais de Catalogação na Publicação (CIP)
Simone M. P. Vieira – CRB 8º/4771

Catão, Ronaldo
 O sushiman: técnicas, receitas e segredos / Ronaldo Catão. – São Paulo : Editora Senac São Paulo, 2021.

 Bibliografia.
 ISBN 978-65-5536-865-9 (impresso/2021)
 e-ISBN 978-65-5536-866-6 (ePub/2021)
 e-ISBN 978-65-5536-867-3 (PDF/2021)

 1. Gastronomia 2. Sushi (receitas e preparo) 3. Sushiman 4. Culinária japonesa I. Título.

21-1381s	CDD - 641.5952
	BISAC CKB048000

Índice para catálogo sistemático:
1. Gastronomia : Sushi (receitas e preparo) 641.5952

スシマン

O SUSHIMAN
Técnicas, receitas e segredos

Ronaldo Catão

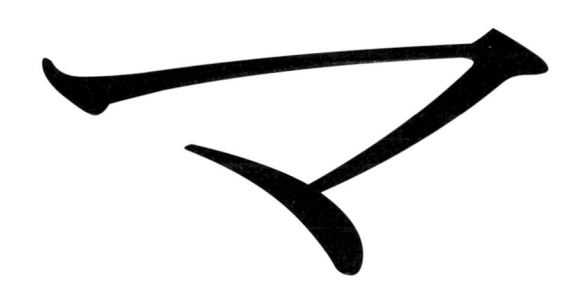

Editora Senac São Paulo – São Paulo – 2021

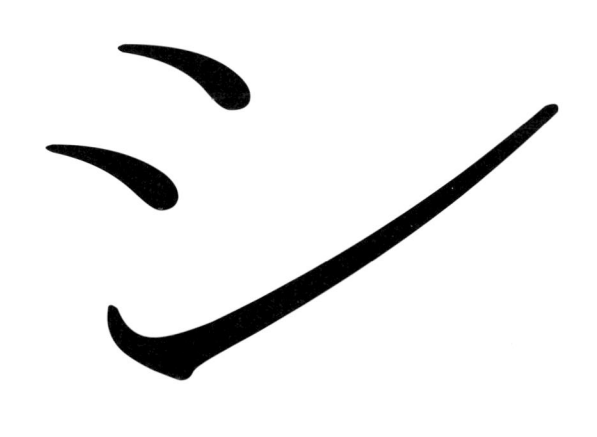

Gostaria de agradecer à minha mãe (*in memoriam*), Eny, que sempre me ajudou e me apoiou em cada empreendimento e, com sua orientação e exemplo, me fez ser quem sou, e à minha filha, Mileny. Essas duas mulheres sempre estarão no meu coração e são a razão da minha vida.

Aos meus irmãos, parentes e amigos, que, na doce função de "minhas cobaias", ajudaram-me na seleção das receitas.

Aos colaboradores e novos amigos: Giselle Romualdo, que me auxiliou com a revisão ortográfica da língua portuguesa, Franco Koitiro Fukada, Mário e Márcia Akaki, que muito contribuíram com a revisão dos textos em Romaji.

Finalmente, gostaria de agradecer ao Professor Pr. Eduardo Toshiaki Yassui, que gentilmente transcreveu os títulos dos capítulos para o alfabeto japonês.

Dedico este livro à minha querida filha, Mileny, que hoje é minha inspiração em tudo que realizo e em cada escolha que faço, e cujo nascimento me proporcionou conhecer o verdadeiro amor.

NOTA DO EDITOR

Colorida, leve, saudável. A comida japonesa é perfeita para o Brasil – país de clima tropical, solo rico para hortifrúti e uma vasta costa para os pescados. Está tão adaptada aos nossos paladares que muitos não sabem que, quando os primeiros imigrantes japoneses chegaram aqui para trabalhar nos cafezais, o choque culinário foi inevitável, pelo modo como consumíamos ingredientes que, mesmo comuns às duas culturas, eram preparados de forma totalmente diferente.

As mudanças foram ocorrendo conforme os trabalhadores trocaram as lavouras de café pelas atividades hortifrutigranjeiras. Cebolinha, acelga e couve estão entre os alimentos que foram difundidos por eles. A beleza dos pratos e os seus sabores – que podem ser delicados, mas também pungentes – conquistaram fãs em definitivo e passaram a fazer parte da cena gastronômica brasileira.

No caso do sushi, a identificação foi tão grande que hoje ele está em supermercados, sacolões, rodízios, churrascarias, restaurantes por quilo, redes de *fast-food*. As diversas variações desse maravilhoso item permitem que o público se encante com pelo menos alguma delas.

O sushiman: técnicas, receitas e segredos mostra, passo a passo, como preparar desde as variedades mais conhecidas de sushi e sashimi até aquelas pouco difundidas – e que merecem ser reveladas. Com este livro de conteúdo primoroso, o Senac São Paulo contribui para aperfeiçoar profissionais que atuam nesse amplo mercado e incentiva os "sushi--maníacos" amadores a criarem seus próprios quitutes.

紹介

SUMÁRIO

ÍNDICE DE RECEITAS 11	HOSO MAKI-ZUSHI 138
INTRODUÇÃO 20	MAKI-ZUSHI "ROLO MÉDIO" 148
DŌGU 26	HANA-ZUSHI 160
ZAIRYŌ 32	FUTO MAKI-ZUSHI 168
SHARI — Arroz para sushi 32	TOMOE MAKI-ZUSHI 178
TAMAGO-YAKI — Omelete japonesa 35	URA MAKI-ZUSHI 184
GARI — Gengibre em conserva 38	MAKIS ESPECIAIS 210
KAMPYO 39	IKA MAKI-ZUSHI 230
TAKUMAN 39	TE MAKI-ZUSHI 240
ABURA AGE 40	TE MARI-ZUSHI 258
SŌSU 54	INARI-ZUSHI 266
TEZU 61	FUKUSA-ZUSHI 272
PEIXES, OVAS E MARISCOS 66	CHAKIN-ZUSHI 278
SAKE — SALMÃO 67	SAIKU-ZUSHI 284
HIRAME — LINGUADO 73	TSUTSUMI-ZUSHI 300
SABA — CAVALINHA 77	TAZUNA-ZUSHI 306
MAGURO — ATUM 80	CHIRASHI-ZUSHI 312
IKA — LULA 85	SASHIMI 318
TAKO — POLVO 89	KAZARI 328
EBI — CAMARÃO 92	TOGI HŌCHŌ 346
NIGIRI-ZUSHI 98	O HASHI 348
GUNKAN MAKI-ZUSHI 116	GLOSSÁRIO 350
OSHI-ZUSHI 130	BIBLIOGRAFIA 355

目次

ÍNDICE DE RECEITAS

NIGIRI-ZUSHI

Sake nigiri-zushi (Passo a passo) 98
Maguro nigiri-zushi 100
Hirame nigiri-zushi 100
Maguro kyuri nigiri-zushi 100
Shiira nigiri-zushi 101
Hamachi nigiri-zushi 101
Saba nigiri-zushi 101
Meka nigiri-zushi 101
Suzuki nigiri-zushi 102
Amadai nigiri-zushi 102
Toro nigiri-zushi 102
Aji nigiri-zushi 102
Tokubetsu no tako nigiri-zushi 103
Ebi nigiri-zushi 103
Tai nigiri-zushi 103
Saba nigiri-zushi 103
Iwashi nigiri-zushi 104
Uzura tamago nigiri-zushi 104
Sake kawa nigiri-zushi 105
Sake furai nigiri-zushi 105
Unagi kabayaki nigiri-zushi 105
Abokado nigiri-zushi 106
Kazunoko nigiri-zushi 106
Izumi dai nigiri-zushi 106
Maguro hirame nigiri-zushi 107
Ichigo nigiri-zushi 107
Tamago-yaki nigiri-zushi 107
Ebi tofu nigiri-zushi 108
Tako nigiri-zushi 108
Ika nitate nigiri-zushi 108
Asupara nigiri-zushi 109
Kani nigiri-zushi 109
Ika nigiri-zushi 109
Kinusaya nigiri-zushi 110
Maguro tofu nigiri-zushi 110
Sake tofu nigiri-zushi 110
Asupara tofu nigiri-zushi 111
Asupara nigiri-zushi 111
Hotate-gai nigiri-zushi 112

GUNKAN MAKI-ZUSHI

Masago hotate-gai gunkan (Passo a passo) 116
Tobiko ika ikura gunkan 119
Ikura gunkan 119
Masago gunkan 119
Kani sarada gunkan 120
Neri uni gunkan 120
Daikon gunkan 120
Kyabia gunkan 121
Ebi sarada gunkan 121
Masago tsukimi 121
Sake sarada gunkan 122
Maguro sarada gunkan 122
Tororo tsukimi 122
Hotate-gai sarada gunkan 123
Shake okoshi gunkan 123
Kinoko gunkan 123
Maguro tataki gunkan 124
Oyako gunkan 124
Sake tataki gunkan 124
Masago gunkan 125
Kyuri sake gunkan 125
Tobiko hotate-gai gunkan 125
Kyuri toro gunkan 126
Koebi gunkan 126

OSHI-ZUSHI

Saba oshi-zushi (Passo a passo)..................130
Yaki maguro oshi-zushi...............................132
Sake kawa oshi-zushi..................................133
Ebi oshi-zushi..133
Saba shiso oshi-zushi.................................134
Tobikowasabi oshi-zushi..............................134
Ebi masago oshi-zushi.................................134

HOSO-MAKI

Shinko maki (Passo a passo)........................138
Umekyo natto maki....................................141
Kampyo maki...141
Sake maki..142
Ebi maki..142
Negi toro maki...142
Togarashi maguro maki...............................143
Maguro sarada maki...................................143
Kani maki..143
Kappa maki...144

Tekka maki..144
Sake kawa maki...144
Abokado maki..145
Kani kappa maki..145
Chizu sake maki...145

MAKI-ZUSHI "ROLO MÉDIO"

Maguro sake maki (Passo a passo)...............148
Sake no haru maki-zushi.............................151
Ahiru maki...151
Sake hot maki..152
Ebi hot maki..152
Tamago maki...152
Sake kawa maki...153
Kai maki..153
Kani sake maki..153
Hot Filadélfia maki.....................................154
Sake kawa furai maki..................................154
Tamago maki...154
Hakusai tomato maki..................................155
Hakusai sake maki.....................................155
Hakusai kani maki.....................................155
Kani tobiko maki.......................................156
Kani papaya maki......................................156
Maguro papaya maki..................................156

HANA-ZUSHI

Crisântemo hana-zushi (Passo a passo) 160
Sakana wisteria hana-zushi 163
Crisântemo wisteria hana-zushi 164
Maguro hana-zushi 164

TOMOE MAKI-ZUSHI

Kampyo tomoe maki-zushi (Passo a passo) 178
Sake tomoe maki-zushi 181
Maguro tomoe maki-zushi 181

FUTO-MAKI

Kani tamago futo-maki (Passo a passo) 168
Sake kawa futo-maki 171
Unagi futo-maki 171
Kampyo futo-maki 172
Takuwan futo-maki 172
Tashoku no futo-maki 172
Sakana futo-maki 173
Shiitake futo-maki 173
Filadélfia sake futo-maki 173
Mangoo futo-maki 174
Atsui futo-maki 174

URA-MAKI

Califórnia ura-maki (Passo a passo) 184
Tobiko ura-maki 187
Yoshiki ura-maki 187
Kani furai ura-maki 188
Sake ura-maki 188
Togarashi maguro ura-maki 188
Califórnia cheese ura-maki 189
Masago ura-maki 189
Gazami ura-maki 189
Unagi abokado ura-maki 190
Masago sake ura-maki 190
Abokado ura-maki 190

Shokubutsu no ura-maki	191
Kokonatsu ura-maki	191
Paseri ura-maki	191
Kani ikura ura-maki	192
Abokado maguro ura-maki	192
New York ura-maki	192
Renkon sake ura-maki	193
Gunto ura-maki	193
Unagi ura-maki	194
Ebi tem ura-maki	194
Golden Califórnia ura-maki	194
Kaikan ura-maki	195
Rainbow ura-maki	195
Kani tobiko crispy ura-maki	195
Tanpo ura-maki	196
Camino ura-maki	196
Ebi masago ura-maki	196
Oishii ura-maki	197
Kokonatsu no mi ura-maki	197
Kami ura-maki	197
Ebi tobiko ura-maki	198
Shiitake furai ura-maki	198
Soboro ura-maki	198
Asupara ura-maki	199
Tokubetsu no toro ura-maki	199
Sake chizu ura-maki	199
Abokado sake ura-maki	200
Sake tobiko ura-maki	200
Shikisai ura-maki	200
Ebi sakana ura-maki	201
Ahiru ura-maki	201
Atama ura-maki	201
Masago sake ura-maki	202
Yasai ura-maki	202
Abokado ura-maki	202
Niji ura-maki	203
Yasai sake maguro ura-maki	203
Negi maguro ura-maki	204
Ebi no tempura ura-maki	204
Hot califórnia ura-maki	204
Masago wasabi ura-maki	205
Sake kawa ura-maki	205
Ibusu ura-maki	205
Meka ura-maki	206
Saya ura-maki	206
Kani tobiko ikura ura-maki	206

MAKIS ESPECIAIS

Kemushi ura-maki (Passo a passo)	210
Doragon ura-maki	213
Ebi no tempura ura-maki	215
Niji ura-maki	218
Kyuri maki-zushi	220
Daikon maki-zushi	222
Ninjin maki-zushi	222
Maguro horenso ura-maki	223

IKA MAKI-ZUSHI

Ika no sugata-zushi (Passo a passo)	230
Kansatsugan maki-zushi	231
Matsukasa maki-zushi	233
Ika sake maki-zushi	235

TE-MAKI

Ebi tobiko te-maki (Passo a passo)	240
Sake te-maki	242
Toro te-maki	243
Negi toro te-maki	244
Sake kawa te-maki	244
Asupara te-maki	244
Ahiru te-maki	245
Kani te-maki	245
Kurimu te-maki	246
Bifu suteki te-maki	246
Anago masago te-maki	247
Unagi abokado te-maki	247
Negi sake te-maki	247
Hamachi te-maki	248
Maguro togarashi te-maki	248
Sake karikari te-maki	248
Ebi negi te-maki	249
Ebi kyabia te-maki	249
Abokado toro te-maki	249
Ikura te-maki	249
Sake ikura te-maki	250
Shiitake te-maki	250
Sake ibusu te-maki	250
Abokado te-maki	251
Califórnia te-maki	251
Ebi kyabia te-maki	251
Sake te-maki	252
Ebi yasai te-maki	252
Sake tojudjo te-maki	252
Maguro masago te-maki	253
Sake togarashi te-maki	253
Maguro togarashi te-maki	253
Kani hamachi te-maki	254
Sake daikon te-maki	254
Ika te-maki	254

TE-MARI

Sake te-mari (Passo a passo)	258
Gyokai te-mari	259
Unagi te-mari	260
I-gai te-mari	260
Suzuki hakusai te-mari	260
Ikura tai te-mari	261
Maguro kyabia te-mari	261
Saba te-mari	261
Ikura ika te-mari	262
Maguro te-mari	262
Ebi te-mari	262

INARI-ZUSHI

Shari inari-zushi (Passo a passo)	266
Sake inari-zushi	268
Ninjin inari-zushi	268
Kombu inari-zushi	269
Shiitake inari-zushi	269

FUKUSA-ZUSHI

Ebi fukusa-zushi (Passo a passo) 272
Sake fukusa-zushi... 274
Maguro fukusa-zushi.. 274

SAIKU-ZUSHI

Shikaku saiku-zushi (Passo a passo).............................. 284
Shikai saiku-zushi.. 288
Takuwan saiku-zushi.. 292
Kaika saiku-zushi 295

CHAKIN-ZUSHI

Ebi chakin-zushi (Passo a passo) 278
Shiitake chakin-zushi 280
Ika chakin-zushi 280

TSUTSUMI-ZUSHI

Saba-zushi (Passo a passo)... 300
Hirame tsutsumi-zushi... 302

TAZUNA-ZUSHI

SASHIMI

Ebi tazuna-zushi (Passo a passo)	306
Satokibi tazuna-zushi	308

Sakana sashimi (Passo a passo)	318
Suzuki usu-zukuri	320
Amadai usu-zukuri	321
Maguro oroshi-zukuri	321
Hana sakana sashimi	321
Hana sashimi	323
Tako sashimi	323
Ika sashimi	324
Oil fish sashimi	324

CHIRASHI-ZUSHI

Tobiko chirashi-zushi (Passo a passo)	312
Kampyo chirashi-zushi	314
Ibusu chirashi-zushi	314

序文

INTRODUÇÃO

INTRODUÇÃO

O porquê deste livro

Devo ter degustado meu primeiro par de nigiris em 1982, quando estava com 18 anos de idade. A partir de então, minha ida a restaurantes japoneses e sushi bares se tornou frequente, tanto em Brasília quanto em outras cidades do país. Desde essa época, como típico cozinheiro de finais de semana, me aventurava a preparar pratos para degustar com familiares e amigos. Por ser uma prática muito prazerosa, passei a colecionar as receitas de maior sucesso, em especial as de peixes e frutos do mar.

Mas não parou por aí. Por volta do ano de 1990, resolvi preparar um tempura de camarão para as minhas "cobaias". Para isso, comprei meu primeiro livro de culinária japonesa, que, além de receitas de pratos quentes, trazia orientações sobre o preparo de uma pequena variedade de sushis. Com posse dessas receitas, tomei coragem e decidi preparar alguns makis (sushis enrolados). Posso dizer que o resultado dessa experiência ultrapassou o razoável, o que me fez acreditar que poderia dar continuidade à minha aventura.

Desde então, passei a adquirir todo o material sobre o assunto. Comprava tudo o que encontrava em livrarias, sebos e internet, desde livros de bolso a cursos completos em vídeo. Hoje, possuo um acervo literário com mais de 60 obras, vídeos e DVDs nacionais e estrangeiros sobre sushi, sashimi e culinária japonesa em geral.

Em 2007, resolvi deixar um pouco de lado o meu perfil autodidata e iniciei um curso profissionalizante, com duração aproximada de duas semanas. Ao término do curso, comecei a reunir receitas retiradas de todo o material que havia adquirido e preparei um cardápio próprio.

Durante esse despretensioso período de pesquisas, conheci diversos tipos de sushi e uma infinidade de receitas afins. Notei, porém, uma enorme ausência de informações detalhadas e divergências acerca das técnicas tradicionais mais utilizadas, além de erros primários de tradução (quase 100% das obras que adquiri eram de origem estrangeira[1]).

Diante disso, conclui que mesmo uma pessoa interessada como eu encontraria muita dificuldade para adquirir mais conhecimento sobre a arte de preparar, com excelência, qualquer prato de comida japonesa. Ainda que dispusesse de livros e cursos profissionalizantes, seria um grande desafio.

Resolvi, então, escrever este livro. E, durante essa rica caminhada, tornei-me um criterioso pesquisador, o que me permitiu comparar e experimentar as mais diversas técnicas, além de testar e executar receitas, extraindo das fontes disponíveis o máximo de conhecimento e reunindo tudo em uma só obra.

É certo que seria impossível colocar tudo em pouco mais de 300 páginas, mas ofereço aqui o que há de melhor em tudo o que estudei, aprendi e experimentei, e estou seguro de que abordei os pontos mais importantes.

Este livro é destinado aos apreciadores da culinária japonesa, mais precisamente, do sushi e sashimi. E espero, sinceramente, satisfazer, em grande escala, aos sushi-maníacos – como eu era na juventude – e aos profissionais que queiram aprofundar seus conhecimentos ou apenas apresentar um menu mais variado aos seus clientes.

Bom proveito!

---

1 Até então, havia apenas três publicações nacionais de autores brasileiros.

As origens do sushi

O sushi é atualmente um dos pratos mais representativos do Japão, apesar de ser, supostamente, originário da China. Isso porque foi na literatura chinesa, ainda no final do século II D.C, que encontraram, pela primeira vez, registros sobre esse maravilhoso prato. Acredita-se que o sushi na sua forma mais primitiva foi introduzido no Japão no século VIII D.C., embora essa data não seja muito precisa.

O conceito de sushi naquela época era bem diferente do que conhecemos hoje. No Japão, para que os peixes pudessem ser armazenados ou transportados para outros lugares, eram conservados no arroz cozido - que libera o ácido láctico e acetico -, garantindo sua qualidade por mais tempo. Assim, retirava-se a cabeça e as vísceras, e o filé era conservado salgado entre camadas de arroz e sob o peso de uma pedra, onde o peixe fermentava naturalmente. A fermentação poderia durar até três anos, e só então o peixe era consumido e o arroz, descartado. Esse prato era chamado de Funa-zushi[1].

Por volta do século XV, surgiu o Nama-nari-zushi, que também obedecia à mesma forma de preparo do Funa-Zushi, porém, o tempo de fermentação era de apenas um mês e o arroz era consumido junto com o peixe, que passou a ter um sabor mais jovial após a fermentação. Em algumas cidades do Japão, o Nama-nari-zushi ainda é preparado utilizando vários tipos de peixes e moluscos.

Mais adiante, esse desenvolvimento foi alavancado por ocasião da introdução do vinagre de arroz no método de fermentação, o que encurtava consideravelmente o tempo desse processo. No século XVII, o uso do vinagre possibilitou o surgimento do Haya-zushi, sushi preparado dentro de uma caixa de madeira. O arroz era misturado ao vinagre, colocado na caixa e coberto com filé de peixe salgado. Sobre a tampa da caixa também era colocada uma pedra, assim como no preparo do nare-zushi, mas o tempo de fermentação, nesse caso, era de apenas 12 horas.

A descoberta do método baseado na utilização do vinagre também deu origem a outros tipos de Haya-zushi, como o Kiri-zushi e o Sasa-maki-zushi. O Kiri-zushi, que é o precursor do Hako-zushi, também é preparado em uma caixa de madeira, na qual o arroz é coberto com peixe avinagrado e depois tampado e prensado com uma pedra. Já o Sasa-maki-zushi tem um preparo diferenciado. Uma pequena porção de arroz avinagrado é coberta com filetes de peixe e embrulhada numa folha de bambu (sasa), também prensada com uma pedra. O Haya-sushi continua sendo o fundamento de vários tipos de sushi modernos que são feitos sem o uso do peso da pedra.

Entre as variações de sushi mais conhecidas, está o Nigiri-zushi (sushi feito à mão), que surgiu no início do século XIX, na capital Edo, atual Tóquio, fato que mudou completamente a imagem tradicional do sushi. A teoria mais comum sobre o surgimento do nigiri-zushi é a de que, em Tóquio, a correria do dia a dia fez com que surgissem várias barracas para servir comida rápida. E o proprietário de uma dessas barracas, Yohei Hanaya (1799-1858), teria desenvolvido o nigiri-zushi: arroz temperado, moldado na palma da mão, combinado com uma fatia de peixe cru temperado com wasabi (raiz forte) e servido

---

1 Nos dias de hoje, alguns restaurantes em Tóquio preparam o Nare-zushi da mesma forma que o Funa-zushi, porém, utilizando a carpa de água doce.

em pequenas porções. No entanto, há registros históricos que relatam que outros comerciantes já preparavam o nigiri-zushi, com pequenas variações no formato e na cobertura. Portanto, parece apropriado dizer que Yohei talvez tenha sido mais um fomentador do que propriamente o inventor do nigiri.

O sabor delicioso e a praticidade do prato logo conquistaram fama em Tóquio e não demorou até conquistar todo o Japão. Não há nenhuma dúvida de que o nigiri-zushi surgiu e foi desenvolvido como comida para pessoas comuns, inicialmente como um típico fast-food.

Além do Nigiri-zushi, outras formas de preparo foram surgindo, como o Nori-maki-zushi, que também e feito manualmente, porém com uso do sudare (esteira de bambu), envolto com alga nori e sem a necessidade de qualquer peso (pedra). Há também o Hako-zushi ou Batera-zushi, que é preparado até hoje com uma caixa ou molde de madeira (Batera) e sem a utilização da pedra como peso. O Saba-zushi é um tipo tradicional de sushi em Kyoto, no qual o shari (arroz de sushi) é confeccionado em forma de bastão sobre um tecido úmido e coberto com filés de cavalinha marinada. Em seguida, é embrulhado com um tecido e moldado com o auxílio do sudare. O Chirashi-zushi ou Bara-zushi (sushi espalhado) mistura vários ingredientes que são colocados sobre uma porção de arroz e, cuidadosamente, arrumados dentro de um recipiente. Há ainda o Tekka-domburi, que nada mais é do que um chirashi-zushi com o shari coberto apenas por filetes de atum. Finalmente, temos o Tekka-maki, um nori-maki-zushi em que um filete de atum é envolto no arroz de sushi e alga nori por fora.

Em seguida, estão os tipos mais tradicionais de sushi e suas regiões de origem:
Tóquio – Nigiri-zushi, Chirashi-zushi e Tekka-domburi.
Osaka – Bara-zushi, Hako-zushi e Kodai-suzume-zushi.
Kagoshima – Sake-zushi.
Okayama – Bara-zushi.
Nagasaki – Õmura-zushi
Kyoto – Saba-zushi.
Shiga – Funa-zushi.
Ishikawa – Onie-zushi.
Toyama – Masu-suzhi
Gifu – Ayu-zushi.
Wakayama – Kakinoha-zushi.

O Japão é rodeado por água e retira do mar os principais alimentos que compõem a sua cozinha. Os peixes, as algas e os frutos do mar estão presentes em praticamente todos os pratos da culinária japonesa. Por terem maior oferta e variedade de peixes e frutos do mar, os japoneses usufruem de uma maior diversidade de sabores e tipos de sushi.

Atualmente, com métodos modernos de refrigeração e conservação, e com o transporte de pescados por via aérea, é possível apreciar uma enorme variedade de pratos com excelente qualidade em boa parte do mundo, inclusive no Brasil. E, como todos os aspectos da cultura, a culinária recebe a influência da cultura local. Aqui, o sushi tradicional também recebe essa interferência, o que permite variações que oferecem um sabor mais brasileiro.

*A palavra "sushi" é escrita e pronunciada "zushi" quando se torna sufixo de outras palavras.

DÕGU

Utensílios

Os utensílios descritos a seguir são necessários para a preparação do sushi, entretanto, algumas substituições são possíveis e às vezes até inevitáveis. É claro que alguns utensílios e recipientes achados em uma cozinha ocidental também serão utilizados.

HÕCHÕ

Facas

Facas de metal de baixa qualidade não podem ser utilizadas para preparar o sushi, pois, em vez de realizarem um corte limpo, rasgam o peixe, deixando suas extremidades ásperas e irregulares. O único modo de obter um bom resultado é utilizando facas de aço de boa qualidade (próprias para o preparo de sushi e sashimi) e boas pedras de amolar (Wet Stone). Procure afiá-las você mesmo; um amolador de faca elétrico não fará o trabalho adequadamente.

Os tipos de facas descritos a seguir são ótimas para a elaboração de sushis e sashimis.

1 - Faca ocidental, faca de cozinha – Tradicional faca de carne, também utilizada na culinária japonesa, principalmente para retirar o filé de peixes pequenos.

2 - Ajikiri – Faca para peixe pequeno – Utilizada para tratar peixes de pequeno porte, picar carnes e legumes. Também é muito comum na cozinha ocidental.

3 - Deba – Faca para abrir peixe – É larga e pesada, e sua lâmina tem formato triangular. Utilizada para abrir o peixe e cortar seus ossos mais finos. São encontradas em vários tamanhos, até 30 cm.

4 - Usuba – Faca para cortar legumes – Tem cerca de 15 cm e possui uma lâmina retangular, às vezes, arredondada no final.

5 - Yanagi – Faca para fatiar filé de peixe – É fina e longa e tem a extremidade pontuda. Utilizada para preparar o sashimi e fatiar o sushi enrolado (maki-zushi).

É muito popular em Osaka, no Japão.

6 - Takohiki – Faca ideal para o preparo do sashimi de polvo – É fina e longa como a yanagi, mas tem a extremidade cega. Excelente para filetar e fatiar peixes e polvos. Também muito utilizada para fatiar sushi enrolado (maki-zushi). É bastante popular em Tóquio, no Japão.

7 - Manaita – Tábua de corte – A manaita era tradicionalmente confeccionada em madeira, mas hoje, em função da higiene e durabilidade, as de resina são mais comuns. Ainda assim, a manaita de madeira é muito utilizada, especialmente por fixar enguias e tentáculos de polvo enquanto os esfolamos ou tiramos seus filés.

HANGIRI, SHAMOJI E UCHIWA

Tina de madeira, espátula de madeira e leque para abanar

Hangiri – Feita de madeira e arqueada com cintas de cobre. Por ter boa circunferência e laterais baixas, torna-se o utensílio perfeito para resfriar o arroz e adicionar o molho de vinagre (sushi-zu), dando a textura e o brilho característico ao shari (arroz de sushi). Qualquer recipiente de madeira, vidro ou plástico pode substituir satisfatoriamente o hangiri. O tamanho deve variar de acordo com a quantidade de arroz que será preparado.

Shamoji – Espátula feita tradicionalmente de madeira ou bambu. É usada para revirar e esparramar o arroz de sushi, enquanto ele esfria, e para espalhar o sushi-zu. Uma colher de madeira ou resina pode substituir a shamoji.

Uchiwa – Abanador feito de ripas de bambu cobertas com papel ou seda. É fundamental para apressar a evaporação que faz com que o shari adquira a textura adequada e o sabor do arroz de sushi. O uchiwa pode ser substituído por um pedaço de papelão ou por uma tampa plástica.

SUDARE

Esteira de bambu

Feito de tiras de bambu tecidas com fio de algodão. É essencial para a preparação de diversos tipos de sushi enrolado.

TAMAGO-YAKI-NABE

Frigideira para tamago-yaki

Frigideira japonesa de formato retangular revestida com material antiaderente. É muito utilizada no preparo do tamago-yaki (omelete japonesa). Na falta de uma frigideira japonesa, a de estilo ocidental regular funcionará bem.

KANE ZARU

Coador de metal

Coador de metal usado para lavar e escoar o arroz cru.

SAIBASHI

Palitos para cozinhar

O saibashi tem origem chinesa, mas é bastante utilizado na preparação de comida japonesa. Geralmente são feitos de bambu e têm o comprimento mínimo de 30 cm. São práticos e permitem a manipulação de comida quente com uma só mão. Eles nunca devem ser utilizados como utensílios para comer.

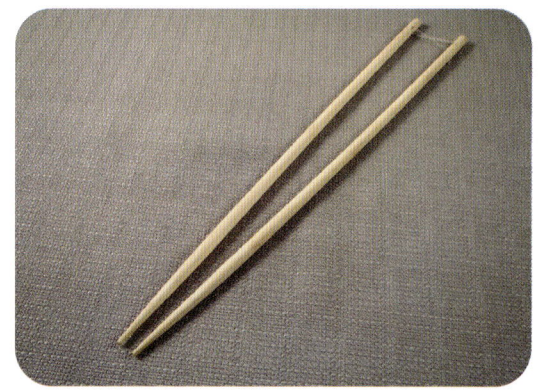

OSHIBAKO

Fôrma de madeira para oshi-zushi

Utensílio confeccionado em madeira usado para fazer sushi prensado. É composto por três peças que se encaixam, formando uma pequena prensa. Antes de ser utilizada, deve ser colocada de molho em água limpa para que os ingredientes não grudem na superfície.

HONENUKI

Pinça para espinhas

Pinça confeccionada em aço inox utilizada para retirar as espinhas do peixe. É um utensílio indispensável na limpeza do filé de peixe.

TOISHI

Pedra de amolar

As pedras de amolar Wet Stones são excelentes e possuem diversas granulações. As mais utilizadas são as de nº 800 e nº 1000.

FUKIN

Pano de prato

Toalha de pano, que deve estar sempre muito limpa. É necessário substituí-la sempre que for utilizada.

OROSHI-GANE

Ralador de metal

Fabricado em metal, esse ralador é muito comum na culinária japonesa. Pode ser encontrado em duas versões: o ralador grosso, utilizado para ralar o nabo (daikon), a cenoura e o pepino; e o ralador fino, usado para ralar o wasabi e o gengibre.

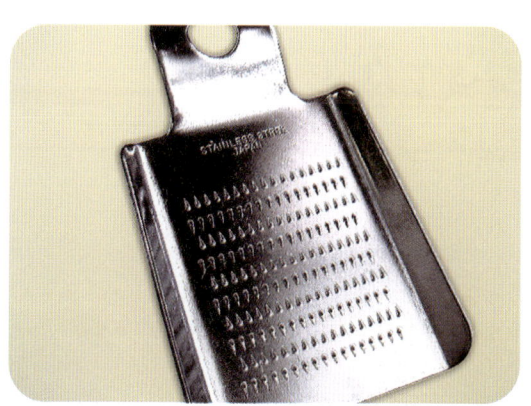

OROSHIKI

Ralador e fatiador de legumes

É um prático fatiador de legumes. Perfeito para fatiar cenoura, pepino ou nabo em fios com espessura mínima de 0,3 mm. Possui lâminas intercambiáveis para regulagem de espessura e altura. É de fácil manuseio e limpeza. Deve ser utilizado apenas para fatiar legumes. O uso inadequado desse utensílio pode causar ferimentos.

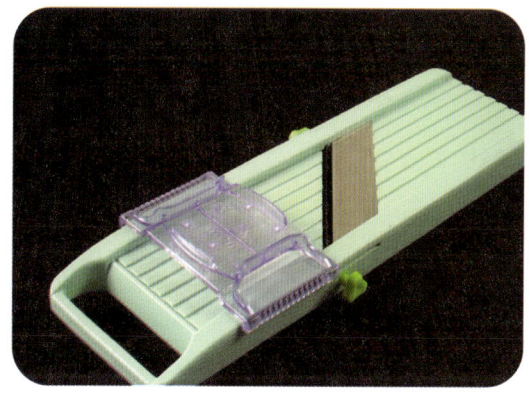

DONBURI

Tigela

Donburi significa tigela larga e profunda de arroz. Entretanto, no Japão, popularmente refere-se também a uma tigela de arroz cozido com outros alimentos servidos em cima. Pode ser feita de diversos materiais.

UROKO TORI
Limpador de escamas

Geralmente uma faca é suficiente para remover as escamas da maioria dos peixes, mas, em alguns deles, as escamas são mais resistentes e se tornam difíceis de remover. Nesses casos, um uroko tori é mais eficiente. Para utilizá-lo, basta segurar o peixe pelo rabo e raspar em direção à cabeça, sempre contra o grão das escamas.

ZARU
Coador de bambu

Peneira feita de bambu e muito utilizada na preparação e apresentação da culinária japonesa. Serve para escorrer a água de alimentos cozidos, amaciar o peixe e marinar a cavalinha. Pode ser encontrada em plástico ou metal, substituindo a zaru de bambu. Essas versões, porém, são raramente utilizadas na apresentação de pratos.

OWAN
Tigela para sopa

Tigela típica japonesa muito utilizada para sopas, caldos e outros acompanhamentos. Nela tradicionalmente é servida a sopa de missô (misso-shiru). Pode ser feita de diversos materiais.

OHITSU
Recipiente para colocar o shari

Pote de madeira com tampa, utilizado para colocar o arroz de sushi já pronto e mantê-lo na temperatura e umidade ideais. Pode ser substituído por uma caixa térmica de plástico.

ZAIRYÕ

Ingredientes principais

Antes de dar início a instruções mais detalhadas sobre como fazer sushi e sashimi, é preciso conhecer os ingredientes básicos que serão utilizados na confecção das receitas contidas neste livro.

Alguns dos ingredientes listados a seguir são facilmente encontrados no ocidente, em qualquer mercearia ou supermercado. Os demais produtos poderão ser adquiridos em lojas especializadas em produtos japoneses.

SHARI

Arroz temperado para sushi

Ingredientes para 50 peças de nigiri-zushi:

500 g de arroz japonês (kome)
950 mL de água
50 mL de sake
10 cm de alga kombu (opcional)
Sushi-zu (tempero):
70 mL de vinagre de arroz
3 colheres (sopa) de açúcar refinado
1 colher (sobremesa) de sal
1 colher (sobremesa) de aji-no-moto (glutamato monossódico)
1 colher (sobremesa) de gengibre ralado fino (opcional)

Preparo:

Etapa 1 - Lave o arroz em uma tigela, circulando os dedos levemente entre os grãos, para que não se quebrem. Repita esse procedimento 3 vezes, ou até que a água saia bem limpa.

Etapa 2 - Deixe o arroz escorrendo por cerca de 10 minutos.

Etapa 3 - Em uma panela, coloque o arroz, o sake, a tira de kombu, a água e tampe. Cozinhe em fogo alto até que a água comece a ferver. Após iniciar a fervura, abaixe o fogo e deixe cozinhar por mais 12 minutos. Assim que o arroz estiver cozido, retire a panela do fogo, tampe e deixe descansar por 10 minutos.

Etapa 4 - Em outra panela, misture os ingredientes para o preparo do tempero (sushi-zu) e cozinhe em fogo baixo até ferver.

Etapa 5 - Em um recipiente grande não metálico, preferencialmente em um hangiri (tina de madeira), espalhe o arroz cozido (gohan).

Etapa 6 - Sobre o arroz, espalhe o sushi-zu enquanto ambos estão ainda quentes. Com uma shamoji (espátula de madeira), abra sulcos no arroz, tomando cuidado para não quebrar os grãos. Ainda nesta etapa, vá abanando o arroz, para parar o cozimento e retirar o excesso de líquido.

Etapa 7 - Cubra o hangiri com um pano úmido.
A técnica para o cozimento do arroz de sushi pode variar de acordo com a qualidade do arroz, a quantidade a ser preparada, o tipo de panela utilizada, etc. Uma forma prática para se obter o cozimento ideal do arroz é utilizar a panela elétrica japonesa, um eletrodoméstico tão comum na cozinha japonesa quanto o nosso liquidificador.

TAMAGO-YAKI

Omelete japonesa

Ingredientes para 1 tamago-yaki:

8 ovos grandes
6 colheres (sopa) de caldo dashi (pág. 59)
1 colher (sopa) de amido de milho
1 colher (sopa) de aji-no-moto (glutamato monossódico)
2 e 1/2 colheres (sopa) de açúcar refinado
1 colher (sopa) de sake

Preparo:

Etapa 1 - Em uma tigela, bata os ovos sem criar espuma; para isso, utilize um par de hashis. Dissolva o amido de milho no caldo dashi, misture com os demais ingredientes e acrescente os ovos batidos. Umedeça um pedaço de papel-toalha com óleo e unte a frigideira (tamago-yaki-nabe). Leve ao fogo.

Etapa 2 - Coloque um pouco da mistura na frigideira, espalhando-a de forma que fique uma camada fina e uniforme. Perfure as bolhas com o hashl.

Etapa 3 - Com o auxílio do hashi, dobre um terço da fritura. Depois, mais um terço, formando um retângulo de três camadas.

Etapa 4 - Unte com óleo uma parte da frigideira. Desloque o "embrulho" para a parte untada e, então, unte a outra parte dela.

Etapa 5 - Coloque mais um pouco da mistura na frigideira. Levante a parte que já estava frita para que ela se una ao que foi acrescentado. Perfure as bolhas com o hashi.

Etapa 6 - Repita as etapas de 1 a 5 até que toda a mistura seja utilizada.

Etapa 7 - Unte sempre a frigideira antes de acrescentar mais uma parte da mistura.

Etapa 8 - Pressione levemente a omelete contra as bordas da frigideira para obter um formato bem retangular.

Etapa 9 - Forre um sudare com três folhas de papel-toalha.

Etapa 10 - Vire o tamago-yaki sobre o papel-toalha.

Etapa 11 - Embrulhe, mantendo a forma retangular. Se necessário, coloque um peso sobre o embrulho. Deixe esfriar.

GARI

Gengibre em conserva

O gari é um tipo de tsukemono (conserva de legumes ou vegetais), levemente adocicado e elaborado da mesma forma que o picles. É um acompanhamento indispensável ao sushi e sashimi. Normalmente, é consumido entre cada porção de sushi e sashimi, pois favorece a limpeza das papilas gustativas, eliminando o sabor do alimento anterior e realçando o paladar do seguinte.

Ingredientes para 1 kg de conserva
1 kg de gengibre fresco (shoga)
330 g de açúcar
2 colheres (sopa) de aji-no-moto (glutamato monossódico)
200 mL de vinagre de arroz
50 mL de sake
1 colher (sopa) de sal refinado
Anilina vegetal vermelha (opcional)

Preparo:

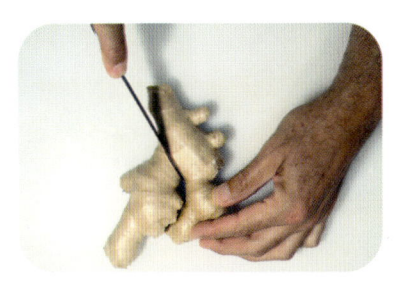

Etapa 1 - Lave e descasque completamente o gengibre. Corte-o em rodelas bem finas.

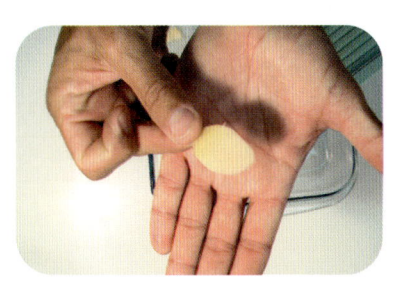

Etapa 2 - Coloque na água para cozinhar e, após levantar fervura, deixe por mais 5 minutos. Repita o procedimento mais duas vezes, sempre trocando a água.

Etapa 3 - Escoe a água e acrescente os demais ingredientes ao gengibre, deixando ferver por 5 minutos. Transfira tudo para um recipiente de vidro, reserve por uma hora e armazene na geladeira, tampado.

KAMPYO

Abóbora d'água

O kampyo é feito a partir do miolo da abóbora d'água japonesa. Ela é cortada em longas tiras e colocada para secar ao sol. Depois de completamente desidratada, é embalada e comercializada em pequenos pacotes.
É muito utilizada como recheio do maki-zushi e do chirashi-zushi.
Antes de utilizar o kampyo, é necessário reidratá-lo. Para isso, coloque-o em um recipiente com água acrescida de 5% de sal, por cerca de 1 hora. Depois, escorra e esfregue-o com um pouco mais de sal. Finalmente, enxágue e escorra novamente.
Após o processo de reidratação, cozinhe-o em água durante 20 minutos, até ficar macio.
À parte, misture os ingredientes para o caldo, acrescente o kampyo e cozinhe por mais 30 minutos ou até quase secar. Retire o excesso de caldo, coloque em um recipiente de vidro e armazene na geladeira.

Caldo para 40 cm de kampyo:
1 colher (café) de sal
1 colher (sopa) de sake mirim
1 colher (sobremesa) de hondashi diluída em 1 xícara de água
1 e 1/2 colher (sopa) de açúcar
1 e 1/2 colher (sopa) de molho shoyu

TAKUWAN

Nabo em conserva

Como o gari, o takuwan é uma espécie de conserva, só que feita de nabo japonês (daikon). Além de acompanhamento do sushi e sashimi, é servido com diversos pratos da tradicional cozinha japonesa.
O takuwan também é muito apreciado no final das refeições, pois é um excelente aliado no processo de digestão.

Ingredientes para 1 kg de conserva

1 kg de nabo japonês (daikon)
120 g de sal
20 g de aji-no-moto (glutamato monossódico)
200 g de açúcar
300 mL de água
2 g de anilina vegetal amarela

Preparo:

Escolha nabos frescos, descasque e coloque em uma vasilha. Espalhe sobre eles cerca de 100 g de sal e esfregue-os, para que o sal penetre. Deixe descansar por 20 minutos. Lave em água corrente. Misture os outros ingredientes numa panela à parte, acrescente o nabo a essa mistura e ferva por 5 minutos. Deixe esfriar, coloque em um recipiente de vidro e mantenha-o refrigerado.

ABURA AGE

Tofu frito

O tofu frito é um delicioso ingrediente da culinária japonesa. Ao ser recheado com shari, algas e hortaliças, dá origem a um dos mais apreciados sushis: o inari-zushi, excelente para lanches e merendas.

Ingredientes para 12 peças:

6 folhas de age
Tempero para o age:
1 colher (sobremesa) de hondashi dissolvido em 2 copos de água (ou 600 mL de caldo dashi)
5 colheres (sopa) de açúcar
3 colheres (sopa) de shoyu
2 colheres (sopa) de sake mirim

Preparo:

Em água fervente, cozinhe-os ages por 3 minutos. Escorra e pressione-os até retirar toda a água e o óleo.

Corte cada age ao meio, no sentido longitudinal, separando-o em duas partes. Cada uma das metades ficará com o formato semelhante a uma pequena bolsa.
Em uma panela, misture os ingredientes e acrescente os ages. Cozinhe por cerca de 25 minutos, até quase secar o molho. Deixe esfriar e escorra. Conserve na geladeira.

KATSUO-BUSHI

Flocos de bonito seco

O katsuo-bushi é um ingrediente indispensável na elaboração do caldo dashi. Pode ser encontrado em flocos ou em pedaços. Se estiver em pedaços, deve ser raspado, transformando-se em flocos. Também é muito utilizado para temperar sopas e cozidos.

TOFU

Queijo de soja

O tofu é elaborado a partir do leite de soja. Ele tem a cor branca e uma textura semelhante à do queijo.
O tofu fresco é comercializado sempre refrigerado. Possui o sabor bem suave e, por ser rico em proteínas, é muitas vezes um substituto das carnes. Pode ser consumido cru, cozido, frito, fermentado, etc.

DAIKON

Nabo gigante ou nabo japonês

O nabo é considerado uma hortaliça nobre na culinária japonesa. Possui um sabor levemente picante e é muito utilizado em saladas e guarnições de diferentes pratos. Além disso, tornou-se um importante componente na montagem de pratos de sushi e sashimi; nesse caso, ele é finamente fatiado, como "cabelo de anjo".
Antes do uso, descasque-o e mantenha-o submerso em um recipiente com água fria.

SHIITAKE

Cogumelo shiitake seco

Os cogumelos shiitake são muito utilizados na culinária japonesa para o preparo de sopas, tempurá, saladas e sushis. Podem ser encontrados frescos ou secos. O seco deve ser previamente reidratado e cozido com shoyu, sake e açúcar.

SHIMEJI

Cogumelo shimeji

O shimeji, como muitos outros cogumelos japoneses, aparece numa grande variedade de pratos da culinária japonesa. Ele pode ser cozido em caldo dashi e molho shoyu ou passado na manteiga.

RENKON

Raiz de lótus

Todas as partes da lótus são comestíveis, tanto crua como cozida. A raiz é a parte mais utilizada nas cozinhas japonesas.
A raiz de lótus deve ser descascada, cortada em rodelas e mergulhada em água e vinagre por 10 minutos. Depois, deve ser cozida em água acrescida de 0,5% de vinagre. Ela é muito utilizada na preparação do chirashi-zushi (sushi espalhado).

KOMBU

Alga desidratada

O kombu é uma alga marinha de coloração negra, geralmente desidratada. É utilizada para temperar o arroz de sushi e caldos, como o dashi, por exemplo.
O kombu em forma de lâminas também é utilizado na confecção de sushis.

WAKAME

Alga seca

A wakame é uma alga marinha de coloração verde escura. Só é encontrada em casas especializadas, normalmente desidratada. Para utilizá-la, é necessário reidratá-la, mergulhando-a em água quente por cerca de 10 minutos. É utilizada em sopas, caldos e saladas.

NORI

Alga em folhas

A nori é uma alga marinha seca, de coloração verde, quase negra, e é principalmente utilizada na confecção de sushis. Pode ser utilizada também como adorno de pratos, tempero de caldos e ingrediente no arroz para sushi.

SASA

Folha de bambu

A folha de bambu, além de ser utilizada na elaboração e decoração de pratos de sushi e sashimi, tem importante função na conservação de peixes crus. Por ser rica em ácido salicílico e sulfuroso – os quais têm propriedades desinfetantes –, a folha de bambu mantém o peixe cru livre de bactérias, impedindo, assim, a sua rápida deterioração.

SHISO

Hortelã japonesa

A folha de shiso é aromática e lembra um pouco a nossa hortelã. É muito utilizada na tradicional culinária japonesa. Podemos encontrar dois tipos dessa planta: com folhas verdes e com a coloração avermelhada. Essa última tem o sumo muito utilizado como corante. Ambas são úteis na composição de saladas e, principalmente, na confecção e decoração de pratos de sushi e sashimi.

HANA-NIRA

Flor de alho

A hana-nira, ou apenas nira, como é mais conhecida no Brasil, é uma planta forte e muito vigorosa. Possui talos longos, que medem cerca de 10 cm. Suas folhas, cilíndricas e ocas, são de um verde intenso e devem ser colhidas pouco antes da abertura das flores.
Seu sabor assemelha-se ao da cebolinha e do alho, mas com um frescor suave e agradável. Ela é amplamente utilizada na cozinha japonesa e deve ser consumida ainda verde, nunca desidratada.

PASERI

Salsa crespa

A salsa é originária do sul da Europa e é uma das ervas mais utilizadas no mundo. A salsa-crespa, em especial, é muito usada na decoração e elaboração de diversos pratos, principalmente molhos.

MAMENORI

Papel de soja

Papel de soja, também chamado de mame-nori-san, trata-se de folhas finas multicolores usadas como substitutas da alga nori na confecção do maki-zushi. Essas folhas versáteis também podem substituir a massa de harumaki no preparo do rolinho primavera.

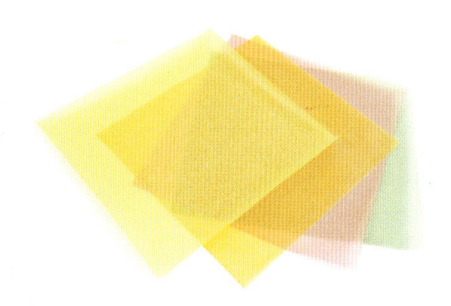

AJI-NO-MOTO
Glutamato monossódico

O glutamato monossódico é um tempero utilizado em muitos alimentos para realçar-lhes o sabor sem salgar ou modificar o gosto. É produzido por meio de processos fermentativos da cana-de-açúcar, do açúcar de beterraba e do amido de tapioca ou amido de cereais.

HIJIKI
Alga seca

A alga hijiki, quando seca, lembra o chá-mate. É muito utilizada como ingrediente de cozidos e saladas. Temperada com shoyu, sake e açúcar, pode decorar pratos ou compor uma entrada avinagrada, como o sunomono. Antes de utilizar, é necessário reidratá-la, deixando-a submersa em água por cerca de 20 minutos.

GOMA
Sementes de gergelim

As sementes de gergelim, tanto a branca como a preta, são largamente utilizadas na culinária japonesa. Quando torradas e moídas sobre o alimento, adicionam mais sabor e um excelente aroma. São ricas em vitaminas e minerais, além de conter um poderoso antioxidante e anticancerígeno. Excelente para a confecção dos recheios de hoso-makis e como cobertura de variados tipos de sushis.

ZU
Vinagre de arroz japonês

O vinagre de arroz japonês possui cor clara e sabor suave. É um importante ingrediente na preparação de saladas e do sushi-zu (tempero para o arroz de sushi).

WASABI

Raiz forte

Wasabi é um tempero em pasta muito utilizado na culinária japonesa, principalmente como acompanhamento do sushi e sashimi. Ele tem origem na planta wasabia japônica e é semelhante à raiz-forte (Armoracia rusticana), mas possui um sabor e aroma mais delicado. O wasabi advindo da própria raiz fresca é chamado de "hon-wasabi" (verdadeiro wasabi) e normalmente é ralado. Ele produz um aroma e paladar incomparavelmente melhor ao wasabi produzido e comercializado no ocidente, cuja apresentação no mercado é sob forma de pasta ou pó (kona-wasabi). O wasabi em pó é mais comum e deve ser preparado adicionando-lhe água.

SUSHI-ZU

Tempero para arroz de sushi

O sushi-zu é o tempero utilizado na preparação do arroz para sushi (shari). Pode ser encontrado em pó ou líquido – pronto para o consumo – e, preferencialmente, deve ser feito em casa, com base em uma receita própria.

Ingredientes para 500 g de arroz japonês.

70 mL de vinagre de arroz
4 colheres (sopa) de açúcar refinado
1 colher (sobremesa) de sal
1 colher (sobremesa) de aji-no-moto (glutamato monossódico)
1 colher (sobremesa) de gengibre ralado fino (opcional)

Em uma panela, misture todos os ingredientes e leve ao fogo até levantar fervura. Desligue e adicione-o ao arroz, ainda quente.

SAKE

Vinho de arroz japonês

O sake é a bebida alcoólica mais tradicional do Japão. É um vinho de arroz, com o sabor um pouco mais seco. Há três categorias de sake: classe especial, primeira classe e segunda classe. Além disso, os sakes podem ser caracterizados como doces ou secos. Os mais doces e de qualidade inferior são mais utilizados como ingrediente culinário.

MIRIM

Vinho doce de arroz japonês

O mirim é um sake culinário bastante adocicado, produzido a partir de uma mistura de diferentes tipos de arroz e aguardente de arroz e depois envelhecido para adquirir o sabor característico. Deve ser utilizado somente como ingrediente culinário, nunca como bebida.

SHOYU

Molho de soja japonês

O molho shoyu é um ingrediente fundamental em muitos pratos da culinária japonesa. Ele é feito de feijão de soja cozido, trigo e sal. Proporciona aos alimentos um sabor suave e é sempre utilizado como acompanhamento do sushi e sashimi.

GOMA ABURA

Óleo de gergelim torrado

Amplamente utilizado em pratos asiáticos, o óleo de gergelim torrado é o principal ingrediente flavorizante de pratos como o yakissoba e teppanyaki. É também muito usado para dar sabor a legumes refogados, carnes, peixes e massas orientais. O óleo de gergelim é um produto 100% puro e natural, obtido da semente de gergelim torrada, sem uso de solventes e sem refinamento. Possui o sabor agradável e o aroma característico. É um ingrediente indispensável na culinária oriental.

SHICHIMI TOGARASHI

Sete especiarias

A togarashi é um tempero preparado com ingredientes picantes, podendo variar ligeiramente, dependendo do fabricante. Normalmente, inclui os seguintes ingredientes: pimenta vermelha, pimenta preta, sementes de gergelim, cascas secas de mexerica, alga nori desidratada e sementes de cânhamo e de papoulas. É utilizado como tempero picante em diversos pratos.

SANSHO

Pimenta japonesa

De cor amarelada e aroma de menta, a sansho possui um sabor suave e picante ao mesmo tempo. Ela é extraída da parte externa da semente do freixo espinhoso e, após o processo de secagem, é reduzida a pó. No Japão, é utilizada de forma semelhante ao uso da pimenta em países ocidentais. Serve como tempero para sopas e peixes.

SOBORO

Farinha de peixe

O soboro é uma farinha de peixe branco muito utilizado na decoração de pratos, quando é misturado ao arroz. Para prepará-lo, é necessário temperar e moer o peixe e cozê-lo em frigideira até ficar completamente seco. Em seguida, deve ser tingido com corante vermelho e processado em liquidificador. Pode ser feito em casa ou comprado pronto.

FURIKAKE

Tempero para arroz

Furikake é um tempero japonês usado geralmente para temperar o arroz branco, depois de cozido. Pode ser encontrado em várias versões: legumes, carnes, peixes, etc.
No sushi, ele é utilizado no lugar das sementes de gergelim, dando cor e sabor ao prato.

IKURA

Ovas de salmão

Ikura são ovas de salmão, de cor avermelhado-laranja e muito crocantes, que literalmente explodem na boca. Conservadas em sal, são excelente fonte de proteína e ferro. São utilizadas na confecção de sushis e na montagem de pratos de sashimi.

TOBIKO

Ovas de peixe-voador

Tobiko é a ova do peixe-voador. É utilizado na confecção de alguns tipos de sushi - como o gunkan maki - e como cobertura de ura-makis e hoso-makis. Os ovos são bem pequenos, normalmente têm entre 0.5 mm e 0.8 mm. É pouco maior que o masago (ova de capelin) e menor que o ikura (ova de salmão). O tobiko tem coloração amarelada e uma ligeira transparência. Possui sabor salgado e é muito crocante. É frequentemente substituído pela masago devido à aparência e sabor semelhante. São originárias da Islândia.

TOBIKOWASABI

Ovas de peixe-voador no wasabi

Conhecidas como tobikowasabi, as ovas do peixe-voador são bem pequenas e possuem textura levemente firme. Quando curtidas no wasabi, adquirem a cor verde fluorescente e um sabor muito agradável. São encontradas em várias cores, em função da mistura com outros ingredientes, como o gengibre (cor laranja), a tinta de lula (preto) e o corante vegetal (vermelho). São muito utilizadas na culinária japonesa para rechear sushis e finalizar pratos.

MASAGO

Ovas de capelin

Masago são as ovas do peixe capelin. São muito populares no Japão e, por sua cor alaranjada e brilhosa, são bastante utilizadas como cobertura de sushis e sashimis. São leves e moderadamente crocantes, fazendo com que os pratos ganhem nova textura e sabor. Talvez por serem o tipo de ovas mais popular, são muito utilizadas para substituir o tradicional e mais caro tobiko (ovas de peixe-voador).

UNI

Ouriço do mar

O ouriço do mar, com sua textura macia e aglomerada, é tradicionalmente utilizado no preparo do sushi e é considerado um alimento afrodisíaco entre os japoneses.
O Chile e vários outros países exportam o ouriço do mar para o Japão, a fim de suprir a demanda do país.

SAKE NOKAWA YAKI

Pele de salmão grelhada

Retire a pele do salmão previamente descamado, com espessura em torno de 4 mm. Corte-a em pedaços de aproximadamente 20 cm x 20 cm, para facilitar a fritura.

Para o tempero:
1 gota de óleo de gergelim torrado
4 colheres (sopa) de molho shoyu

Em uma tigela, misture os ingredientes para o tempero, acrescente a pele de salmão e deixe descansar por 10 minutos. Em uma frigideira antiaderente, coloque uma colher de óleo, aqueça em fogo baixo e adicione a pele do salmão com a carne voltada para cima. Deixe tostar, vire e toste o outro lado. Retire e deixe esfriar sobre duas folhas de papel-toalha. Corte em tiras do tamanho desejado.
Utilize em recheios de makis e coberturas de nigiris e oshi-zushis.

SHOGA

Gengibre

O gengibre é uma planta asiática, originária da Ilha de Java, da Índia e da China. Desde os tempos mais remotos, é conhecido na Europa, para onde foi levado por meio das Cruzadas.
Possui sabor picante e pode ser usado tanto em pratos salgados quanto doces, sob as seguintes versões: fresco, seco, cristalizado ou em conserva. Não é recomendado substituir uma dessas formas nas receitas, pois cada uma tem sabor muito particular.
O gengibre seco é amplamente utilizado na China, Japão, Indonésia, Índia e Tailândia. No Japão, também costumam usar o suco (gengibre espremido) para temperar frango; e as conservas (beni shoga), feitas com os rizomas jovens (caules), são consumidas puras ou com sushi e sashimi, que, além de estimular o apetite e causar sensação de frescor bucal, tem como objetivo principal assegurar a ação bactericida para evitar qualquer intoxicação pelos peixes e mariscos crus.

KAZUNOKO

Ovas de arenque

Kazunoko são ovas salgadas de arenque. Os japoneses, tradicionalmente, as servem como presente em dia de Ano Novo. Possuem uma textura diferente, são bem salgadas e não muito saborosas. Geralmente, são utilizadas como cobertura do nigiri-zushi.

KANI KAMA

Massa de surimi

A palavra kani significa caranguejo. O produto recebeu esse nome por ser aromatizado com o extrato desse crustáceo. O principal componente do kani kama é o surimi, uma pasta feita com peixes de carne branca. Essa pasta é moldada em finas camadas, enrolada, tingida com corante vermelho, embalada em plástico a vácuo e cozida na própria embalagem.
Atualmente, o kani kama é muito utilizado na preparação de diversos tipos de sushi.

UNAGI KABAYAKI

Enguia grelhada no molho tare

Unagi, ou enguia, é uma espécie de peixe (Anguilla japonica) de aparência similar a de uma cobra. Apesar de seu aspecto pouco atraente, é muito consumida e utilizada no preparo de sushis.
O unagi kabayaki é a enguia grelhada com molho tare. Para prepará-lo, ele é aberto pelo dorso e grelhado, primeiramente sem tempero. Depois, é cozido a vapor e, finalmente, grelhado com molho tare, tornando-se tenro e leve.
Pode ser comprado pronto (como na foto).

DASHI (INDUSTRIALIZADOS)

Condimento à base de peixe

Tempero industrializado feito à base de do peixe bonito desidratado, sal, açúcar, proteína vegetal, extrato de carne e alguns outros ingredientes. É muito utilizado na preparação de caldos, molhos e no tradicional misoshiru.

スシマン

スッマシ

ソース

SŌSU

SÕSU

Molhos, caldos e cremes

Na culinária japonesa, alguns molhos e temperos são muito importantes e utilizados há séculos. Temos o famoso molho shoyu, o tare, o miso, o ponzu, entre outros. Muitos deles já são encontrados prontos, outros podem ser preparados por um sushiman, que dispõe de experiência e de um apurado paladar para executá-los da forma mais adequada. A seguir, estão alguns desses molhos, cremes e caldos utilizados para temperar e acompanhar sushis e sashimis.

MOLHO TOSA-JOYU E SUAS VARIAÇÕES

Molho para sashimi

Ingredientes para o tosa-joyu:

30 g de flocos de bonito seco (katsuo)
14 colheres (sopa) de sake
10 colheres (sopa) de mirim
1 pedaço de alga kombu (15 cm)
3 xícaras de molho shoyu

Preparo:

Misture o sake e o mirim. Aqueça em fogo baixo por alguns minutos, para que perca todo o teor alcoólico. Deixe esfriar.
Adicione os demais ingredientes e deixe em repouso por 24 horas.
Coe em pano fino e guarde na geladeira por 30 dias. A partir do 31º dia, o molho já pode ser utilizado, mas, com o passar dos meses, o sabor tende a melhorar.
Pode ser armazenado na geladeira por até 2 anos.
O tosa-joyu é um molho mais suave, geralmente, utilizado para acompanhar peixes brancos.
A seguir, algumas variações de molhos para sashimi, os quais têm como base o tosa-joyu.

BAIUKU-JOYU

Adicione 2 colheres (sopa) de polpa de ume-boshi (retire as sementes de alguns umes curtidos e passe pela peneira para obter uma pasta) a 1/2 xícara de tosa-joyu. Misture todos os ingredientes.

GOMA-JOYU

Toste 2 colheres (sopa) de gergelim branco em uma frigideira seca, tendo o cuidado para não queimar. Triture as sementes no suribachi (pilão de cerâmica) até formar uma pasta. Acrescente 1/2 xícara de tosa-joyu.

WASABI-JOYU

Misture 1 colher (sopa) de pasta de wasabi com 1/2 xícara de tosa-joyu. Utilize imediatamente.

SHOGA-JOYU

Misture 1 colher (sopa) de gengibre ralado fresco a 1/2 xícara de tosa-joyu. Utilize imediatamente.

MOLHO TARE

Molho adocicado

Ingredientes:

150 mL de sake doce mirin
200 mL de shoyu
90 mL de sake
250 g de açúcar
2 colheres (sopa) de mel
3 colheres (sopa) de amido de milho

Preparo:

Em uma panela, misture todos os ingredientes (menos o mel) e cozinhe em banho-maria, mexendo sempre, até chegar à consistência desejada. Desligue e acrescente o mel. Sirva frio.

MOLHO TERIYAKI

Molho a base de carcaça de peixe

Ingredientes:

200 g de carcaça de peixe
30 g de gengibre picado
3 dentes de alho amassados
1 cebola picada
200 mL de molho de soja (shoyu)
5 colheres (sopa) de açúcar
50 mL de sake
50 g de alho poró
40 g de salsão
300 mL de água
1 colher (sopa) de amido de milho

Preparo:

Toste a carcaça do peixe no forno ou, se preferir, coloque a carcaça em uma peneira de ferro e toste-a diretamente na chama do fogão. Em uma panela, coloque a carcaça tostada e os demais ingredientes e cozinhe por cerca de 4 horas, adicionando água sempre que for necessário. Acrescente o amido dissolvido em um copo com água, mexa por alguns minutos e coe.

MOLHO NITSUME

Molho a base de caldo de enguia

Ingredientes:

20 mL de molho shoyu claro
16 mL de vinagre de arroz
20 mL de mirim
15 g de açúcar
30 mL de caldo da enguia

Preparo:

Misture todos os ingredientes e deixe ferver até reduzir pela metade.

MOLHO PONZU

Molho picante para grelhados

Ingredientes:

25 mL de molho de soja (shoyu)
25 mL de suco de limão
25 mL de suco de laranja
1 colher (café) de aji-no-moto (glutamato monossódico)
1/2 colher (sopa) de cebolinha picada
1 broto de nabo picado (kaiware)
1 pitada de togarashi

Preparo:

Numa vasilha, coloque todos os ingredientes e misture.

MOLHO DE TOGARASHI

Molho picante com togarashi

Ingredientes:

3 colheres (sopa) de catchup
4 colheres (sopa) de açúcar
2 colheres (sopa) de vinagre de arroz
1/2 colher (chá) de sal
2 colheres (chá) de amido de milho
100 ml de água
3 pitadas de togarashi

Preparo:

Misture todos os ingredientes numa panela. Leve ao fogo baixo e mexa até engrossar.

CREME DE ABACATE E WASABI

Molho picante com abacate

Ingredientes:

2 colheres (sopa) de maionese
1 abacate pequeno descascado e sem caroço
2 colheres (sopa) de wasabi
2 colheres (sopa) de água
1 colher (chá) de molho shoyu
1 pitada de sal

Preparo:

Dissolva o wasabi na água. Coloque todos os ingredientes no liquidificador e bata até a mistura ficar homogênea.

CREME DE PAPAYA

Molho picante com papaya

Ingredientes:

1 xícara de mamão papaya maduro amassado
2 colheres (chá) de gengibre ralado
1/2 xícara de suco de abacaxi peneirado
2 colheres (sopa) açúcar mascavo
1/2 colher (sopa) de molho de pimenta (tabasco)
1/2 colher (sopa) de maisena
Suco de 1 limão
Sal a gosto

Preparo:

Bata os ingredientes em um processador. Coloque em uma panela e cozinhe por 3 a 4 minutos. Deixe esfriar, para servir morno ou frio.

MOLHO DE MISO E WASABI

Molho picante com miso

Ingredientes:

50 g de miso
60 g de wasabi
80 mL de sake
80 mL de vinagre de arroz
100 mL de água
60 g de açúcar refinado
10 g de hondashi
2 pitadas de aji-no-moto (glutamato monossódico)

Preparo:

Dissolva o wasabi na água, acrescente o miso e misture bem. Sem parar de mexer, adicione os demais ingredientes.

MOLHO DE LARANJA

Laranja, wasabi e óleo de gergelim

Ingredientes:

200 mL de suco de laranja
20 g de wasabi dissolvido em 50 mL de água
10 mL de óleo de gergelim
40 g de açúcar refinado
20 g de hondashi
10 g de gengibre ralado
10 g de aji-no-moto (glutamato monossódico)

Preparo:

Em uma panela, aqueça o suco de laranja até ferver. Adicione os demais ingredientes e cozinhe em fogo baixo por mais 3 minutos.

CALDO DASHI

Caldo com flocos de Bonito

Ingredientes para 1000 mL:

15 g de kombu
5 g de katsuo-bushi (flocos de bonito seco)
1 litro de água fria

Preparo:

Limpe a alga kombu com um pano úmido. Coloque-a em uma panela com a água fria e aqueça. Ao iniciar a fervura, retire o kombu e reserve. Leve o caldo ao fogo. Adicione os flocos de katsuo-bushi e, assim que o caldo ferver novamente, retire-o do fogo. Quando os flocos de peixe começarem a descer para o fundo da panela, o caldo estará pronto. Coe em um coador de pano. Tanto a kombu como o katsuo-bushi utilizado podem ser reaproveitados para o preparo de um caldo mais suave.

KOROMO

Massa de Tempura

Ingredientes para 50 camarões ou 20 makis:

2 ovos ligeiramente batidos
1 litro de água bem gelada
500 g de farinha de trigo
15 g de fermento em pó
20 g de aji-no-moto (glutamato monossódico)

Preparo:

Despeje os ovos e a água gelada em uma tigela grande. Adicione os ingredientes secos aos poucos, mexendo sempre, mas sem bater. A massa não deve ficar totalmente homogênea. Passe os camarões (ou outros ingredientes a serem empanados) na farinha de trigo e depois na massa pronta. Frite em óleo quente. Retire e deixe escorrer em papel-toalha.

MOLHO TENTSUYU

Molho para tempura

Ingredientes:

50 mL de molho de soja claro
100 mL de sake mirim
10 g de hondashi
30 g de gengibre fresco ralado
50 g de daikon ralado fino
200 mL de água

Preparo:

Coloque em uma panela o molho de soja, o sake e o hondashi. Deixe ferver e reserve.

No centro do pote utilizado para servir, faça um morrinho de daikon e, sobre ele, coloque o gengibre. Adicione o molho morno e sirva.

HARUMAKI TARE

Molho para harumaki

Ingredientes:

Suco de 1 abacaxi
1 pitada de anilina vermelha
200 mL de vinagre de arroz
100 g de amido de milho
20 g de aji-no-moto (glutamato monossódico)
280 g de açúcar refinado

Preparo:

Em uma panela, cozinhe o suco de abacaxi durante cerca de 15 minutos, retirando sempre a espuma.

Acrescente o vinagre, o açúcar, o aji-no-moto e a anilina. Dissolva o amido em um pouco de água e adicione-o também à mistura. Cozinhe em fogo baixo, mexendo sempre, até chegar à consistência desejada.

KARASHI-SU-MISO

Molho para sashimis de polvo e peixes de rio

3 gemas batidas
3 colheres (sopa) de sake
3 colheres (sopa) de açúcar
1 xícara de miso claro
3/4 xícara de água
2 colher (sobremesa) de vinagre de arroz
2 colheres (sobremesa) de wasabi em pó dissolvido em 1 colher (sopa) de água (deixar a mistura em um recipiente tampado por cerca de 1 hora)

Preparo:

Misture o miso com as gemas, o sake, o açúcar e a água.

Leve ao fogo em banho-maria e mexa até engrossar ligeiramente.
Retire do fogo e deixe esfriar. Guarde em um recipiente bem fechado na geladeira, durante até 3 semanas.
Antes de utilizar, misture, a cada 6 colheres dessa pasta, 1/3 de colher (sopa) de wasabi preparado (ou a gosto) e vinagre.

TEZU

Solução para a limpeza de facas e mãos

Tezu é uma solução composta por água, vinagre de arroz e sal, nas seguintes proporções: 200 mL de água, 4 colheres (sopa) de vinagre de arroz e 1 colher (chá) de sal.
O tezu é indispensável na preparação do sushi e no corte do sashimi.
Durante todo o processo de montagem do sushi, é fundamental molhar os dedos, principalmente para moldar os bolinhos de shari, evitando que os grãos grudem nas mãos. Sempre que as mãos começarem a ficar pegajosas, é necessário molhá-las novamente.

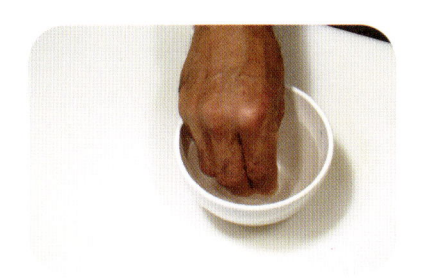

Molhe os dedos das mãos no tezu. Com as mãos em forma de concha, bata uma contra a outra para retirar o excesso de líquido. Pegue a quantidade de shari necessária para a confecção do sushi. Repita sempre estes procedimentos para evitar que o shari grude nas mãos.
Durante todo o processo de corte dos makis e sashimis, as facas também devem estar sempre limpas e sem resíduos.

Antes de iniciar o corte, molhe a ponta da faca com tezu e bata a ponta do cabo na tábua de corte, para espalhar o líquido pela superfície da lâmina. Faça o corte.

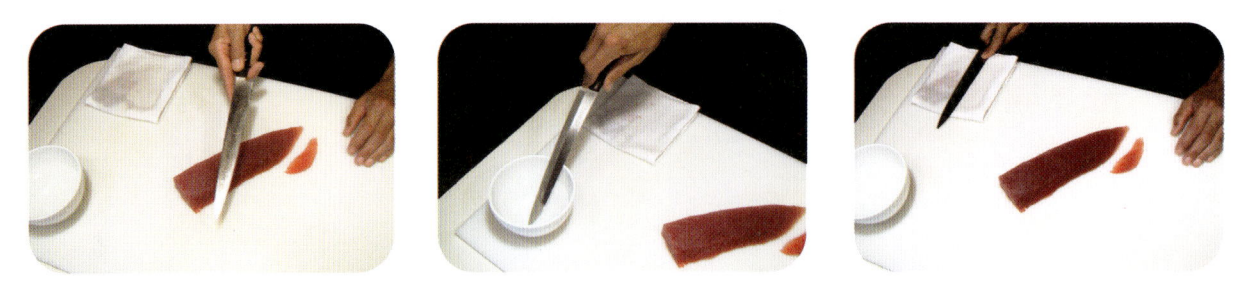

Sempre que a lâmina estiver com resíduos do peixe, passe-a em um pano umedecido com o tezu.

Após retirar os resíduos com o pano, molhe a faca novamente e dê continuidade ao corte. Repita o procedimento quantas vezes forem necessárias.

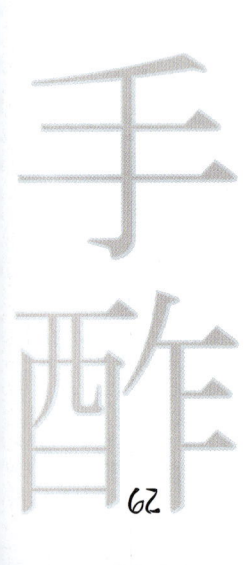

スシマン

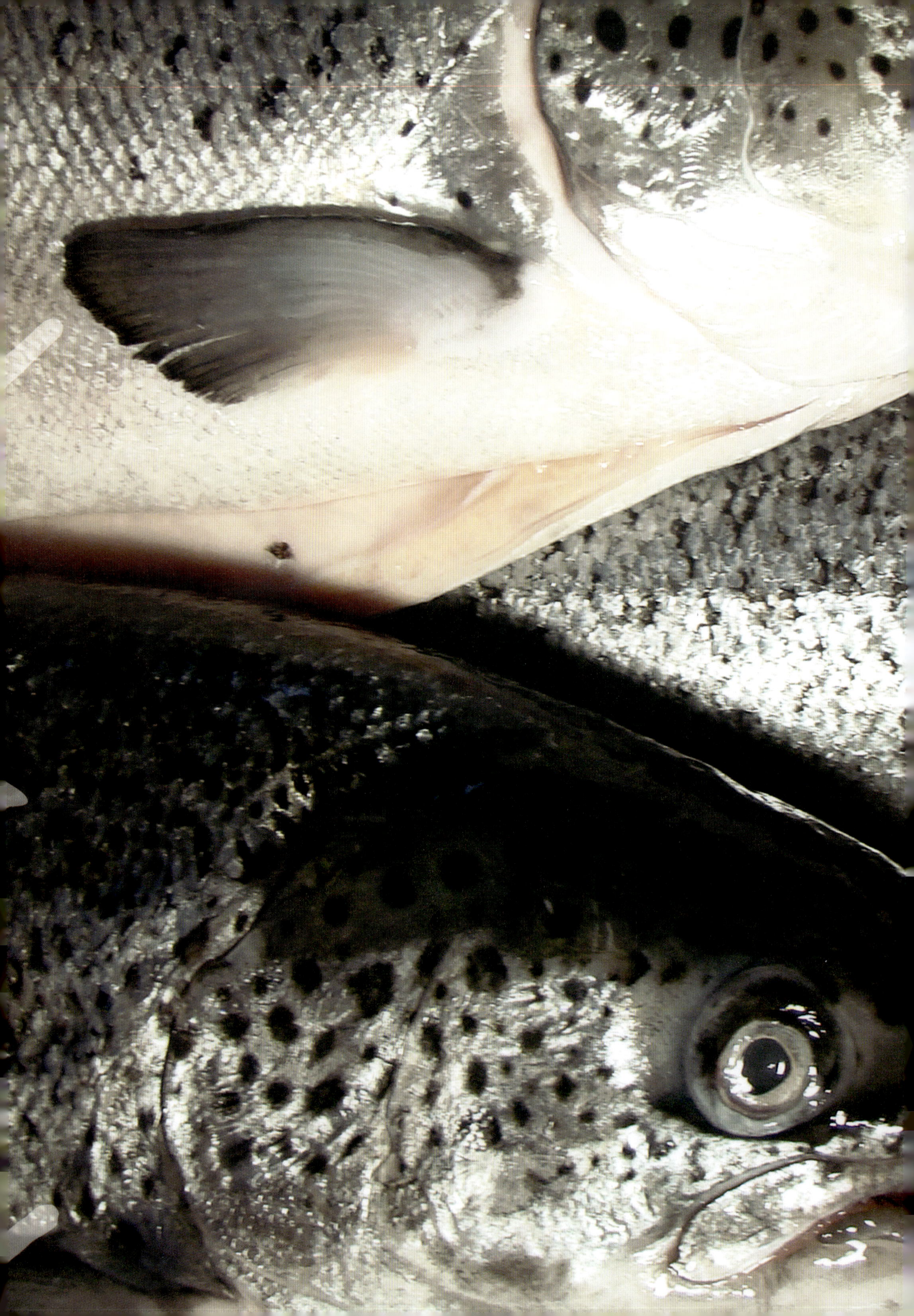

魚介類

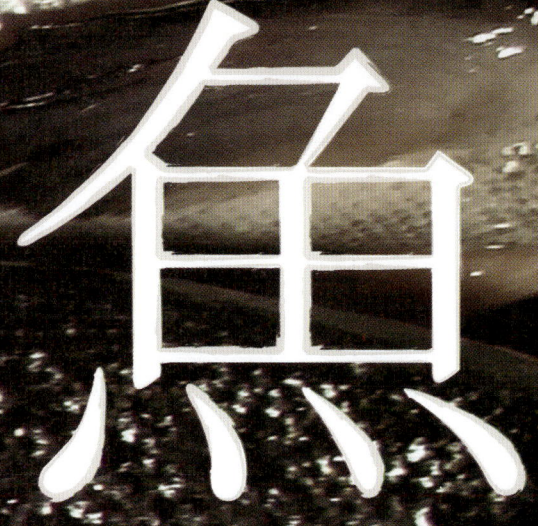

PEIXES, OVAS E MARISCOS

PEIXES, OVAS E MARISCOS

Compra e preparo – passos básicos

PEIXES – Preferencialmente, o peixe deve ser pescado pouco antes de sua utilização. O primeiro passo é fazer-lhe uma incisão atrás das guelras e na frente da cauda, para que escorra todo o sangue; logo em seguida, devem ser retiradas as vísceras. Após esse procedimento, é necessário congelá-lo por 18 horas. Se o peixe morrer lentamente e não for sangrado, sua carne terá qualidade bem inferior.

O peixe fresco deve ter a carne firme e elástica, isto é, ao ser pressionado delicadamente com os dedos, deve voltar rapidamente ao ponto inicial. Os olhos têm que estar brilhantes, límpidos e cheios; as guelras, bem vermelhas, e as escamas, firmes, brilhantes e intactas.
A "fragrância" do peixe fresco é suave e remete ao cheiro do mar; não tem "forte odor de peixaria".
O peixe, por ser muito perecível, deve ser refrigerado imediatamente após a compra.

Caso a opção seja utilizar o peixe congelado, deixe-o descongelar o mais lentamente possível, de preferência, durante a noite e dentro da geladeira. Nunca descongele na água, pois, nesse caso, grande parte do sabor será eliminado. Se optar por adquirir o peixe já cortado em filetes, em vez de inteiro, é importante certificar-se de que a carne está firme e ligeiramente brilhante. Além disso, ao ser cortado, o sangue deve estar vermelho vivo.

MARISCOS – Moluscos e crustáceos devem ser comprados vivos. Essa regra se aplica a todas as espécies, embora algumas delas sejam mais difíceis de encontrar.
Quando vivo, o marisco não flutua; é pesado e mantém-se firmemente fechado. Alguns podem ser armazenados vivos durante muito tempo, se forem mantidos em água limpa e guardados num frigorífico não muito frio. A temperatura ideal para esse tipo de armazenagem é entre 5 °C e 6 °C.
O polvo e a lula podem ser encontrados o ano todo, por isso, tornam-se bons ingredientes para o sushi e o sashimi. Dê preferência àqueles que estiverem com os tentáculos e a pele intactos, sinal de que foram bem manuseados.

OVAS – Os ovos são separados das membranas e firmados com sal ou salmoura especial. Também podem ser-lhes acrescentados outros ingredientes, como o wasabi (verde), o gengibre (alaranjado) ou a tinta de lula (preto), resultando, assim, em uma grande variedade de sabores, cores e texturas.

Antes de utilizar as ovas, é necessário eliminar o excesso de sal, corante e o sabor do conservante. Para isso, enxágue-as em água limpa, fria e corrente. Utilize uma peneira fina, para que os ovos não deslizem através dos furos. Lave-os com água fria por alguns minutos; depois, drene bem e refrigere até o momento de sua utilização.

Se não for possível comprar o peixe ou o marisco direto do pescador, procure uma peixaria de sua confiança. Quanto às ovas, dê preferência às já embaladas, resfriadas ou congeladas.

Toda essa variedade – peixes, mariscos e ovas – é deliciosamente utilizada como cobertura e recheio do sushi.

SAKE
Salmão

スシマン

ASPECTOS DO PEIXE
O salmão fresco

O peixe fresco deve ter os olhos brilhantes, límpidos e cheios; não podem estar opacos e fundos.

A carne deve ser firme e elástica. Quando pressionada delicadamente com os dedos, deve voltar rapidamente ao ponto inicial.

As guelras devem estar bem vermelhas, semelhante a sangue vivo. Não podem estar acinzentadas, nem apresentar mau cheiro.

CORTE E RETIRADA DOS FILÉS

Corte em 3 peças (sanmai-oroshi)

O corte em 3 peças (sanmai-oroshi) é a técnica de corte mais utilizada na maioria dos peixes médios, como o salmão, e dos peixes menores, como a cavalinha.
Normalmente, o salmão é comprado parcialmente limpo, sem as vísceras, guelras e escamas.
Durante todo o processo de corte e retirada dos filés, as mãos, a faca e a tábua devem ser sempre higienizadas com um pano previamente umedecido na solução de tezu.

Etapa 1 - Para remover a cabeça, faça a primeira incisão abaixo da barbatana; vire o peixe e repita o mesmo corte do outro lado.

Etapa 2 - Faça um outro corte, iniciando no fim do abdômen e terminando próximo ao rabo. Corte primeiro a pele, depois, tocando a ponta da faca na espinha, separe a carne. Vá aprofundando o corte sempre guiado pela coluna vertebral. No final do corte, próximo ao rabo, atravesse a ponta da faca. Vire o peixe.

Etapa 3 - Inicie um corte, começando próximo ao rabo, bem na linha da espinha. Primeiro corte a pele e depois aprofunde, sempre com a ponta da faca tocando a espinha.

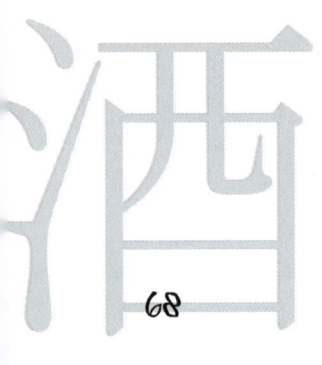

Etapa 4 - Atravesse a ponta da faca no início do rabo. Segure o peixe firmemente e passe a faca sobre a coluna vertebral. Retire a parte que ficou sem a coluna.

Etapa 5 - Retire as impurezas e as espinhas da cavidade abdominal, deixando o filé completamente limpo. Com uma pinça, tire as espinhas da coluna, uma a uma.
A carne do salmão possui espinhas somente nas laterais do abdômen e do meio do corpo até próximo à cabeça.

Etapa 6 - Corte o filé em postas com largura de mais ou menos 4 dedos, cada uma. Deixe a cauda um pouco maior, com o comprimento de 8 dedos, aproximadamente. Manipule as peças com cuidado para não danificar a estrutura da carne.
A carne do salmão fresco pode abrigar muitas bactérias e parasitas nocivos para o ser humano, por isso, a primeira coisa a fazer é mariná-la com sal.

Etapa 7 - Mergulhe as peças do filé em água gelada e sal. Para cada litro de água, coloque 2 colheres (sopa) de sal. Deixe no máximo por 20 minutos.
Etapa 8 - Forre um recipiente com 3 camadas de papel-toalha.

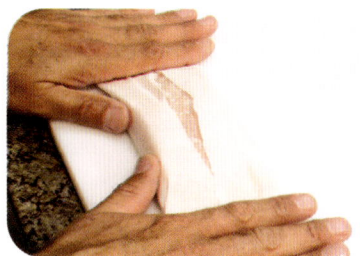

Etapa 9 - Retire as postas da água e seque-as com uma toalha de pano. Embrulhe cada uma com papel manteiga.

Etapa 10 - Coloque as postas já embrulhadas dentro do recipiente e cubra com mais uma camada de papel-toalha. Tampe o recipiente e congele.

Para armazenar a outra banda do peixe em partes maiores e sem a pele:

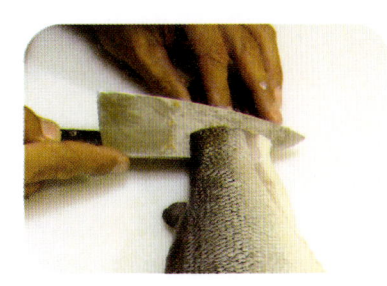

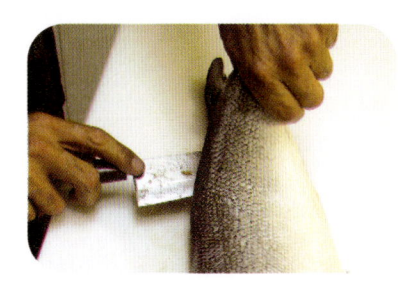

Etapa 1 - Segure firmemente a cauda do peixe, faça uma incisão rente à coluna e passe a faca, separando-a da carne. Retire por completo a coluna vertebral.
Logo depois, repita o procedimento descrito na etapa 5.

Etapa 2 – Segurando firmemente a pele na cauda do peixe, faça uma incisão entre a pele e a carne. Em movimentos simultâneos, puxe a pele para um lado e a faca para o lado oposto, até completar todo o corte. Após retirar toda a pele, congele-a para utilizá-la posteriormente no preparo do sake nokawa yaki.
Etapa 3 - Divida o filé em 4 partes (corte em cruz "+"). Em seguida, marine-o e armazene como explicado nas etapas de 7 a 10.

FATIANDO O FILÉ DE SALMÃO

Corte em 4 dedos (hyoshiki-giri)

O peixe deve ser cortado em filetes de tamanho uniforme e espessura apropriada para ser usado como cobertura do nigiri-zushi. É fundamental que o peixe esteja fresco. Neste primeiro exemplo, será utilizado o salmão (sake), mas esta técnica é muito comum para o corte de filés de peixes de outras espécies, como o atum, por exemplo.

Preparo:

Coloque uma tina com tezu à sua direita. Molhe os dedos da mão esquerda e toda a lâmina da faca.

Etapa 1 - Escolha uma peça com a largura de aproximadamente 7 cm (equivalente a 4 dedos). Retire o topo, deixando-a com uma altura em torno de 2,5 cm.

Etapa 2 - Com uma faca yanagi, retire toda a pele e reserve-a para ser utilizada posteriormente no preparo do sake nokawa.

Etapa 3 - Ao iniciar o corte, a primeira peça retirada tem a forma triangular e deve ser reservada para recheios de makis e outros. As demais peças deverão ser cortadas em filetes de aproximadamente 7 cm de comprimento, 3 cm de largura e 8 mm de espessura. É necessário manter o padrão de medida e inclinação em todos os filetes. A última peça, da direita, também ficará com forma triangular e, como a primeira, deverá ser utilizada para recheios.

Etapa 1 - Para acertar na espessura, coloque os dedos sobre o filé de forma que possa sentir a lâmina passando por dentro dele.
Etapa 2 - Inicie o corte com a base da faca e com o ângulo bem fechado.
Etapa 3 - Na medida em que for subindo o corte, abra o ângulo aos poucos.

Obs.: Limpe a faca constantemente.

Etapa 4 - As peças devem ficar com o mesmo tamanho e espessura. Aproximadamente 8 cm de comprimento até as extremidades, 3 cm de largura máxima e cerca de 7 mm de espessura.

HIRAME

Linguado

スシマン

CORTE E RETIRADA DOS FILÉS

Corte em 5 peças (gomai-oroshi)

Corte em 5 peças (gomai-oroshi) é uma técnica de corte utilizada para peixes achatados, como o linguado, e de grande porte, como o atum.
O peixe da foto é um hipoglosso (hirame). Trata-se de um peixe liso que possui um lado claro e o outro escuro. Quando adulto, ele passa a ter os dois olhos do lado esquerdo e o estômago na mesma direção. Os peixes com essas características exigem uma forma de cortar e retirar os filés bastante particular.
O hirame, em especial, possui escama muito grossa, por isso, não é possível retirá-la com o uso de um raspador. É necessário cortá-la utilizando uma faca do tipo yanagi.
Durante todo o processo de corte e retirada dos filés, as mãos, faca e tábua devem ser constantemente higienizadas com a solução de tezu (pág. 61).

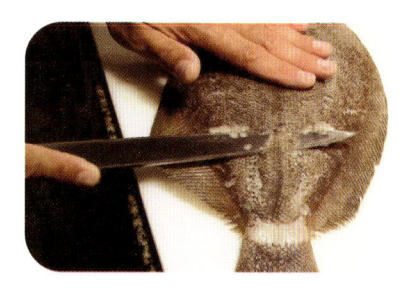

Etapa 1 - Retire somente as escamas; a pele deve permanecer. Depois de limpar o lado escuro, vire e repita o procedimento no lado claro. O movimento tem que ser suave. A faca yanagi é muito boa para cortar as laterais.

Etapa 2 - Para limpar o peixe, remova primeiro a cabeça, sem tocar nos intestinos. Após retirá-la, remova também os intestinos.

Etapa 3 - Lave-o bem e retire o excesso de água, para não comprometer o estado do peixe fresco. Logo depois, retire as escamas que estão soltas.

Etapa 4 - Para cortá-lo, utilize uma faça de cozinha mais flexível. Inicie com um corte próximo ao rabo e continue pelas laterais, acompanhando sempre a linha da espinha dorsal. O corte pelas laterais facilita a remoção dos filés. Eles podem ser feitos tanto de dentro para fora, como de fora para dentro.

Etapa 5 - Faça um corte na região mediana, da parte superior para a inferior. Vá aprofundando o corte, cuidadosamente, de modo que possa levantar o filé.

Etapa 6 - Agora, para abrir o peixe, volte a utilizar a faca yanagi. Faça uma leve pressão enquanto estiver cortando. Nessa seção, é necessário separar a espinha da carne.

Etapa 7 - Corte o outro lado, o da espinha. Faça o corte com cuidado, levantando a carne. Nessa etapa, uma faca flexível é mais apropriada porque, com ela, é possível acompanhar a estrutura óssea do peixe.

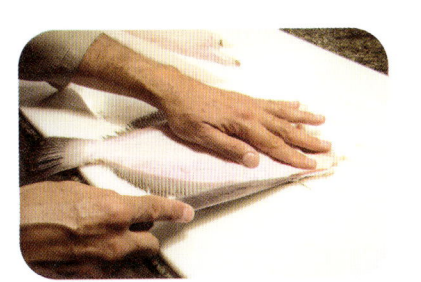

Etapa 8 - Vire o peixe e repita o mesmo procedimento. Faça uma incisão na base da cauda e corte as laterais. Depois, faça um corte na base central e inicie a retirada dos filés.

Etapa 9 - Retire as partes irregulares e o filete que acompanha a lateral. Tire também as impurezas.

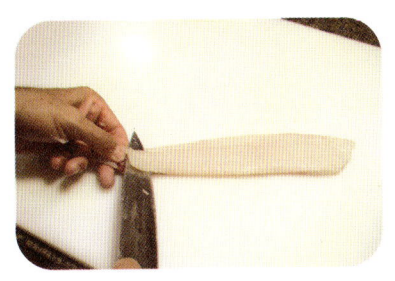

Etapa 10 - Para retirar a pele do filete, utilize uma faca de cozinha, fina e maleável. Corte na extremidade e vá separando suavemente a carne da pele.
Corte as pontas e certifique-se de que não há pele nem espinhas no filé.

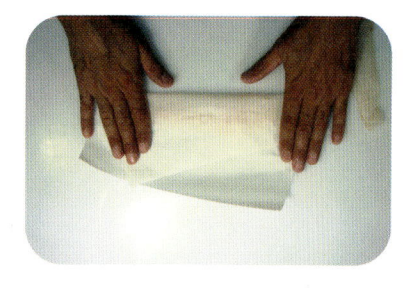

Utilize o mesmo método de armazenagem descrito no capítulo anterior (pág. 70).

FATIANDO O FILÉ DE LINGUADO

Corte na transversal (sogi-zukuri)

Neste exemplo, será utilizado o filé do hirame. Para essa peça achatada e comprida – que afina na direção do rabo –, utilizaremos novamente o método sogi-zukuri (pág. 72). Nesse caso, os filetes devem ter cerca de 2 dedos de largura.

Esse método também é muito utilizado para o corte de filés de peixe de outras espécies que possuam características semelhantes.

Preparo:

Coloque à sua direita uma tina com a solução de água, vinagre e sal (tezu). Molhe os dedos da mão esquerda e toda a lâmina da faca.

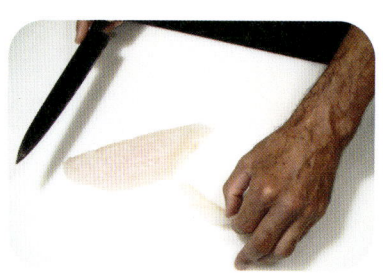

Etapa 1 - Para medir a espessura do corte, coloque os dedos sobre o filé do peixe de forma a sentir a lâmina da faca passar por dentro do filé.
Etapa 2 - Inicie o corte com a base da faca e com o ângulo bem fechado.

Obs.: Limpe a faca constantemente.

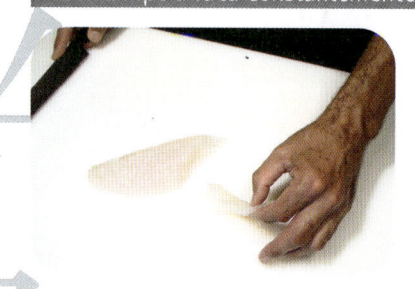

Etapa 3 - À medida em que for subindo o corte, abra o ângulo aos poucos.
Etapa 4 - As peças devem ficar com o mesmo tamanho e espessura – aproximadamente 8 cm de comprimento até as extremidades, o máximo de 3 cm de largura e cerca de 7 mm de espessura.

SABA

Cavalinha

スシマン

CORTE E RETIRADA DOS FILÉS

Corte em 3 peças (sanmai-oroshi)

A técnica de corte utilizada com a cavalinha é a mesma do salmão. Trata-se do corte em 3 peças (sanmai-oroshi). A cavalinha (shime saba) pode estar fresca ou congelada, já que será marinada antes do preparo.
Durante todo o processo de corte e retirada dos filés, as mãos, tábua e faca devem ser constantemente higienizadas com a solução de tezu (pág. 61).

Etapa 1 - Para retirar a cabeça e as vísceras, faça a primeira incisão no meio e depois do lado, abaixo da barbatana; por último, faça um corte diagonal.

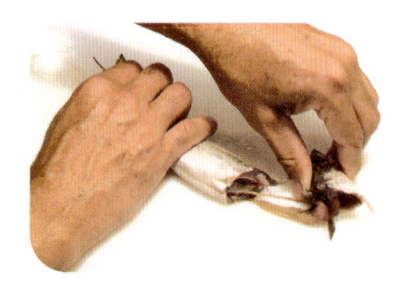

Etapa 2 - Retire a cabeça, trazendo junto os intestinos (vísceras).
Etapa 3 - Faça um outro corte para abrir a barriga. Raspe com a faca para retirar os resíduos da cavidade abdominal.

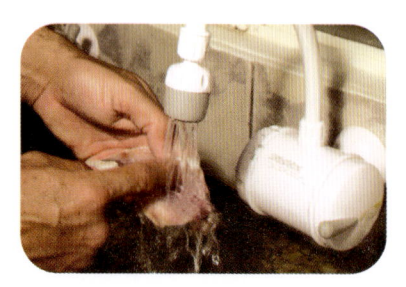

Etapa 4 - Lave bem em água corrente. Complete o corte da base da barriga até próximo ao rabo.
A carne do saba é muito macia, por isso é necessário manipulá-la com bastante cuidado.

Etapa 5 - Vire o peixe para o outro lado e, com a ponta da faca, faça um corte raso na linha da espinha. Aprofunde o corte, sempre se guiando pela coluna vertebral.

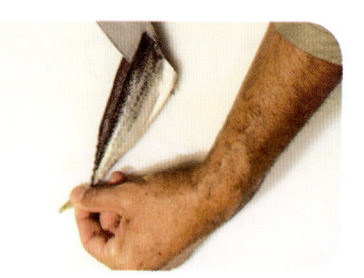

Etapa 6 - Rompa a conexão da carne com a espinha e, com as duas mãos, abra o peixe.

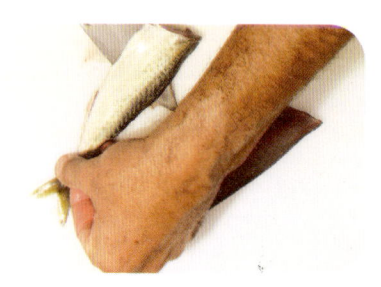

Etapa 7 - Para retirar a espinha, faça um corte na pele e, depois, um mais profundo para separá-la da carne. Descarte a espinha.

Etapa 8 - Coloque o peixe, com a pele para baixo, dentro de uma vasilha com sal grosso. Jogue sal também por cima e mexa a carne suavemente, para que o sal penetre. Deixe salgar por duas ou três horas.

Etapa 9 - Após esse período, lave os filés em água corrente e deixe dessalgar em uma bandeja com água, por 15 minutos. Jogue a água fora e seque o peixe.

Etapa 10 - Retire os resíduos do peixe com uma faca bem amolada e limpa.

Etapa 11 - Com uma pinça, remova também as espinhas. É necessário manusear com muito cuidado para não prejudicar a estrutura do filé. Prepare uma mistura com 50% de vinagre e 50% de água gelada. Coloque os filés de molho nessa solução e deixe na geladeira por cerca de 25 minutos.

Etapa 12 - Após esse período, retire os filés e seque-os com uma toalha limpa.

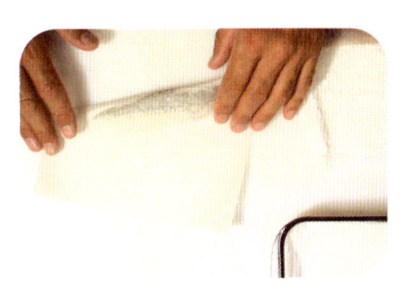

Etapa 13 - Embrulhe cada um com papel manteiga. Coloque-os dentro de um recipiente e cubra com uma camada de papel-toalha. Tampe e congele. No dia seguinte, poderá utilizá-los na preparação de sushis e sashimis.

MAGURO

Atum

CORTE E RETIRADA DOS FILÉS

Técnica para sushi e sashimi (sakudori)

Existem muitas espécies de atum. O mais famoso é o honmaguro (atum verdadeiro), ou bluefin tuna, em inglês. Nele, encontramos as partes mais nobres e valorizadas do atum: o "o-otoro", parte mais gorda, e o "chu-toro", parte menos gorda.
Existem espécies menores de atum, como o kihada, ou yellow fin (foto). Esse possui a carne menos nobre, entretanto, ela é menos oleosa e mais avermelhada. Nele, há uma parte de carne gorda – o harakami –, uma parte menos gorda – o haranaka –, e uma porção maior de carne vermelha, ou magra – o akami.
O akami pode ser subdividido em: sekami (média qualidade), senaka (alta qualidade) e seshimo (baixa qualidade).

Aqui vamos demonstrar a técnica de corte chamada sakudori, que pode ser utilizada tanto para a preparação de sushis quanto de sashimis. O kama-toro é um outro tipo corte, mais incomum, e encontrado em poucos restaurantes do Japão.

Mais uma vez, ressaltamos que, durante todo o processo de corte e retirada dos filés, as mãos, a tábua e a faca devem ser constantemente higienizadas com a solução de tezu (pág. 61).

スシマン

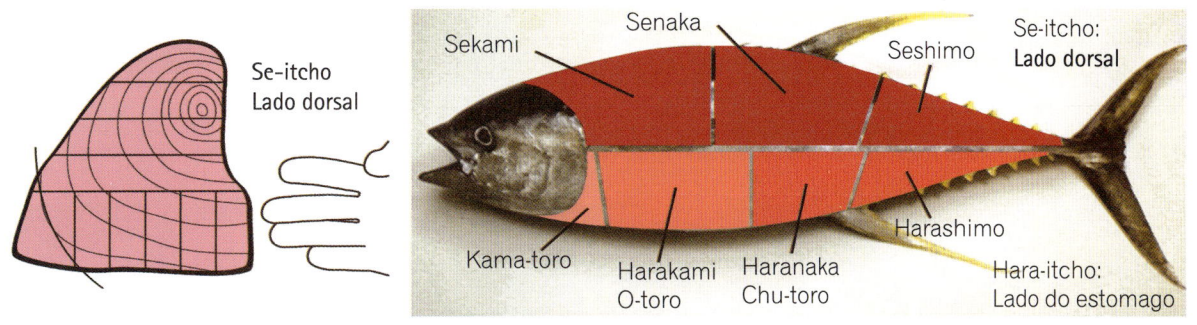

Método de corte sakudori.

Acima, os nomes das várias partes do atum.

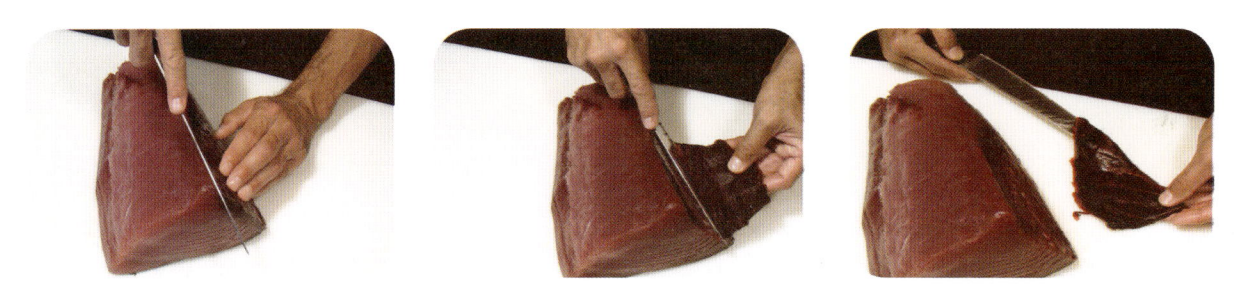

Labels na ilustração do atum: Sekami, Senaka, Seshimo, Se-itcho: Lado dorsal, Kama-toro, Harakami O-toro, Haranaka Chu-toro, Harashimo, Hara-itcho: Lado do estomago

Se-itcho Lado dorsal

Etapa 1 - Primeiramente retire a parte escura da peça e reserve-a para o preparo de outro prato.

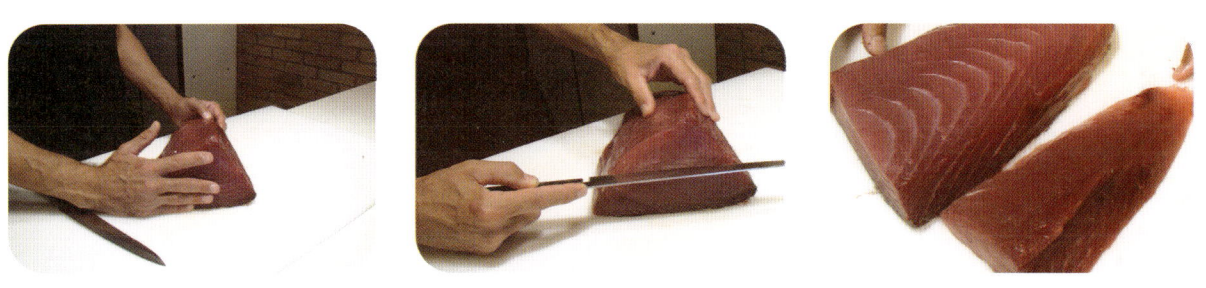

Etapa 2 - Corte a peça suavemente até a ponta da cauda, dividindo-a em duas partes. Cada uma deve ficar com a espessura de 3 dedos aproximadamente. Reserve a parte de cima.

Etapa 3 - Na peça de baixo, faça um corte na vertical, em toda a sua extensão, iniciando com a largura aproximada de 1 polegada. Depois faça um corte horizontal, rente à pele, para retirar esse primeiro pedaço. Novamente, faça um corte vertical e um horizontal, retirando a segunda parte que, por sua vez, sairá mais simétrica.

Etapa 4 - Repita o procedimento – um corte vertical e um horizontal – quantas vezes for necessário, até retirar todas as "barras" do filé. Procure manter a mesma espessura em todas elas.
Lembre-se de que é necessário limpar a lâmina da faca durante todo o procedimento.

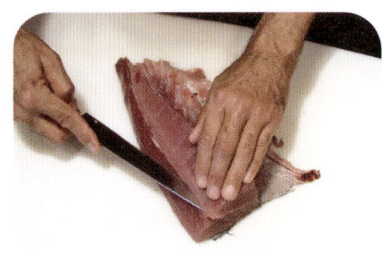

Etapa 5 - Retire a próxima fatia evitando a seção fibrosa. Depois, retire a fibra e, finalmente, remova a última peça, que terá o formato triangular.

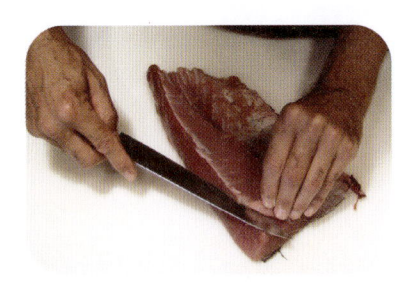

Etapa 6 - Reserve essa última peça, pois é muito fibrosa. Ela não serve para a preparação de sushis e de sashimis, mas poderá ser cozida e transformada em patê.

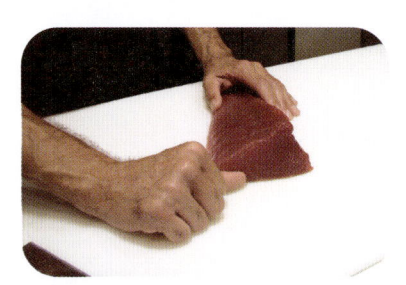

Etapa 7 - Os seis pedaços retirados são adequados para a preparação de sushis e sashimis.
Etapa 8 - A parte superior do atum - que foi reservada inicialmente - também será útil na preparação desses pratos. Ela deve ser fatiada em filés com a altura de 1 polegada.

Obs.: Limpe a faca e a mesa de trabalho constantemente.

Etapa 9 - Agora, repita o procedimento para a retirada das barras. Depois do corte horizontal, divida a peça em 2 ou mais filetes, dependendo do tamanho dela. As barras devem seguir o mesmo padrão das que foram retiradas primeiro.

Etapa 10 - Para armazenar os filés, embrulhe cada um em papel manteiga.

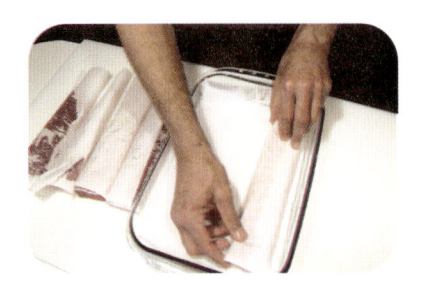

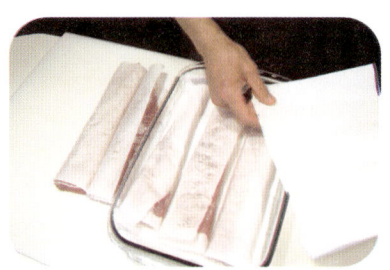

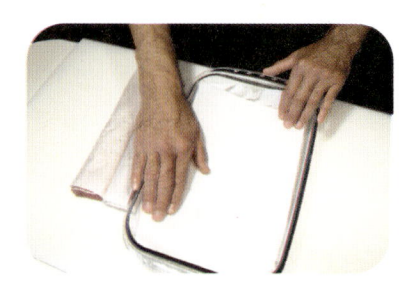

Etapa 11 - Depois de embalados, coloque-os na travessa, previamente forrada com duas camadas de papel-toalha.

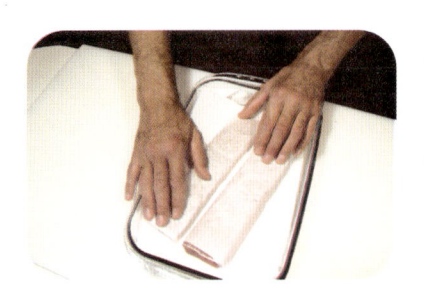

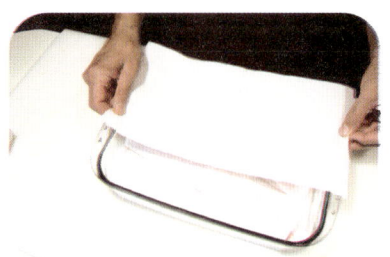

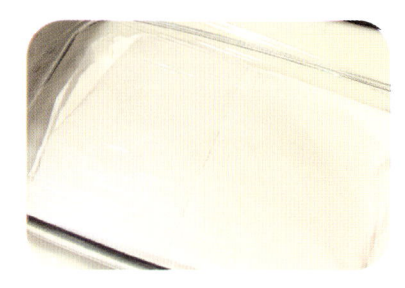

Etapa 12 - Cubra a primeira camada com papel-toalha e coloque outra camada de peixe.
Etapa 13 - Depois de acondicionar todos os filés na travessa, coloque mais uma camada de papel-toalha e cubra com filme (pvc).
Armazene-os, imediatamente, na geladeira ou freezer e utilize-os o quanto antes, para evitar que o atum escureça e perca a textura ideal.

FATIANDO O FILÉ DE ATUM

Corte na transversal (sogi-zukuri)

Para a preparação de sushis e sashimis, o filé de atum deve estar fresco. Além disso, é necessário cortá-lo em filetes de tamanho uniforme e espessura apropriada.
Na demonstração a seguir, utilizaremos, mais uma vez, o método sogi-zukuri de corte.

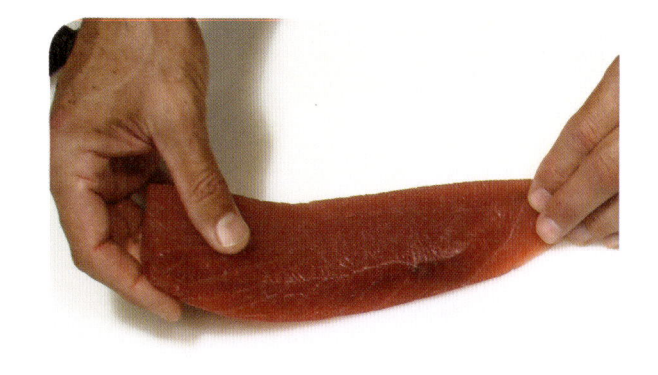

Preparo:

Coloque uma tina com tezu à sua direita (pág. 61). Molhe os dedos da mão esquerda e toda a lâmina da faca.

Etapa 1 - Calcule a espessura do filete, apoiando os dedos sobre o filé do peixe. Inicie o corte com a base da faca e com o ângulo bem fechado.
Limpe a faca constantemente.

Etapa 2 - Na medida em que for subindo o corte, abras o ângulo aos poucos. As peças devem ficar com o mesmo tamanho e espessura – aproximadamente 8 cm de comprimento, 3 cm de largura e 7 mm de espessura.

IKA

Lula

スシマン

LIMPEZA, COZIMENTO E CORTE

O preparo e a retirada dos filés

As lulas têm, em média, 60 cm de comprimento. São exclusivamente carnívoras e alimentam-se de peixes e outros vertebrados marinhos.
Geralmente, ela é utilizada cozida, mas, quando de boa qualidade, também pode ser consumida crua; nesse caso, sua carne é quase transparente. Ao contrário do polvo, o corpo da lula é mais utilizado do que os tentáculos na elaboração do sushi.
Durante todo o processo de corte e retirada dos filés, as mãos, a tábua e a faca devem ser constantemente higienizadas com a solução de tezu (pág. 61).

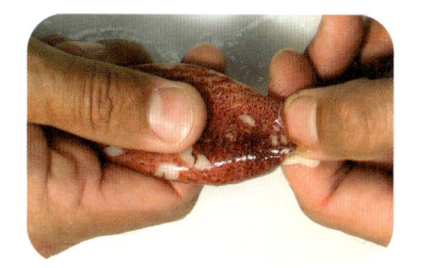

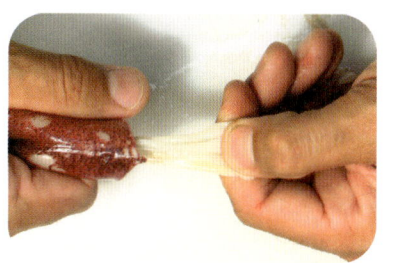

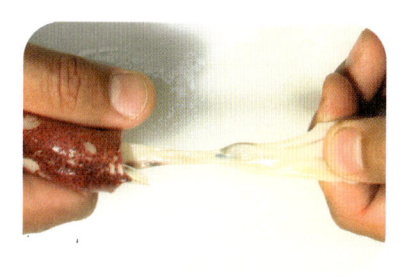

Etapa 1 – Segure firmemente o corpo com uma das mãos, e a cabeça e os tentáculos, com a outra mão. Puxe a cabeça a fim de separá-la do corpo. As vísceras sairão junto.

Etapa 2 - Apalpe o corpo tubular da lula em busca de uma espécie de cartilagem alongada; retire-a e descarte. Se houver mais cartilagens duras, devem ser descartadas.

Etapa 3 - Abra os tentáculos da lula e pressione-os para retirar suas presas. Com uma faca afiada, corte entre os tentáculos e os olhos, separando a lula em duas partes.

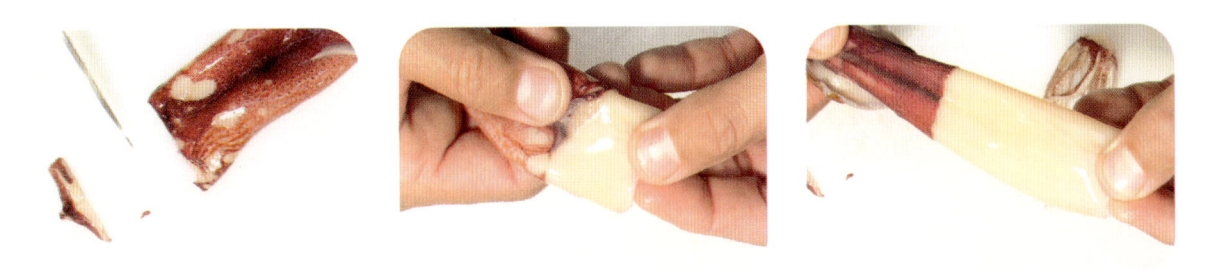

Etapa 4 - Com uma faca, apare o colar e retire a membrana colorida que cobre o corpo e as barbatanas da lula.

Etapa 5 - Após retirar a membrana, retire também as barbatanas. Lave as partes a serem utilizadas – tentáculos, corpo e barbatanas – e reserve.

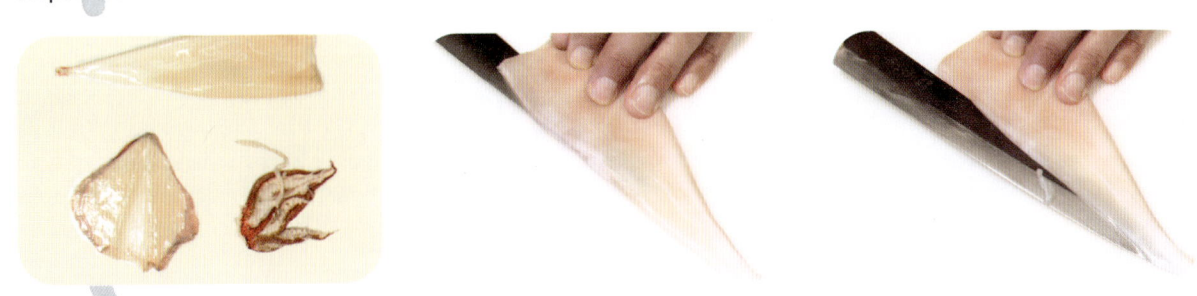

Etapa 6 - Faça um corte em uma das laterais do corpo da lula, ao longo de sua extensão. Abra-a e deixe a parte interna para cima.

Etapa 7 - Para o preparo do nigiri:
Raspe a parte interna com a faca e retire as impurezas. Faça cortes transversais na medida adequada.

Etapa 8 - Para o preparo de sashimis e makis especiais:
Faça alguns cortes superficiais no corpo da lula, em sentido diagonal. Repita os cortes, no sentido contrário, formando uma espécie de xadrez.

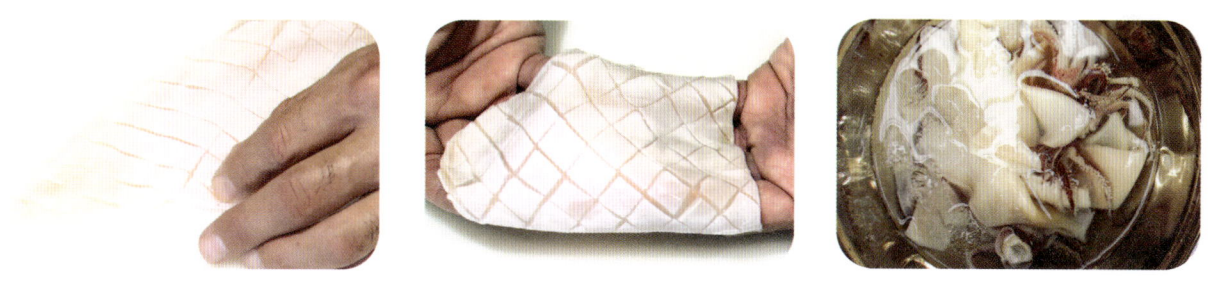

Etapa 9 - Reserve em uma tigela com água gelada.

Etapa 10 - Em uma panela média, coloque 2 litros de água, 1 colher (sobremesa) de aji-no-moto (glutamato monossódico) e 1/2 colher (sobremesa) de sal. Deixe em fogo alto até ferver.

Etapa 11 - Adicione a lula – corpo, barbatanas e tentáculos – e cozinhe em fogo médio. Mexa levemente até que o corpo da lula se enrole – aproximadamente 3 minutos.

Etapa 12 - Retire do fogo, escorra e mergulhe as partes da lula em água com gelo.

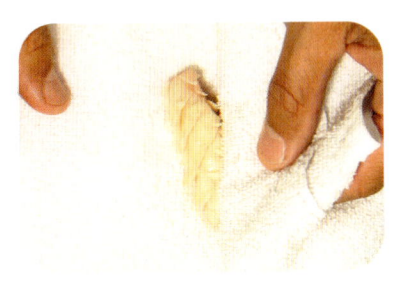

Etapa 13 - Retire do resfriamento e, com uma toalha limpa, seque cada parte da lula, individualmente. Se não for utilizar no mesmo dia, armazene as partes preparadas.

Etapa 14 - Para isso, envolva-as em filme (pvc ou papel manteiga) e coloque-as dentro de um recipiente previamente forrado com papel-toalha.

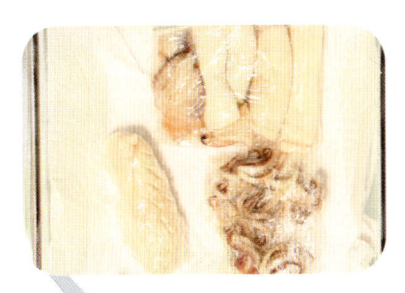

Etapa 15 - Lacre o recipiente com filme (pvc) e guarde em freezer ou geladeira. Se forem congelados, podem ser utilizados alguns dias depois.

TAKO
Polvo

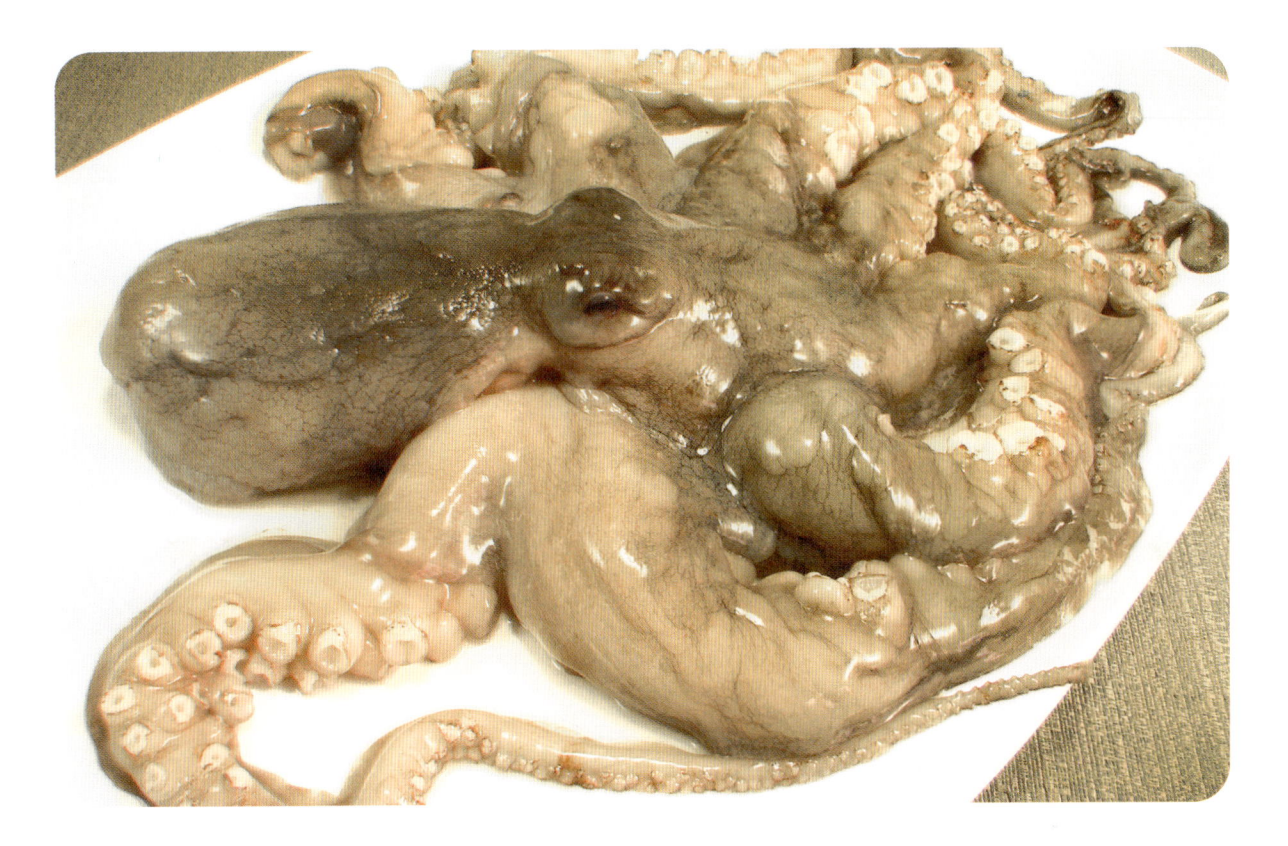

スシマン

LIMPEZA, COZIMENTO E CORTE

O preparo e a retirada dos filés

O preparo e a retirada dos filés
O polvo se alimenta de peixes, crustáceos e invertebrados, como o caranguejo, a lagosta e as vieiras. Essa saborosa dieta o torna rico em proteínas e detentor de um excelente sabor. Sua textura firme faz com que ele seja uma ótima opção para o sushi. Embora todo o polvo de boa qualidade (fresco ou não) possa ser comido cru, normalmente só são utilizados, no sushi, os tentáculos fervidos. Para facilitar o preparo, prefira os polvos maiores, com tentáculos mais grossos e mais fáceis de fatiar.
Durante todo processo de corte e retirada dos filés, as mãos, a tábua e a faca devem ser constantemente higienizadas com a solução de tezu (pág. 61).

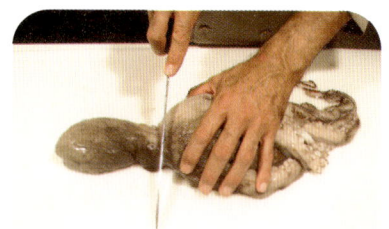

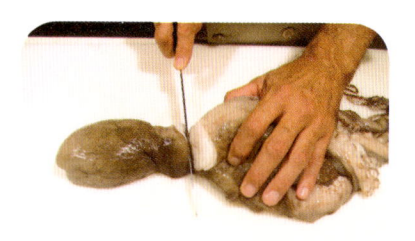

Etapa 1 - Coloque o polvo fresco sobre uma tábua de corte. Com uma faca afiada, separe os tentáculos, fazendo um corte logo abaixo dos olhos.

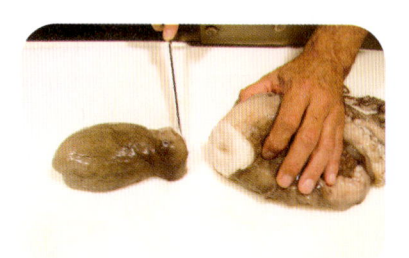

Etapa 2 - Observe que a bolsa de tinta ficou junto aos olhos. Embora o corpo também possa ser utilizado no preparo de alguns tipos de sushi, não faremos uso dele nas receitas deste livro.

Etapa 3 - Coloque os tentáculos em uma tigela e cubra-os com bastante sal. Esfregue bem o sal nos tentáculos, para amaciá-los e limpá-los. Lave-os, abundantemente, em água corrente para retirar todas as impurezas. As ventosas devem ficar completamente limpas.

Etapa 4 - Tempere os tentáculos com uma colher (sopa) de aji-no-moto (glutamato monossódico), 1 xícara de sake, 150 g de nabo cortado em rodelas finas e o caldo de 1 limão (não descarte a casca). Deixe descansar por 20 minutos. Coloque água em uma panela grande e deixe ferver. Após levantar fervura, diminua o fogo e adicione os tentáculos já temperados. Cozinhe em fogo baixo, por aproximadamente 50 minutos, sem deixar ferver. Retire do fogo, escorra numa peneira e deixe esfriar.

Etapa 5 - Corte os tentáculos, separando-os da parte central, onde está situado o bico do polvo. Essa parte deve ser descartada.

Etapa 6 - Para armazenar os tentáculos do polvo, siga os mesmos procedimentos de armazenagem da lula. Depois de resfriado, seque cada tentáculo individualmente. Envolva as partes em filme (pvc ou papel manteiga) e coloque dentro de um recipiente previamente forrado com papel-toalha. Lacre o recipiente também com filme (pvc) e guarde no freezer ou geladeira. Se forem congelados, podem ser utilizados, preferencialmente, em até 20 dias.

FATIANDO OS TENTÁCULOS DO POLVO

Corte na transversal (sogi-zukuri)

Cada tentáculo deverá ser cortado em fatias de tamanho uniforme e espessura apropriada. Para isso, será utilizado, mais uma vez, o método **sogi-zukuri** de corte.

Preparo:

Coloque uma tina com tezu à sua direita. Molhe os dedos da mão esquerda e toda a lâmina da faca.

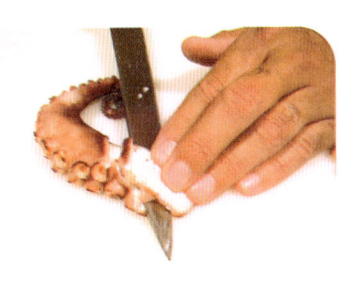

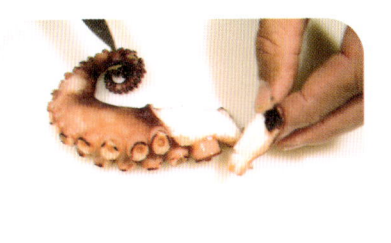

Coloque um tentáculo sobre a tábua e, com uma faca afiada, inicie o corte. Apoie com a ponta dos dedos e introduza a lâmina com o ângulo de 45° em relação à tábua. Corte os tentáculos na diagonal, em fatias de aproximadamente 3 mm.

EBI

Camarão

LIMPEZA, COZIMENTO E CORTE

O preparo e a retirada dos filés

Para que o camarão seja utilizado em sushis, é necessário um preparo especial.
Na demonstração a seguir, faremos uso do camarão cinza (foto); no entanto, outros tipos – como o vermelho e o marrom – também oferecem o mesmo resultado. Eles podem ser frescos ou congelados; o importante é que sejam de boa procedência.
O tamanho mais comum varia entre 8 cm e 10 cm, sem considerar a cabeça.

Etapa 1 - Para que o camarão seja utilizado em sushis, é necessário que, após escaldado, ele fique reto. Para isso, é preciso inserir, ao longo de seu corpo, um palito (kushi), que deve ser fixado entre a casca e a carne. Insira o palito, começando na parte superior e terminando na cauda.
Durante todo o processo de corte e retirada dos filés, as mãos, a tábua e a faca devem ser constantemente higienizadas com a solução de tezu (pág. 61).

Etapa 2 - Em uma panela, coloque água, sal e vinagre. Deixe ferver. Para cerca de 10 camarões, utilize 2 litros de água, 1/4 copo de vinagre (75 mL) e 1 colher (sobremesa) de sal. O sal e o vinagre, além de darem mais sabor ao prato, farão com que o camarão apresente uma coloração mais avermelhada.

Etapa 3 - Ao iniciar a fervura, coloque os camarões por apenas 1 minuto. Retire-os e mergulhe-os em água com gelo.

Etapa 4 - Deixe descansar por mais ou menos 3 minutos, ou até que eles fiquem bem gelados.

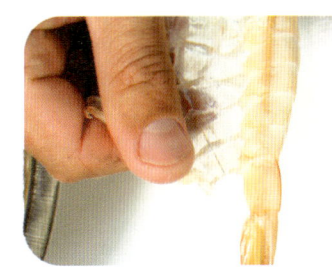

Etapa 5 - Para retirar a casca, segure o camarão pela cauda e levante a casca num ângulo de 60°. Cuide para não apertar de forma que comprometa a estrutura da carne.
Gire o camarão em torno do palito e, depois, puxe o palito.

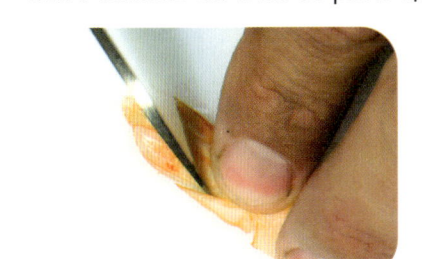

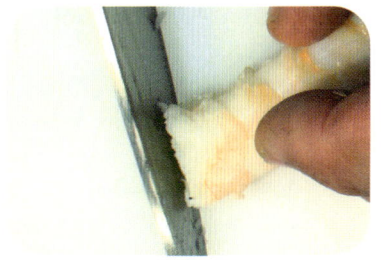

Etapa 6 - Com uma faca, corte a ponta do rabo dando-lhe a forma de rabo de peixe.
Etapa 7 - Faça um pequeno corte na outra extremidade, deixando-a reta.

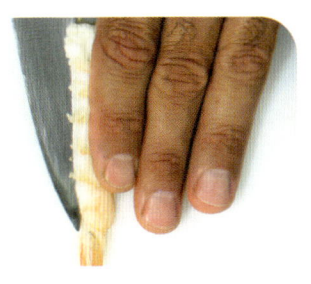

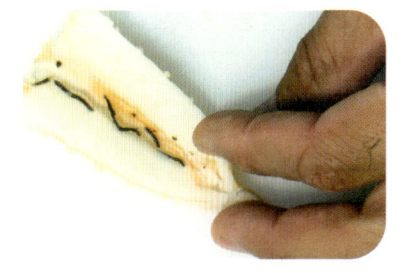

Etapa 8 - Abra o camarão, cortando-o pela metade, bem na linha central do corpo. Tenha cuidado para não dividi--lo em duas partes.

Etapa 9 - Abra o camarão e, com a ponta da faca, remova as impurezas. Lave-o para retirar os detritos e seque bem.

Etapa 10 - Assim como alguns peixes, os camarões também devem ser marinados. Para isso, coloque em um recipiente 2 colheres (sopa) de vinagre, 1 colher (chá) de aji-no-moto (glutamato monossódico), 3 colheres (sopa) de sake e 2 colheres (chá) de açúcar.

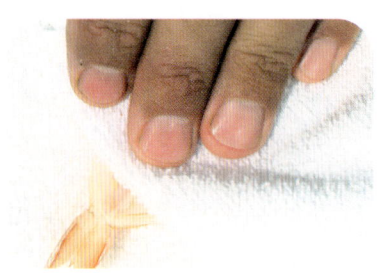

Etapa 11 - Disponha os camarões em uma travessa e regue-os com a mistura. Deixe marinar por 30 minutos. Retire e seque. Depois de secos, já podem ser utilizados.

Etapa 12 - Se não for utilizar no mesmo dia, será necessário armazená-los. Para isso, arrume os camarões em pilhas de 3 ou 4 unidades. Envolva cada pilha em papel manteiga ou filme (pvc).

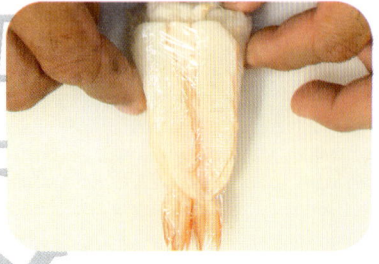

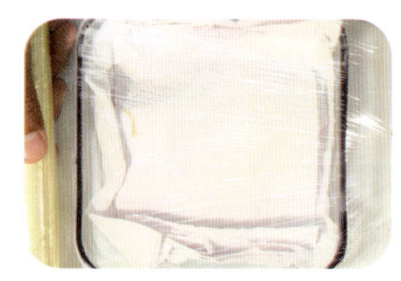

Etapa 13 - Depois de embrulhados, coloque-os em um recipiente previamente forrado com papel-toalha. Lacre o recipiente com filme (pvc) e guarde no freezer ou geladeira. Se forem congelados, os camarões poderão ser servidos até 10 dias depois.

スシマン

スシ

にぎり寿司

NIGIRI-ZUSHI

NIGIRI-ZUSHI

Confecção – passos básicos

O nigiri-zushi é a forma mais típica e conhecida do sushi. Consiste em um alongado bolinho de arroz de sushi – moldado à mão – coberto com um filete de peixe, legume ou frutos do mar.
Geralmente, o nigiri-zushi é servido em pares.

Formatos do nigiri-zushi

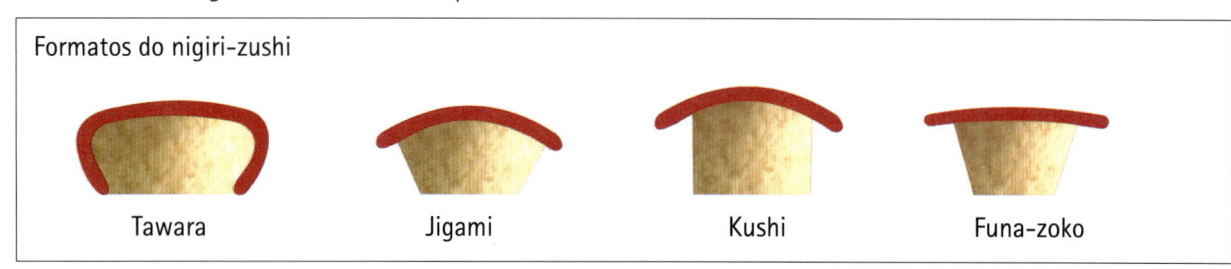

| Tawara | Jigami | Kushi | Funa-zoko |

SAKE NIGIRI-ZUSHI

Salmão

Ingredientes para 2 peças:

50 g de shari
2 filetes de filé de salmão (sake) com aproximadamente 7 cm x 3 cm x 0,8 cm (pág. 61)
Wasabi

Tezu: 4 colheres (sopa) de vinagre de arroz, 200 mL de água e 1 pitada de sal (pág. 61).

Preparo:

Coloque, à sua direita, uma tina com o shari, outra com wasabi já preparada e uma terceira com a solução de tezu para umedecer as mãos e evitar que o arroz grude durante a modelagem. À sua esquerda, coloque uma travessa com os filetes de salmão.

Etapa 1 - Com o indicador e o polegar da mão esquerda, pegue um filete de peixe. Acomode-o sobre os dedos.
Etapa 2 - Com a mão direita, pegue um pouco de shari – em torno de 25 g, o equivalente a uma bola de tênis de mesa – e faça um bolinho.
Etapa 3 - Com o indicador, pegue um pouco de wasabi e passe no centro do filete de peixe.

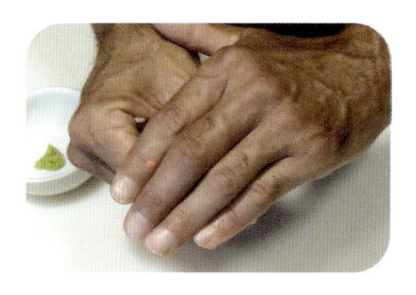

Etapa 4 - Coloque o bolinho de shari sobre o filete de peixe que está nos dedos. Pressione-o suavemente com o polegar da mão esquerda e mantenha o dedo sobre o bolinho.
Etapa 5 - Molde os lados do sushi com os dedos – indicador e polegar – da mão direita.
Etapa 6 - Com a mão esquerda, vire o sushi, passando-o para a mão direita, de forma que a cobertura fique por cima.

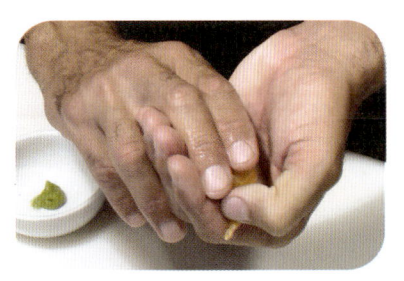

Etapa 7 - Novamente, com o dedo polegar e o indicador, molde o sushi uniformizando-o e alisando o filete.
Etapa 8 - Dobre os dedos da mão esquerda e acomode os sushis dentro deles; posicione o polegar junto à base do indicador. Com o dedo indicador e o médio, achate a cobertura do sushi.
Etapa 9 - Com o auxílio da mão direita, gire o sushi de ponta cabeça.

Etapa 10 - Novamente, dobre os dedos da mão esquerda acomodando, dentro deles, o sushi; e posicione o polegar junto à base do indicador. Com o dedo indicador e o médio, modele a cobertura.
Etapa 11 - Com a mão direita, coloque o sushi sobre a travessa.

Etapa 12 - Repita todo o procedimento (etapas 1 a 11) para confeccionar o outro nigiri.
Etapa 13 - Coloque uma folha de alface na travessa e acomode o par de nigiri-zushi.

Obs.: Siga os passos básicos para a confecção das receitas a seguir.

NIGIRI-ZUSHI

Receitas / Ingredientes

MAGURO NIGIRI-ZUSHI

Atum

Ingredientes para 2 peças:

2 filetes de filé de atum (maguro)
50 g de shari
Wasabi
2 folhas de alface frizze

HIRAME NIGIRI-ZUSHI

Linguado

Ingredientes para 2 peças:

2 filetes de filé de linguado (hirame)
50 g de shari
1 rodela de limão siciliano
1 rodela de limão tahiti
Wasabi

MAGURO KYURI NIGIRI-ZUSHI

Atum, pepino e agrião

Ingredientes para 2 peças:

2 filetes de atum (maguro)
2 fatias finas de pepino japonês
50 g de shari
2 tirinhas de nori 13 cm x 1 cm
6 raminhos de broto de agrião
Wasabi

SHIIRA NIGIRI-ZUSHI

Dourado do mar

Ingredientes para 2 peças:

2 filetes de filé de dourado (shiira)
50 g de shari
2 folhas de alface frizze
Wasabi

HAMACHI NIGIRI-ZUSHI

Olhete

Ingredientes para 2 peças:

2 filetes de filé de olhete (hamachi)
50 g de shari
1 rodela de limão
Wasabi
Coloque meia rodela de limão tahiti sobre cada sushi.

SABA NIGIRI-ZUSHI

Cavalinha

Ingredientes para 2 peças:

2 filetes de cavalinha (saba) sem pele
50 g de shari
1 ramo de salsinha crespa
Wasabi
Faça cortes rasos nos filetes de cavalinha e confeccione os nigiris.

MEKA NIGIRI-ZUSHI

Meca (atum branco)

Ingredientes para 2 peças:

2 filetes de filé de meca (meka)
50 g de shari
2 folhas de alface frizze
2 bolinhas de wasabi
Coloque uma bolinha de wasabi sobre cada sushi.

スシマン

SUZUKI NIGIRI-ZUSHI

Robalo

Ingredientes para 2 peças:

2 filetes de filé de robalo (suzuki)
50 g de shari
1 raminho de salsa crespa
Wasabi

AMADAI NIGIRI-ZUSHI

Namorado

Ingredientes para 2 peças:

2 filetes bem finos de filé de namorado (amadai)
50 g de shari
1 folha de alface crespa
Wasabi

TORO NIGIRI-ZUSHI

Atum gordo

Ingredientes para 2 peças:

2 filetes de filé de atum gordo (toro)
50 g de shari
1 folha de alface crespa
Wasabi

AJI NIGIRI-ZUSHI

Carapau

Ingredientes para 2 peças:

2 filetes de filé de carapau (aji) marinado
50 g de shari
1 rodela de limão tahiti
1 folha de alface crespa
Wasabi
Gengibre ralado
Cebolinha verde picada

Coloque sobre o peixe uma pequena porção de gengibre ralado e outra de cebolinha verde picada.

TOKUBETSU NO TAKO NIGIRI-ZUSHI

Tentáculos de polvo

Ingredientes para 2 peças:

2 pontas de tentáculos de polvo (pág. 89)
50 g de shari
2 tirinhas de nori (13 cm x 1 cm)
2 folhas de shiso
Wasabi

Depois de cozidos, apare a base dos tentáculos, para que eles fiquem bem fixados aos bolinhos de shari.

EBI NIGIRI-ZUSHI

Camarão

Ingredientes para 2 peças:

2 camarões (ebi) preparados para nigiri (pág. 92)
50 g de shari
2 tirinhas de nori (13 cm x 1 cm)
1 folha de alface frizze
Wasabi

TAI NIGIRI-ZUSHI

Pargo

Ingredientes para 2 peças:

2 filetes de filé de pargo (tai)
50 g de shari
Wasabi

SABA NIGIRI-ZUSHI

Cavalinha

Ingredientes para 2 peças:

2 filetes de cavalinha (saba) sem pele
50 g de shari
1 rodela de limão
1 colher (chá) de gengibre ralado
1 colher (chá) de cebolinha verde picada
Wasabi
Coloque sobre o peixe uma pequena porção de gengibre ralado, uma de cebolinha verde picada e 1/2 fatia de limão encostada em cada nigiri.

IWASHI NIGIRI-ZUSHI

Sardinha

Ingredientes para 2 peças:

2 filés de sardinha frescos
1/2 colher (sopa) de sal
1 colher (sopa) de vinagre de arroz
1/2 colher (sopa) de sake mirim
1/2 colher (chá) de açúcar
1/2 colher (sopa) de suco de limão
1/2 pitada de casca de limão ralada
50 g de shari
1/2 colher (café) de wasabi
2 talos de cebolinha verde

Lave os filés de sardinha com água fria. Seque-os bem e elimine as espinhas com uma pinça.
Cubra os filés com sal marinho e deixe descansar por uma hora.
Lave-os e seque novamente.

Em uma pequena vasilha de vidro, misture o vinagre de arroz, o mirim, o açúcar, o suco e a raspa do limão. Adicione os filés de sardinha e deixe-os marinar, em geladeira, por 2 horas (tampado). Após esse período, retire os filés e seque-os. Faça pequenos cortes transversais e rasos sobre a pele das sardinhas. Amarre cada peça com um talo de cebolinha verde.

UZURA TAMAGO NIGIRI-ZUSHI

Ovos de codorna e salmão defumado

Ingredientes para 2 peças:

50 g de shari
2 ovos de codorna (poché)
2 fatias finas de salmão defumado

Para o molho hollandaise:
1 gema de ovo
30 g manteiga derretida
100 mL de água
10 mL de vinagre
Pimenta do reino branca
Cebollete
Sal

Molho hollandaise:
Coloque a gema de ovo em uma tigela e adicione água morna. Cozinhe em banho-maria e, pouco a pouco, acrescente a manteiga derretida, batendo continuamente com uma colher de pau até que a mistura se torne homogênea. Adicione o sal e a pimenta do reino e reserve.

Coloque a água e o vinagre numa panela pequena ou numa frigideira e leve ao fogo. Assim que iniciar a fervura, quebre 1 dos ovos dentro, cuidando para que ele não se desmanche. Use um aro culinário para manter o formato dele. Quando estiver pronto, retire o aro e o ovo com o auxílio de uma escumadeira e transfira para um prato. Repita o procedimento com o outro ovo. Modele os sharis com forma de casco de navio. Sobre cada bolinho de arroz, coloque 1 fatia de salmão defumado, 1 ovo e, por último, o molho hollandaise. Guarneça com talos de cebollete.

SAKE KAWA NIGIRI-ZUSHI

Pele de salmão frita

Ingredientes para 2 peças:

2 fatias de pele de salmão
50 g de shari
2 tirinhas de nori (13 cm x 1 cm)
Molho teriyaki
1 ramo de salsa crespa

Para o tempero:
1 pitada de aji-no-moto (glutamato monossódico)
1 gota de óleo de gergelim torrado
2 colheres (sopa) de shoyo

Deixe a pele do salmão no tempero por 15 minutos, depois frite-a em frigideira antiaderente. Escorra e corte a pele do tamanho do nigiri. Cubra os bolinhos de shari com a pele virada para baixo e passe a tira de nori. Pincele com molho teriyaki ou tare e guarneça com o ramo de salsinha.

SAKE FURAI NIGIRI-ZUSHI

Pele de salmão empanada

Ingredientes para 2 peças:

2 fatias de pele de salmão
50 g de shari
2 tirinhas de nori (13 cm x 1 cm)
1 folha de alface crespa
Creme de tempura

Passe farinha de trigo nos filetes de pele de salmão e mergulhe-os no creme de tempura.

Frite em óleo quente. Escorra bem e deixe esfriar. Forme os bolinhos de shari, cubra-os com a pele virada para baixo e passe a tira de nori. Pingue sobre os nigiris algumas gotas de molho tare ou teriyaki.

UNAGI KABAYAKI NIGIRI-ZUSHI

Enguia grelhada com molho tare

Ingredientes para 2 peças:

50 g de shari
2 tirinhas de nori (13 cm x 1 cm)
2 fatias de enguia
Molho tare

Cozinhe as enguias deixando-as "ao ponto". Coloque-as para grelhar, pincelando-as constantemente com molho tare, até que fiquem totalmente laqueadas. Polvilhe com pimenta seichuang ou shichimi togarashi. Deixe esfriar e retire a pele e o excesso de gordura. Monte o nigiri e pincele com molho tare novamente.

ABOKADO NIGIRI-ZUSHI

Avocado

Ingredientes para 2 peças:

1/4 avocado maduro
50 g de shari
Pimenta do reino branca
2 tirinhas de nori (13 cm x 1 cm)
Suco de 1/2 limão tahiti

Tire a casca do avocado e retire 2 fatias de aproximadamente 4 mm cada. Passe-as, imediatamente, no suco de limão.
Coloque 1 fatias de avocado sobre cada bolinho.
Moa a pimenta sobre os sushis.

KAZUNOKO NIGIRI-ZUSHI

Ovas de arenque

Ingredientes para 2 peças:

2 ovas de arenque (kazunoko)
2 tirinhas de nori (13c m x 1 cm)
50 g de shari
Wasabi
1 ramo de salsa crespa

IZUMI DAI NIGIRI-ZUSHI

Tilápia

Ingredientes para 2 peças:

2 filetes de filé de tilápia (izumi-dai)
50 g de shari
2 folhas de alface frizze
1 ramo de salsa crespa
Wasabi

MAGURO HIRAME NIGIRI-ZUSHI

Atum e linguado

Ingredientes para 2 peças:

1 filete de filé de atum (maguro)
1 filete de filé de linguado (hirame)
50 g de shari
2 tirinhas de nori (13 cm x 1 cm)
2 folhas de shiso
Wasabi

Corte os filetes dos peixes ao meio e coloque um pedaço de cada sobre o bolinho de shari. Arremate com as tirinhas de nori.

ICHIGO NIGIRI-ZUSHI

Morango

Ingredientes para 2 peças:

4 fatias de morango maduro (ichigo)
50 g de shari
1 raminho de salsa crespa

TAMAGO-YAKI NIGIRI-ZUSHI

Omelete japonesa

Ingredientes para 2 peças:

2 fatias de tamago-yaki (pág. 35)
2 tirinhas de nori (13 cm x 1 cm)
50 g de shari
1 ramo de salsa crespa

スシマン

EBI TOFU NIGIRI-ZUSHI

Camarão e tofu

Ingredientes para 2 peças:

2 camarões (ebi) preparados para nigiri (pág. 92)
2 retângulos de tofu (2,5 cm x 2 cm x 6 cm)
2 tirinhas de nori (13 cm x 1 cm)
Cebolinha verde picada
Gengibre ralado
1 ramo de salsa crespa
Wasabi

Coloque sobre o nigiri uma bolinha de gengibre ralado e uma de cebolinha verde picada.

TAKO NIGIRI-ZUSHI

Polvo

Ingredientes para 2 peças:

2 fatias de polvo (tako) cozido (pág. 89)
50 g de shari
2 tirinhas de nori (13 cm x 1 cm)
1 ramo de salsa crespa
Wasabi

IKA NITATE NIGIRI-ZUSHI

Lula cozida e alga nori

Ingredientes para 2 peças:

2 fatias de filé de lula temperadas e levemente cozidas (pág. 85)
50 g de shari
2 tirinhas de nori (13 cm x 1 cm)
1 ramo de salsa crespa
Wasabi

ASUPARA NIGIRI-ZUSHI

Aspargos

Ingredientes para 2 peças:

2 aspargos verdes cozidos
50 g de shari
2 tirinhas de nori (13 cm x 1 cm)
1 ramo de salsa crespa
Wasabi

Lave e corte os aspargos longitudinalmente. Ferva-os em água salgada por cerca de 3 minutos. Deixe esfriar.

KANI NIGIRI-ZUSHI

Kani kama

Ingredientes para 2 peças:

2 bastonetes de kani kama abertos longitudinalmente
50 g de shari
2 tirinhas de nori (13 cm x 1 cm)
1 ramo de salsa crespa
Wasabi

IKA NIGIRI-ZUSHI

Lula crua e ovas de peixe

Ingredientes para 2 peças:

2 fatias de lula crua (ika)
50 g de shari
6 ovas de salmão
1 ramo de salsa crespa
Wasabi

Coloque as ovas de salmão sobre as peças montadas.

KINUSAYA NIGIRI-ZUSHI

Ervilha na vagem

Ingredientes para 2 peças:

2 vagens de ervilha cozidas
50 g de shari
2 tirinhas de nori (13 cm x 1 cm)
1 ramo de salsa crespa
Wasabi

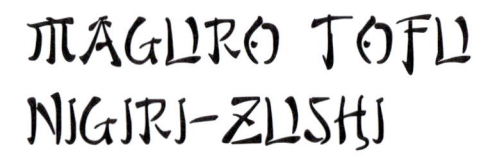

MAGURO TOFU NIGIRI-ZUSHI

Atum e tofu

Ingredientes para 2 peças:

2 filetes de filé de atum (maguro)
2 retângulos de tofu (2,5 cm x 2 cm x 6 cm)
2 tirinhas de nori (13 cm x 1 cm)
1 colher (café) de gengibre ralado
1 colher (café) de cebolinha verde picada
Wasabi

Coloque sobre cada peça uma porção de cebolinha verde com gengibre ralado.

SAKE TOFU NIGIRI-ZUSHI

Salmão e tofu

Ingredientes para 2 peças:

2 filetes de filé de salmão (sake)
2 retângulos de tofu (2,5 cm x 2 cm x 6 cm)
2 tirinhas de nori (13 cm x 1 cm)
1 colher (café) de gengibre ralado
1 colher (café) de cebolinha verde picada
1 folha de frizze
Wasabi

Coloque sobre cada peça uma bolinha de cebolinha verde com gengibre ralado.

ASUPARA TOFU NIGIRI-ZUSHI

Tofu, aspargos e cenoura

Ingredientes para 2 peças:

1 aspargo cozido
2 retângulos de tofu (2,5 cm x 2 cm x 6 cm)
2 fatias de cenoura (2,5 cm x 0,5 cm x 6 cm)
2 tirinhas de nori (13 cm x 1 cm)
1 colher (café) de gengibre ralado
1 colher (café) de cebolinha verde picada
Wasabi

Corte as peças de tofu de acordo com as medidas sugeridas e reserve-as. Lave e corte os aspargos longitudinalmente.

Corte as fatias de cenoura nas medidas indicadas. Ferva o aspargo e a cenoura em água salgada por cerca de 3 minutos. Retire e mergulhe imediatamente em água gelada. Monte o nigiri e coloque sobre ele uma bolinha de cebolinha verde com gengibre ralado.

ASUPARA NIGIRI-ZUSHI

Aspargos com parma

Ingredientes para 2 peças:

4 aspargos verdes pequenos
1 pitada de sal
300 mL de água
2 tirinhas de nori (13 cm x 1 cm)
50 g de shari
1/2 colher (café) de wasabi
2 fatias finas de presunto parma cru
2 folhas pequenas de endívias
Wasabi

Lave e corte os aspargos. Ferva-os em água salgada por cerca de 3 minutos. Enxágue e deixe escorrer. Coloque 2 aspargos e 1 rolinho de parma sobre cada bolinho de shari. Ponha os nigiris sobre as folhas de endívias e passe neles as tiras de nori.

HOTATE-GAI NIGIRI-ZUSHI

Vieira

Ingredientes para 2 peças:

2 peças de vieiras (hotate-gai) cortadas em formato borboleta
50 g de shari
1 ramo de salsa crespa
1 rodela de limão tahiti
2 tirinhas de nori (13 cm x 1 cm)
Wasabi

Lave as vieiras em água corrente e escalde em água fervente por 5 segundos. Resfrie, imediatamente, em água gelada.

スシマン

スシ

軍艦巻き

GUNKAN MAKI-ZUSHI

GUNKAN MAKI-ZUSHI

Confecção – passos básicos

Gunkan (barco de guerra) é um sushi elaborado especialmente para comportar alguns tipos de recheio que, se fossem colocados diretamente sobre o arroz, não permaneceriam no lugar.

Por se tratar de recheios muito apreciados – como o ouriço do mar e as ovas de peixe, por exemplo –, eles não poderiam deixar de fazer parte de alguns sushis, portanto, o gunkan-maki foi planejado especificamente para "transportar" esses ingredientes especiais.

Como variação do gunkan, o jó (castelo) segue a mesma proposta de comportar sobre sua estrutura recheios e ingredientes especiais. Devido ao formato menos alongado, o jó recebe metade do shari utilizado no gunkan maki.

MASAGO HOTATE-GAI GUNKAN

Ovas de capelin e vieiras

Ingredientes para 2 peças:

2 vieiras limpas (hotate-gai)
1 colher (sobremesa) de ovas de capelin (masago)
50 g de shari
2 tirinhas de nori (19 cm x 3cm)
Wasabi

Preparo das vieiras:
Em uma panela, ferva 1 litro de água e adicione as vieiras cruas, deixando-as por aproximadamente 5 segundos. Retire-as da panela, mergulhe em água gelada e, em seguida, corte em cubinhos.
Mergulhe novamente na água gelada e reserve.

Para o tezu:
4 colheres (sopa) de vinagre de arroz, 200 mL de água e 1 pitada de sal.

Preparo:

Coloque, à sua direita, uma tina com o shari, outra com wasabi já preparada e uma outra com o tezu para umedecer as mãos e evitar que o arroz grude durante a modelagem. À sua esquerda, coloque uma vasilha com as ovas, os cubos de hotate-gai e outra com o tezu.

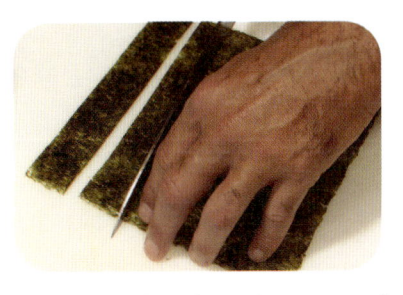

Corte duas tiras de nori com aproximadamente 19 cm x 3 cm.
Etapa 1 - Utilize mais ou menos a mesma quantidade de shari usada na confecção do nigiri-zushi (25 g, o equivalente a uma bolinha de tênis de mesa) para dar forma ao bolinho de shari do gunkan-maki.
Etapa 2 - Com a mão direita, pegue o arroz e, com o indicador da mesma mão, pegue um pouco de wasabi. Coloque o bolinho no meio da mão esquerda e passe o wasabi sobre ele.

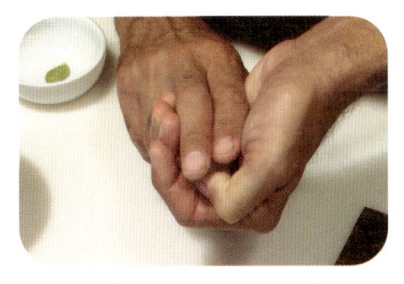

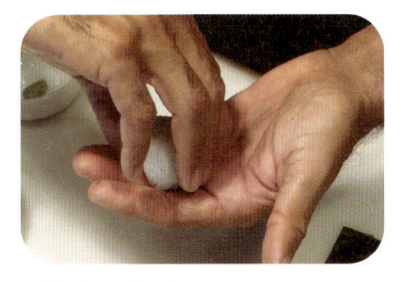

Etapa 3 - Com o polegar e o indicador da mão direita, aperte e molde as extremidades, simultaneamente, e, com o polegar da mão esquerda, pressione o topo.
Etapa 4 - Mantenha o bolinho bem acomodado na mão esquerda, apoiando-o com o polegar. Com o dedo médio e o indicador da mão direita, pressione-o levemente.
Etapa 5 - Sobre a mão esquerda, gire o bolinho 180 graus no próprio eixo.

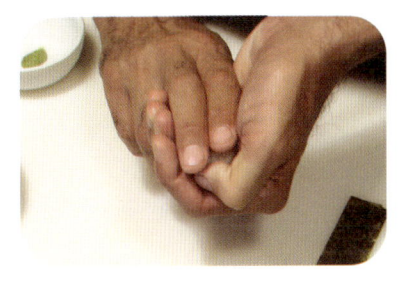

Etapa 6 - Ainda com o bolinho bem acomodado na mão esquerda, apoie-o novamente com o polegar e, com o dedo médio e o indicador da mão direita, pressione-o levemente.
Etapa 7 - Com os dedos da mão direita, role o bolinho até a ponta dos dedos (180 graus).

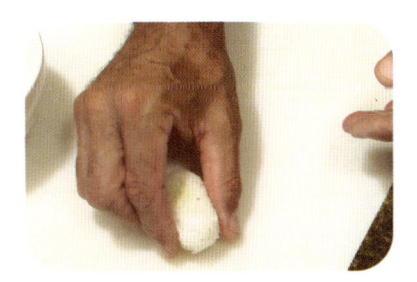

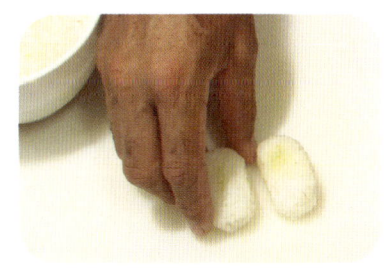

Etapa 8 - Novamente, com o polegar e o dedo médio da mão direita, pressione as laterais do bolinho e, simultaneamente, com o polegar da mão esquerda, pressione o topo.
Coloque-o sobre a mesa.
Repita os passos de 1 a 8 e confeccione o outro bolinho de shari.
É de fundamental importância que os bolinhos fiquem do mesmo tamanho e com o mesmo formato para que os "barquinhos" sejam idênticos.

Etapa 9 - Coloque a faixa de nori paralela ao bolinho de shari e pressione.
Etapa 10 - Circunde todo o bolinho com a faixa.
Etapa 11 - Com a mão esquerda, pegue um grão de shari e esmague na extremidade da faixa. Segure as duas extremidades e pressione levemente o topo do bolinho.

Repita os passos de 9 a 11 para colocar a faixa de nori no outro bolinho de shari.

Etapa 12 - Utilizando uma colher de chá, coloque aproximadamente 10g de vieiras picadas em cada receptáculo.
Etapa 13 - Em seguida, acrescente 1 colher (chá) de ovas de capelin em cada gunkan.

Etapa 14 - Coloque uma pequena folha de alface crespa sobre a travessa e acomode o par de gunkan.

Obs.: Siga os passos básicos para a confecção das receitas a seguir.

GUNKAN-MAKI

Receitas / Ingredientes

TOBIKO IKA IKURA GUNKAN

Tobiko, lula e ovas de salmão

Ingredientes para 2 peças:

20 g de lula crua (ika) picada
1 colher (sobremesa) de ovas de peixe-voador (tobiko)
1 colher (sobremesa) de ovas de salmão (ikura)
1 raminho de salsa crespa
50 g de shari
2 tirinhas de nori (19 cm x 3 cm)
Wasabi

Passe um pouco de wasabi sobre o shari. Coloque a lula picada, as ovas de salmão e complete com as ovas de peixe-voador. Guarneça com o raminho de salsa.

IKURA GUNKAN

Ovas de salmão

Ingredientes para 2 peças:

1 colher (sopa) de ovas de salmão (ikura)
Fatias de pepino cortadas em leque
1 colher (chá) de gengibre ralado
50 g de shari
2 tirinhas de nori (19 cm x 3 cm)
1 folha de alface crespa
Wasabi

Passe um pouco de wasabi sobre o shari. Coloque o leque de pepino, as ovas de salmão e finalize com a bolinha de gengibre. Guarneça com a folha de alface.

MASAGO GUNKAN

Ovas de peixe capelin

Ingredientes para 2 peças:

2 colheres (sobremesa) de ovas de capelin (masago)
50 g de shari
2 tirinhas de nori (19 cm x 3 cm)
2 raminhos de salsa crespa
Wasabi

Passe um pouco de wasabi sobre o shari e cubra-o com as ovas. Finalize colocando os raminhos de salsa.

KANI SARADA GUNKAN

Salada de kani

Ingredientes para 2 peças:

2 colheres (chá) de ovo cozido e picado
20 g de kani picado
15 g de batata inglesa cozida e amassada
2 colheres (chá) cebola roxa picadinha
2 colheres (chá) de pepino picado
50 g de shari
2 tirinhas de nori (19 cm x 3 cm)
1 colher (chá) de maionese
2 raminhos de salsa crespa

Cubra o shari com os ingredientes previamente misturados e acrescente o raminho de salsa.

NERI UNI GUNKAN

Ouriço do mar

Ingredientes para 2 peças:

2 colheres (sobremesa) de ouriço do mar (uni) em conserva.
50 g de shari
2 tirinhas de nori (19 cm x 3 cm)
Wasabi

Passe um pouco de wasabi sobre o shari e cubra-o com as ovas de ouriço.

DAIKON GUNKAN

Nabo, quiabo e caviar

Ingredientes para 2 peças:

20 g de vagem cozidas em água e sal
50 g de shari
2 tirinhas da nabo (19 cm x 3 cm) descascado no estilo katsura-muki (pág. 328)
Wasabi
1/2 colher (café) de gengibre ralado
1/2 colher (café) de cebolinha verde picada
2 colheres (chá) de caviar (kyabia)
1 colher (sobremesa) de ovas de salmão (ikura)
1 folha de alface crespa

Gunkan 1 - Passe um pouco de wasabi sobre o shari, acrescente as ovas de salmão e, por último, coloque a bolinha de gengibre com cebolinha no centro.
Gunkan 2 - Passe um pouco de wasabi sobre o shari e coloque por cima a vagem previamente misturada com as ovas. Guarneça com a folha de alface.

KYABIA GUNKAN

Caviar

Ingredientes para 2 peças:

2 colheres (sobremesa) de caviar (kyabia)
50 g de shari
2 tirinhas de nori de (19 cm x 3 cm)
Wasabi

Passe um pouco de wasabi sobre o shari e cubra-o com as ovas.

EBI SARADA GUNKAN

Salada de camarão

Ingredientes para 2 peças:

2 colheres (chá) de ovo cozido e picado
20 g de camarão cozido e picado
15 g de batata inglesa cozida e amassada
2 colheres (chá) de cebola roxa picadinha
2 colheres (chá) de pepino picado
1 colher (chá) de maionese
50 g de shari
2 tirinhas de nori (19 cm x 3 cm)
2 raminhos de alface

Cubra o shari com os ingredientes previamente misturados e aplique a calda do camarão na ponta. Guarneça com a alface.

MASAGO TSUKIMI

Ovas e gema de ovo de codorna

Ingredientes para 2 peças:

2 colheres (sobremesa) de ovas de capelin (masago)
2 gemas cruas de ovos de codorna (uzura-tamago)
50 g de shari
2 tirinhas de nori (19 cm x 3 cm)
Wasabi

Passe um pouco de wasabi sobre o shari, acrescente as ovas de capelin e coloque a gema de ovo no centro.

SAKE SARADA GUNKAN

Salada de salmão

Ingredientes para 2 peças:

2 colheres (chá) de ovo cozido e picado
20 g de salmão cozido
15 g de batata inglesa cozida e amassada
1 colher (chá) de cebolinha verde picada
2 colheres (chá) de pepino picado
50 g de shari
2 tirinhas de nori (19 cm x 3 cm)
1 colher (chá) de maionese
2 raminhos de salsa crespa

Cubra o shari com os ingredientes previamente misturados. Coloque o raminho de salsa e salpique a cebolinha. Guarneça com a alface.

MAGURO SARADA GUNKAN

Salada de atum cozido

Ingredientes para 2 peças:

2 colheres (chá) de ovo cozido e picado
20 g de atum cozido e picado
15 g de batata inglesa cozida e amassada
2 colheres (chá) de cebola roxa picadinha
2 colheres (chá) de pepino picado
50 g de shari
2 tirinhas de nori (19 cm x 3 cm)
2 raminhos de salsa crespa ou agrião
1 rodela de limão

Cubra o shari com os ingredientes previamente misturados. Aplique os raminhos de salsa crespa e guarneça com a rodela de limão.

TORORO TSUKIMI

Kará e gema de ovo de codorna

Ingredientes para 2 peças:

2 colheres (sobremesa) de kará cozido ralado
2 gemas cruas de ovo de codorna
50 g de shari
2 tirinhas de nori (19 cm x 3 cm)
Wasabi

Cubra cada gunkan com o kará e coloque a gema de ovo no centro.

HOTATE-GAI SARADA GUNKAN

Salada de vieiras

Ingredientes para 2 peças:

1 vieira escaldada e picada
15 g de batata inglesa cozida e amassada
1 colher (chá) de cebolinha verde picada
2 colheres (chá) de pepino picado
50 g de shari
2 tirinhas de nori (19 cm x 3 cm)
1 colher (chá) de maionese
1 pitada de pimenta togarashi
2 raminhos de alface frizze

Cubra o shari com os ingredientes previamente misturados e aplique a alface frizze na ponta. Salpique a pimenta e a cebolinha.

SHAKE OKOSHI GUNKAN (JO)

Salmão e salmão temperado

Ingredientes para 2 peças:

2 tiras de filé de salmão fresco
1 colher (sopa) de salmão picado
2 colheres (chá) de pipoca de arroz
1 colher (café) de óleo de gergelim
1 pitada de togarashi
30 g de shari
Cebolinha verde picada
Wasabi

Passe um pouco de wasabi na parte interna de cada tira de salmão. Molde o bolinho de shari, coloque-o sobre a tira e enrole. Cubra-o com o salmão temperado, o togarashi e o óleo de gergelim. Por último, coloque 1 colher de pipoca de arroz sobre cada gunkan.

KINOKO GUNKAN

Shimeji na manteiga

Ingredientes para 2 peças:

2 colheres (sobremesa) de shimeji
Molho shoyu
Manteiga
50 g de shari
2 tirinhas de nori (19 cm x 3 cm)
Cebolinha verde picada

Tempere o shimeji com shoyu, frite-o na manteiga e deixe esfriar.
Cubra o gunkan com os cogumelos e salpique a cebolinha. Guarneça com shimeji fresco.

Maguro Tataki Gunkan (Jo)

Atum fresco e salada de atum

Ingredientes para 2 peças:

2 tiras de filé de atum
10 g de atum temperado e picado
Cebolinha verde picada
30 g de shari
Wasabi

Passe um pouco de wasabi na parte interna de cada tira de atum.
Molde o bolinho de shari, coloque-o sobre a tira e enrole. Cubra o bolinho com o atum temperado e salpique a cebolinha.

Oyako Gunkan (Jo)

Salmão e ovas de salmão

Ingredientes para 2 peças:

2 tiras de filé de salmão fresco
1 colher (sobremesa) de ovas de salmão (Ikura)
30 g de shari
Wasabi
1 ramo de salsa crespa
1 folha de alface crespa

Passe um pouco de wasabi na parte interna de cada tira de salmão.

Molde o bolinho de shari, coloque-o sobre a tira e enrole. Cubra-o com as ovas de salmão. Guarneça com a salsinha e a folha de alface.

Sake Tataki Gunkan (Jo)

Salmão e salada de salmão

Ingredientes para 2 peças:

2 tiras de filé de salmão fresco
1 colher (sopa) de salmão picado
1/2 colher (café) de óleo de gergelim
30 g de shari
Cebolinha verde picada
Wasabi
1 ramo de salsa crespa

Passe um pouco de wasabi na parte interna de cada tira de salmão.
Molde o bolinho de shari, coloque-o sobre a tira e enrole. Cubra-o com o salmão previamente temperado com óleo de gergelim. Salpique cebolinha.

MASAGO GUNKAN

Ovas de capelin

Ingredientes para 2 peças:

2 colheres (sobremesa) de ovas de capelin (masago)
6 fatias de pepino em leque
50 g de shari
2 tirinhas de nori de 19 cm x 3 cm
Wasabi

Passe um pouco de wasabi sobre o shari, coloque o leque de pepino e complete com as ovas.

KYURI SAKE GUNKAN (JO)

Pepino e salmão

Ingredientes para 2 peças:

2 tiras finas de pepino japonês
2 filetes de salmão
2 colheres (café) de raspa de casca de pepino
30 g de shari
Wasabi

Coloque os filetes de salmão sobre a tira de pepino. Passe um pouco de wasabi no salmão e enrole-o em torno do bolinho de shari. Guarneça com a raspa da casca de pepino.

TOBIKO HOTATE-GAI GUNKAN

Ovas de peixe-voador e vieiras

Ingredientes para 2 peças:

20 g de vieiras (hotate-gai)
1 colher (sobremesa) de ovas de peixe-voador (tobiko)
50 g de shari
2 tirinhas de nori (19 cm x 3 cm)
Wasabi

Lave as vieiras em água corrente e escalde em água fervente por 5 segundos. Resfrie-as, imediatamente, em água gelada. Corte-as em cubinhos, coloque-as sobre o gunkan e acrescente as ovas.

KYURI TORO GUNKAN

Pepino, atum e nira

Ingredientes para 2 peças:

2 tiras finas de pepino japonês
2 colheres (café) de atum gordo picado (toro)
30 g de shari
2 talos de nira
1 colher (café) de nira picada
Wasabi

Enrole o filete de pepino em torno do bolinho de shari. Passe um pouco de wasabi sobre o bolinho, acrescente o atum e salpique a nira picada. Guarneça com os talos de nira.

KOEBI GUNKAN

Filhotes de camarão seco

Ingredientes para 2 peças:

2 colheres (sobremesa) de filhotes de camarão seco (máximo 1 cm cada)
1 colher (sopa) de óleo
50 g de shari
2 tirinhas de nori (19 cm x 3 cm)
Wasabi

Coloque os camarões em uma travessa com água e deixe de molho na geladeira por aproximadamente 2 horas. Retire e escorra.
Coloque água em uma panela e deixe ferver. Adicione os camarões e cozinhe por 15 minutos. Escorra e deixe esfriar.

Em uma frigideira antiaderente, coloque uma colher de óleo e frite ligeiramente os camarões. Deixe esfriar. Passe um pouco de wasabi sobre o shari e coloque os camarões já preparados.

スシマン

スシ

押し寿司

OSHI-ZUSHI

OSHI-ZUSHI

Confecção – passos básicos

Esse sushi é prensado em um molde de madeira (Oshibako), no qual basicamente coloca-se o shari embaixo, entremeado ou não com Furikake, com sementes de gergelim, com nori, com folhas de shiso, etc. Serve de base para uma cobertura que pode variar de acordo com sua preferência, mas é muito comum a utilização de saba (cavalinha), salmão skin (pele de salmão tostada) e a unagi grelhada (enguia de água doce).

SABA OSHI-ZUSHI

Cavalinha marinada

Ingredientes para 7 peças:

230 g de shari (pág. 32)
2 filés de cavalinha marinada (pág 77)
Wasabi (pág. 45)

Para o tezu:
4 colheres (sopa) de vinagre de arroz em 200 mL de água e 1 pitada de sal (pág. 61).

Preparo:

Coloque todo o conjunto que forma o oshibako de molho em água limpa por aproximadamente 15 minutos, para assegurar que o shari não grude à caixa.
Coloque à sua direita uma tina com o shari, outra com wasabi já preparada e uma tina com o tezu, para umedecer as mãos e evitar que o arroz grude. À sua esquerda, coloque uma travessa com a cavalinha.

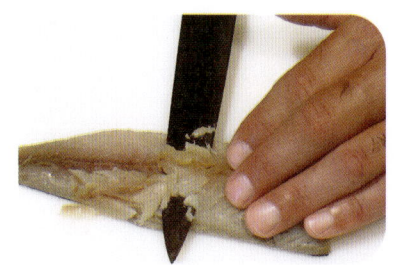

Etapa 1 - Com a cavalinha marinada e previamente descongelada, retire toda a pele dos filés.
Etapa 2 - Corte os filés para que fiquem finos e planos.
Etapa 3 - Se necessário, apare as peças de filé, para que encaixem bem dentro do molde. As sobras poderão ser utilizadas no preenchimento de espaços dentro do molde.

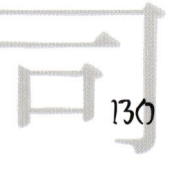

Etapa 4 - Coloque a base do molde sobre a manaita.
Etapa 5 - Coloque a caixa sobre a base.
Etapa 6 - Estenda os filés de cavalinha com a pele virada para baixo; se necessário, complete as áreas descobertas com as sobras.

Etapa 7 - Passe wasabi em toda a extensão dos filés.
Etapa 8 - Pegue um bolinho de shari.
Etapa 9 - Cubra os filés com uma camada de aproximadamente 2 cm de espessura.

Etapa 10 - Com os dedos umedecidos, nivele o arroz, pressionando-o delicadamente, para não deixar fendas.
Etapa 11 - Coloque a tampa úmida em cima do arroz de sushi. Pressione firmemente para comprimir uniformemente o arroz entre os lados da caixa.

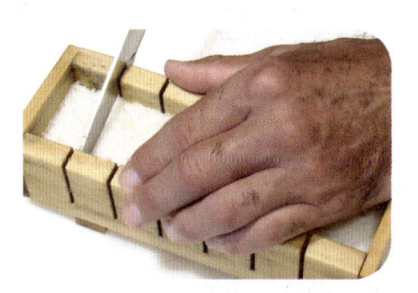

Etapa 12 - Retire a tampa e passe a ponta da faca em cada fenda do molde.
A cada corte, umedeça a faca na solução de água, sal e vinagre (tezu).

Etapa 13 - Coloque novamente a tampa em cima do shari. Pressione delicadamente a tampa, para manter para baixo a base, e retire lentamente a caixa. Se o arroz ficar muito grudado, use uma faca fina delicadamente para afrouxar o arroz dos lados da caixa antes de remover.

Etapa 14 - Retire a tampa e vire o oshi-zushi, de modo que o peixe fique para cima.

Etapa 15 - Separe o sushi prensado em 7 peças, sempre utilizando a faca para facilitar a retirada das peças. Sirva acompanhado de wasabi e gengibre em conserva.

Obs.: Siga os passos básicos para a confecção das receitas a seguir.

OSHI-ZUSHI

Receitas / Ingredientes

YAKI MAGURO OSHI-ZUSHI

Atum

Ingredientes para 7 peças:

1 filé de atum
1 xícara de molho de soja (shoyu)
1 xícara de sake mirim
230 g de shari
Molho tare
Cebolinha verde picada

Preparo:

Corte o filé em filetes com 5 mm de espessura. Misture o shoyu e o sake. Mergulhe os filés de atum no molho por 10 min.
Frite rapidamente os filés dos dois lados, até dourar. Corte os filetes, acompanhando o desenho da forma. O corte deve ser feito perpendicular aos filetes. Siga os passos básicos descritos acima. Pincele molho tare e coloque cebolinha verde picada.

SAKE KAWA OSHI-ZUSHI

Pele de salmão tostada

Ingredientes para 7 peças:

230 g de shari
1 retângulo de 10 x 20 cm de pele de salmão tostada (pág. 49)
Sementes de gergelim
Molho tare

Retire da forma, corte em 7 peças e cubra com molho tare e sementes de gergelim.

EBI OSHI-ZUSHI

Camarão

Ingredientes para 14 peças:

500 g de shari
14 camarões grandes (preparados para sushi)
6 folhas de shiso
1 folha de nori
Wasabi

Preparo:

Forre uma forma de alumínio com filme plástico transparente.
Arrume os camarões no fundo da forma, com a pele virada para cima. Passe um pouco de wasabi.
Espalhe a metade do shari e cubra com os pedaços de alga nori.

Complete a forma com o restante do shari e pressione.
Retire da forma e coloque sobre uma travessa redonda decorada com as folhas de shiso. Corte de forma que os camarões permaneçam inteiros.

SABA SHISO OSHI-ZUSHI

Cavalinha marinada e shiso

Ingredientes para 7 peças:

230 g de shari
1 cavalinha marinada sem pele (pág. 77)
10 folhas de shiso
Wasabi

Coloque uma camada decorativa de nori, ou soboro (pó de peixe com anilina), ou outro enchimento qualquer, e cubra com outra camada de shari, dividindo o shari em duas camadas. Retire da forma, corte em 7 pedaços. Guarneça com folhas de shiso e gari.

TOBIKOWASABI OSHI-ZUSHI

Ovas de peixe-voador marinadas no wasabi

Ingredientes para 7 peças:

230 g de shari
2 colheres (sopa) de tobikowasabi
1 colher (sobremesa) de tobiko vermelha
1 folha de bambu
1/5 folha de nori

Coloque uma camada decorativa de nori e cubra com outra camada de shari, dividindo o shari em duas camadas. Cubra com as ovas. Corte em 7 pedaços e retire da forma. Organize sobre a folha de bambu.

EBI MASAGO OSHI-ZUSHI

Camarão e ovas

Ingredientes para 7 peças:

1/4 folha de alga nori
230 g de shari
15 camarões (preparados para sushi)
1 colher (sopa) de ovas de masago
2 colheres (chá) de cebolinha verde picada

Confeccione o oshi-zushi, acrescente as ovas e a cebolinha verde picada.

スシマン

スシ

細巻き

HOSO MAKI-ZUSHI

HOSO MAKI-ZUSHI

Confecção - passos básicos

Sushi enrolado fino em que o recheio fica ao centro, envolto no arroz de sushi e alga nori por fora.

SHINKO MAKI

Nabo em conserva

Ingredientes para 8 peças:

1/2 folha de alga nori
70 g de shari (pág. 32)
1 tira de nabo em conserva (takuwan) com 21 cm x 1 cm x 1 cm (pág. 39)

Para o tezu:
4 colheres (sopa) de vinagre de arroz em 200 mL de água e 1 pitada de sal (pág. 61).

Preparo:

Coloque, à sua direita, uma tina com o shari, outra com wasabi já preparada e uma tina com o tezu, para umedecer as mãos e evitar que o arroz grude. À sua esquerda, coloque uma tina com a tira de takuwan.

Etapa 1 - Corte uma folha de alga nori ao meio (10,50 cm x 19 cm).

Etapa 2 - Corte a peça de takuwan de modo que fique com aproximadamente 21 cm x 1 cm x 1 cm.

Etapa 3 - Coloque a 1/2 folha de nori sobre a esteira de bambu, com a face brilhante para baixo.
Etapa 4 - Molhe os dedos das mãos na tina com tezu e faça um bolinho de shari com aproximadamente 70 gramas. Coloque o bolinho de shari sobre a nori e espalhe uniformemente durante toda a extensão da alga.

Etapa 5 - Espalhe o shari até o limite das bordas laterais, utilizando as mãos como limitador.
Etapa 6 - Agora, espalhe o shari até o limite da borda inferior, acertando com os dedos de ambas as mãos.

Etapa 7 - Acerte a camada de shari de forma que fique com cerca de 6 mm de espessura, deixando uma borda de 2 cm de nori livre na parte superior.

Etapa 8 - Coloque o bastonete de takuwan longitudinalmente, no centro e sobre o shari.
Etapa 9 - Comece a enrolar, levantando a borda do sudare pelo lado mais próximo de você.

Etapa 10 - Pressione o takuwan com os dedos e vá enrolando com firmeza até o final.

Etapa 11 - Com a mão esquerda, puxe a borda do sudare de forma que o rolinho gire dentro, enrolando, assim, toda a nori. Desenrole.

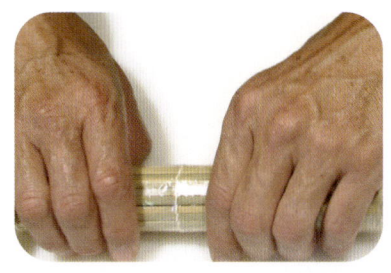

Etapa 12 - Enrole novamente, pressionando suavemente, com o rolinho ainda dentro do sudare.
Etapa 13 - Pressione as laterais, acertando as bordas para não cair o excesso de shari. Retire o maki de dentro do sudare.

Etapa 14 - Molhe a ponta da faca numa vasilha com tezu. Bata com a ponta do cabo na tábua de corte para espalhar o líquido pela superfície da lâmina, para iniciar o processo de corte.

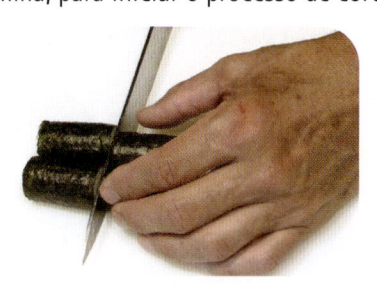

Etapa 15 - Corte o rolinho em duas peças rigorosamente do mesmo tamanho. Inicie o corte com a ponta da faca, fazendo apenas um movimento.
Etapa 16 - Molhe novamente a faca no tezu e passe no pano umedecido com a solução.
Etapa 17 - Coloque as duas peças lado a lado e repita o corte.

Etapa 18 - Molhe novamente a faca no tezu e passe no pano umedecido com a solução.
Etapa 19 - Coloque 2 das 4 peças lado a lado e repita o corte. Repita a operação com as 2 peças restantes, obtendo, assim as 8 peças finais.

Obs.: Siga os passos básicos para a confecção das receitas a seguir.

HOSO MAKI-ZUSHI

Receitas / Ingredientes

UMEKYO NATTO MAKI

Geleia de ameixa japonesa

Ingredientes para 9 peças:

1/4 pepino japonês em tiras finas
50 g de ameixa japonesa em conserva (umeboshi)
2 colheres (sopa) de açúcar
1/2 folha de alga nori
70 g de shari
Wasabi

Preparo da geleia de ameixa.
Ferva as ameixas em água por 15 minutos para retirar o excesso de sal. Escorra.

Acrescente o açúcar, 300 mL de água e cozinhe por aproximadamente 30 min, até quase secar. Amasse as ameixas, retirando os caroços. Corte o rolinho em 9 peças iguais.

KAMPYO MAKI

Kampyo

Ingredientes para 8 peças:

1/2 folha de alga nori
70 g de shari
2 tiras de kampyo com 21 cm cada

Caldo para o kampyo:
1 colher (café) de sal
1 colher (sopa) de sake mirim
1 xícara de água com 1 colher (sobremesa) de hondashi
1 e 1/2 colher (sopa) de açúcar
1 e 1/2 colher (sopa) de molho shoyu

Deixe o kampyo em um recipiente com água acrescida de 5% de sal por cerca de 1 hora.
Depois, escorra e esfregue-o com um pouco mais de sal.

Finalmente, enxágue e escorra novamente.
Após o processo de reidratação, cozinhe-o em água durante 20 minutos, até ficar macio.
À parte, misture os ingredientes para o caldo, acrescente o kampyo e cozinhe por mais 30 minutos, ou até quase secar. Retire o excesso de caldo. Confeccione o rolinho e corte as peças.

SAKE MAKI

Salmão

Ingredientes para 10 peças:

1/2 folha de alga nori
40 gramas de salmão em tiras
60 g de shari
1 ramo de salsa crespa
Wasabi

Guarneça o prato com o ramo de salsa crespa.

EBI MAKI

Camarões temperados

Ingredientes para 8 peças:

1/2 folha de alga nori
3 camarões preparados para sushi
2 talos de cebolinha verde
70 g de shari
2 raminhos de salsa crespa
Wasabi

Recheie os camarões com o talo de cebolinha e confeccione o rolinho.
Guarneça com raminhos de salsa.

NEGI TORO MAKI

Atum gordo temperado

Ingredientes para 8 peças:

1/2 folha de alga nori
40 g de atum cortado em tiras
70 g de shari
Cebolinha verde
Wasabi

Salpique cebolinha verde picada sobre as peças e guarneça com talos de cebolinha.

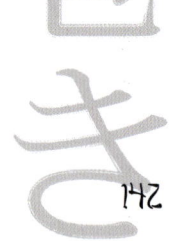

TOGARASHI MAGURO MAKI

Atum picante

Ingredientes para 10 peças:

1/2 folha de alga nori
40 g de atum picado
60 g de shari
1 ramo de salsa crespa
Wasabi

Para o tempero:
1 pitada de molho de pimenta togarashi
1/2 colher (sopa) de maionese
1 pitada de açúcar
1 pitada de corante natural vermelho

Misture a maionese, a pimenta e o açúcar. Tempere o atum com 1/3 do creme.
Adicione o corante ao creme restante e distribua sobre as peças.

MAGURO SARADA MAKI

Salada de atum

Ingredientes para 8 peças:

1/2 folha de alga nori
40 g de atum
70 g de shari
Cebolinha verde picada
1 raminho de salsa crespa

Para o tempero:
1/3 cebola picada e frita
1 colher (sobremesa) de maionese
1 colher (chá) de sementes de gergelim

Frite a cebola em óleo quente e adicione o atum até cozinhar. Retire e deixe esfriar.
Misture o atum com a maionese e o gergelim.
Confeccione o rolinho, e corte em partes iguais.
Salpique cebolinha verde sobre as peças e guarneça com os raminhos de salsa.

KANI MAKI

Kani kama

Ingredientes para 10 peças:

1/2 folha de alga nori
2 e 1/2 bastonetes de kani kama
70 g de shari
1 ramo de salsa crespa
Wasabi

KAPPA MAKI

Pepinos desidratados

Ingredientes para 9 peças:

1/2 folha de alga nori
1 tira de pepino
70 g de shari
1/2 colher (sopa) de sementes de gergelim
1 ramo de salsa crespa

TEKKA MAKI

Atum

Ingredientes para 8 peças:

1/2 folha de alga nori
40 gramas de atum cortados em tiras
70 g de shari
1 ramo de salsa crespa
Wasabi

SAKE KAWA MAKI

Salmão skin e pepino

Ingredientes para 8 peças:

1/2 folha de alga nori
30 g de salmão skin, cortados em tiras
1 tira de pepino
Molho tare
70 g de shari
Cebolinha verde

Salpique cebolinha verde picada sobre as peças e guarneça com talos de cebolinha.

ABOKADO MAKI

Avocado

Ingredientes para 8 peças:

1/2 folha de alga nori
1/2 avocado, cortado em bastonetes
70 g de shari
1 ramo de salsa crespa
1/2 limão taiti
Wasabi

Tempere os bastonetes de abacate com o suco de 1/2 limão e confeccione imediatamente o rolinho. Guarneça com raminhos de salsa.

KANI KAPPA MAKI

Kani kama e pepino

Ingredientes para 8 peças:

1/2 folha de alga nori
1 tira de pepino desidratado
2 bastonetes de kani cortados na longitudinal
70 g de shari
1/2 colher (sopa) de sementes de gergelim
1 ramo de salsa crespa
Wasabi

Corte o pepino em tiras e cubra com uma generosa camada de sal. Aguarde 30 minutos e retire. Lave em água corrente e deixe secar. Confeccione o rolinho e guarneça com a salsinha.

CHIZU SAKE MAKI

Salmão e queijo filadélfia

Ingredientes para 10 peças:

1/2 folha de alga nori
1 colher (sopa) de queijo filadélfia
30 g de salmão defumado
70 g de shari
2 raminhos de salsa crespa
Wasabi

Guarneça com raminhos de salsa crespa.

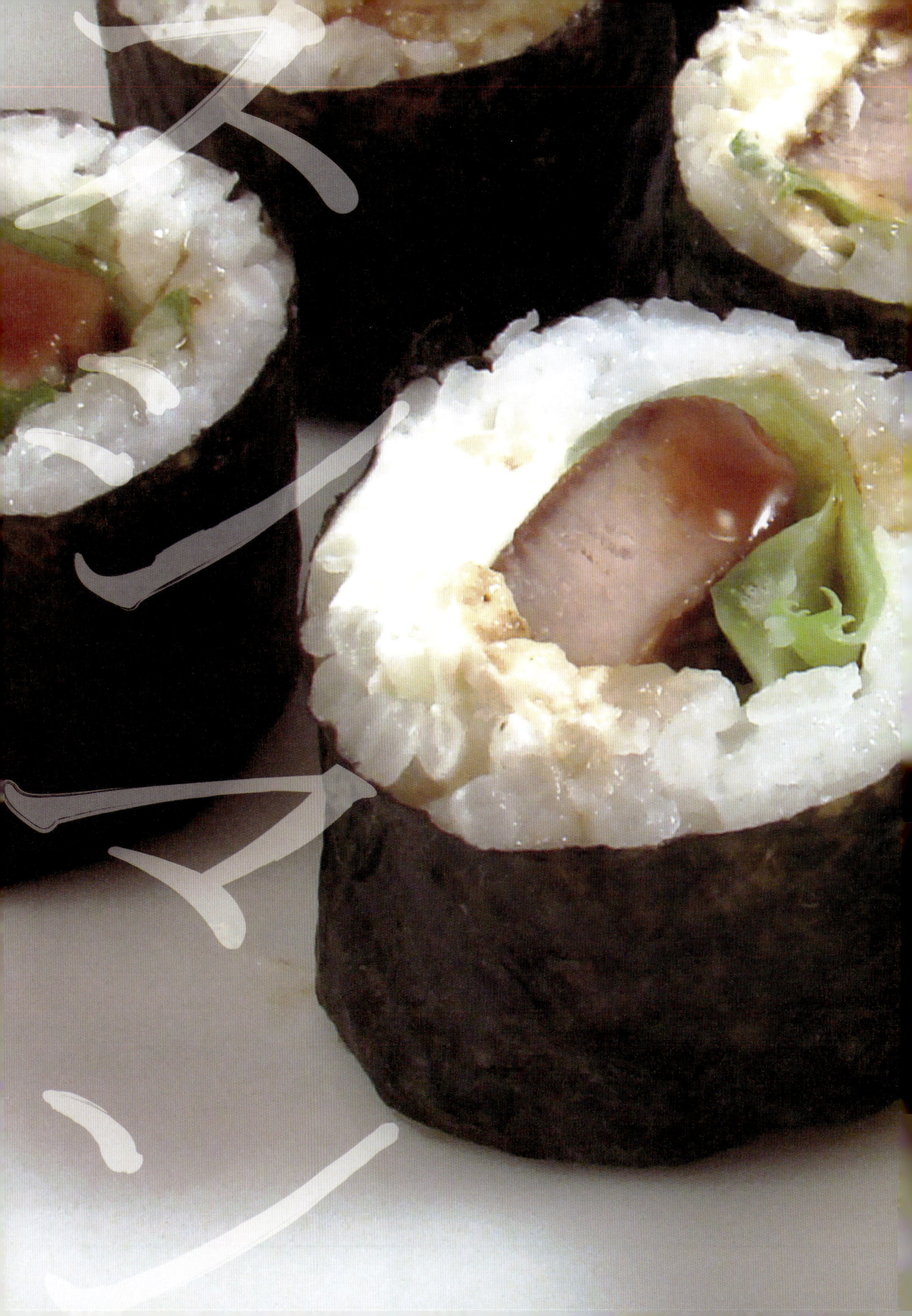
スシスシ

巻き

MAKI-ZUSHI "ROLO MÉDIO"

MAKI-ZUSHI
"ROLO MÉDIO"

Confecção – passos básicos

Sushi enrolado de tamanho médio em que a quantidade de recheio é mais generosa. É uma variação pouco tradicional do hoso-maki, na qual dois ou mais ingredientes ficam ao centro, envoltos no arroz de sushi e alga nori por fora.

MAGURO SAKE MAKI

Atum, salmão e manga

Ingredientes para 8 peças:

1 folha de alga nori
110 g de shari (pág. 32)
30 g de filé de salmão (sake)
30 g de filé de atum (maguro)
1 tira de 21 cm de manga (mango)
Molho tare

Para o tezu:
4 colheres (sopa) de vinagre de arroz em 200 mL de água e 1 pitada de sal (pág. 61).

Preparo:

Coloque, à sua direita, uma tina com o shari, outra com wasabi já preparada e uma tina com o tezu, para umedecer as mãos e evitar que o arroz grude. À sua esquerda, coloque uma tina com os demais ingredientes.

Etapa 1 - Divida longitudinalmente uma folha de alga nori em quatro partes iguais. Faça um corte com a faca e retire uma parte (1/4) Utilizaremos os 3/4 restantes para o preparo do hosomaki médio.

スシマン

Etapa 2 - Coloque a folha de alga nori (3/4) longitudinalmente sobre a esteira de bambu, com a face brilhante para baixo.
Etapa 3 - Molhe os dedos das mãos na tina com tezu e faça um bolinho de shari com aproximadamente 110 gramas. Coloque o bolinho de shari sobre a nori e espalhe uniformemente durante toda a extensão da alga.

Etapa 4 - Espalhe o shari até o limite das bordas laterais, utilizando as mãos como limitador.
Etapa 5 - Agora, espalhe o shari até o limite da borda inferior, acertando com os dedos de ambas as mãos.
Etapa 6 - Acerte a camada de shari de forma que fique com cerca de 6 mm de espessura, deixando uma borda de 3 cm de nori livre na parte superior.

Etapa 7 - Passe um pouco de wasabi sobre o shari.
Etapa 8 - Coloque o filete de atum longitudinalmente sobre o wasabi.
Etapa 9 - Coloque o filete de salmão ao lado do filete de atum.

Etapa 10 - Coloque os filetes de manga sobre os filetes de peixe.
Etapa 11 - Comece a enrolar, levantando borda do sudare pelo lado mais próximo a você.

Etapa 12 - Pressione os ingredientes com os dedos e vá enrolando com firmeza.

Etapa 13 - Com a mão esquerda, puxe a borda do sudare de forma que o rolinho gire dentro, enrolando, assim, toda a nori. Desenrole.

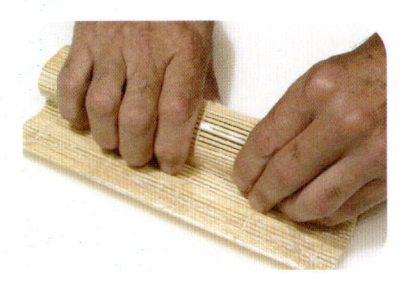

Etapa 14 - Enrole novamente, pressionando suavemente e com o rolinho ainda dentro do sudare.
Etapa 15 - Pressione as laterais, acertando as bordas para não cair o excesso de shari. Retire o maki de dentro do sudare.

Etapa 16 - Molhe a ponta da faca numa vasilha com tezu. Bata com a ponta do cabo na tábua de corte para espalhar o líquido pela superfície da lâmina, para iniciar o processo de corte.
Etapa 17 - Corte o rolinho em peças de 2,6 cm. Inicie o corte com a ponta da faca, fazendo apenas um movimento.
Etapa 18 - Molhe novamente a faca no tezu e passe no pano umedecido com a solução.
Etapa 19 - Repita o corte, retirando as peças restantes e obtendo assim as 8 peças finais.

Obs.: Siga os passos básicos para a confecção das receitas a seguir.

MAKI-ZUSHI
"ROLO MÉDIO"

Receitas / Ingredientes

SAKE NO HARU MAKI

Sake-maki no rolinho primavera

Ingredientes para 8 peças:

110 g de shari
40 g de filé de salmão picado
1 colher (chá) de suco de limão
2 colheres (chá) de sementes de gergelim branca
1 pitada de pimenta togarashi
1 colher (chá) de amido de milho
Óleo para fritura.
1 folha de massa para rolinho primavera

Deixe os filés de salmão marinando no limão e pimenta por 15 minutos.
Distribua o shari sobre a folha da massa e pressione.
Coloque o salmão temperado sobre o shari e enrole. Feche os rolinhos com uma pincelada de amido misturado com água.
Esquente o óleo em uma frigideira e frite os rolinhos. Retire-os quando estiverem dourados e crocantes. Deixe escorrer sobre papel-toalha.
Corte em 8 peças de igual tamanho. Espalhe as sementes de gergelim sobre as peças e guarneça com a salsa crespa.

AHIRU MAKI

Peito de pato

Ingredientes para 8 peças:

3/4 folha de alga nori
50 g de peito de pato em tiras
1/2 colher (sopa) de cream cheese
3 folhas de alface frizze
Molho tare ou teriyaki
Sementes de gergelim tostadas
110 g de shari

Tempere o peito de pato com shoyu, óleo de gergelim e molho tare.
Frite em uma frigideira antiaderente por 2 minutos e reserve.
Cubra a folha de nori com shari, espalhe o gergelim, coloque o alface, as tiras fritas de peito de pato e o cream cheese.
Passe o molho tare e enrole.
Corte em 8 peças de igual tamanho.

SAKE HOT MAKI

Salmão picante e queijo filadélfia

Ingredientes para 8 peças:

3/4 folha de alga nori
50 g de filetes de salmão temperado
1 colher (sopa) de queijo filadélfia
100 g de shari
Cebolinha verde
Molho tare
Massa de tempura

Misture o queijo filadélfia ao shari. Mergulhe o rolo pronto numa travessa com farinha de trigo e, em seguida, no creme de tempura. Frite e corte em 8 partes iguais. Guarneça com o molho tare e a cebolinha verde.

EBI HOT MAKI

Camarões empanados e salmão

Ingredientes para 8 peças:

3/4 folha de alga nori
30 g de filé de salmão
3 tempuras de camarão (pág. 59)
Molho tare
Cebolinha verde
110 g de shari
Massa de tempura
Farinha de trigo

Mergulhe o rolo pronto numa travessa com farinha de trigo, retire o excesso e, em seguida, mergulhe no creme de tempura. Frite em óleo quente e depois deixe escorrer em papel-toalha. Corte em peças do mesmo tamanho. Guarneça com o molho tare e a cebolinha verde.

TAMAGO MAKI

Tamago-yaki, brócolis e alga hijiki

Ingredientes para 8 peças:

1 folha fina de tamago-yaki (pág. 35)
50 g de alga hijiki
110 g de shari
1 ramo de brócolis levemente cozido em água e sal

Hidrate a alga em água filtrada por aproximadamente 20 minutos. Retire e deixe escorrer.
Cubra a folha de tamago-yaki com shari, espalhe os demais ingredientes e enrole.
Corte em 8 peças de igual tamanho.

SAKE KAWA MAKI

Pele de salmão tostada

Ingredientes para 8 peças:

3/4 folha de alga nori
60 g de pele de salmão em tiras
Molho tare ou teriyaki
Sementes de gergelim
110 g de shari

Para o tempero:
2 gotas de óleo de gergelim torrado
1 colher (sopa) de molho shoyu

Deixe a pele no tempero por 15 minutos. Frite em uma frigideira antiaderente, retire, seque com papel-toalha e corte em tiras. Cubra a folha de nori com shari, espalhe o gergelim, coloque o skin em tiras e passe o molho tare sobre as peças.

KAI MAKI

Mariscos

Ingredientes para 8 peças:

1 folha de alga nori
20 g de polvo cozido e cortado em tiras.
20 g de tentáculos de lula
1 camarão levemente cozido e cortado em 2 tiras
1 bastonete de kani cortado em tiras
110 g de shari

Confeccione um rolinho fino, utilizando 1/2 folha de nori e os frutos do mar. Utilize esse rolinho como recheio para o hoso-maki.

KANI SAKE MAKI

Carne de caranguejo e salmão temperado

Ingredientes para 8 peças:

3/4 folha de alga nori
1/4 avocado em tiras
40 g de carne de caranguejo cozida
40 g de salmão em filetes
1 pitada de togarashi
1 colher (sobremesa) de maionese
1 ramo de salsa crespa

Misture a maionese e a pimenta e tempere o salmão. Confeccione o rolinho e corte em peças do mesmo tamanho. Guarneça com a salsinha crespa.

HOT FILADÉLFIA MAKI

Salmão, kani e queijo filadélfia

Ingredientes para 8 peças:

3/4 folha de alga nori
Massa de tempura
60g de filé de salmão
110 g de shari
2 palitos de kani
40 g de cream cheese
3 talos de hana nira
Wasabi
Farinha de trigo

Mergulhe o rolo pronto numa travessa com farinha de trigo. Retire o excesso de farinha e, em seguida, mergulhe-o no creme de tempura. Frite em óleo quente e escorra em papel-toalha. Corte em 8 peças iguais. Guarneça com 2 talos de nira.

SAKE KAWA FURAI MAKI

Pele de salmão empanada

Ingredientes para 8 peças:

3/4 folha de alga nori
50 g de pele de salmão empanada e cortada em tiras
Cebolinha verde
Molho tare
110 g de shari
Massa de tempura
Farinha de trigo

Mergulhe o rolo pronto numa travessa com farinha de trigo. Retire o excesso de farinha e, em seguida, mergulhe-o no creme de tempura. Frite em óleo quente e escorra em papel-toalha. Corte em 8 peças iguais. Guarneça com o molho tare.

TAMAGO MAKI

Tamago-yaki, atum e aspargos

Ingredientes para 10 peças:

1 folha fina de tamago-yaki (pág. 35)
40 g de atum em lata drenado
1 aspargo cozido
1 palito fino de daikon (nabo japonês)
110 g de shari

Lave o aspargo em água corrente, seque e corte longitudinalmente.
Cozinhe por aproximadamente 10 minutos em água levemente salgada.

HAKUSAI TOMATO MAKI

Acelga, tomate seco e salmão

Ingredientes para 8 a 10 peças:

1 folha de acelga (hakusai) ligeiramente cozida (substitui a alga nori)
40 g de salmão em tiras
30 g de tomate seco em conserva
1 colher (sobremesa) de maionese
110 g de shari

Elimine o talo e escalde a folha de acelga por 1 minuto em água fervente. Enxágue com água fria e deixe secar sobre um pano seco. Estenda a folha de acelga sobre o sudare e cubra-a com o shari. Passe um pouco de wasabi e maionese e, em seguida, coloque o salmão e o tomate seco. Enrole e corte em partes iguais.

HAKUSAI SAKE MAKI

Acelga e salmão

Ingredientes para 9 peças:

1 folha de acelga (hakusai) ligeiramente cozida
50 g de filé de salmão fresco em tiras
110 g de shari
Wasabi

Elimine o talo e escalde a folha de acelga por 1 minuto em água fervente. Enxágue com água fria e deixe secar sobre um pano seco. Estenda a folha de acelga sobre o sudare e cubra-a com o shari. Passe um pouco de wasabi e coloque o salmão. Enrole e corte em partes iguais.

HAKUSAI KANI MAKI

Acelga, salmão e kani kama

Ingredientes para 8 peças:

1 folha de acelga (hakusai) levemente cozida
2 bastonetes de kani cortados longitudinalmente
40 g de filé de salmão em tiras
110 g de shari

Elimine o talo e escalde a folha de acelga por 1 minuto em água fervente. Enxágue com água fria e deixe secar sobre um pano seco. Estenda a folha de acelga sobre o sudare e cubra-a com o shari. Passe um pouco de wasabi e coloque o salmão e o kani. Enrole e corte em partes iguais.

KANI TOBIKO MAKI

Carne de caranguejo e ovas

Ingredientes para 8 peças:

1 folha de papel de soja rosa (pág. 43)
110 g de shari
7 colheres (chá) de tobikowasabi
40 g de atum em tiras
40 g de mamão papaya (em tiras)
1 tira de pepino

Corte em peças do mesmo tamanho e coloque, sobre cada uma delas, uma colher (chá) de ovas de peixe-voador marinadas no wasabi.

KANI PAPAYA MAKI

Kani kama e mamão papaya

Ingredientes para 8 peças:

1 folha de papel de soja rosa (mamenori)
110 g de shari
Cebolinha verde
2 bastonetes de kani cortados longitudinalmente
40 g de mamão papaya em tiras
40 g de avocado em tiras

Corte em peças do mesmo tamanho e coloque sobre cada uma delas uma pitada de cebolinha verde picada. Guarneça com 3 talos de cebolinha.

MAGURO PAPAYA MAKI

Atum, papaya e abacate

Ingredientes para 8 peças:

1 folha de papel de soja rosa (mamenori)
110 g de shari
Cebolinha verde picada
40 g de atum em tiras
40 g de mamão papaya em tiras
40 g de avocado em tiras
Wasabi

Corte em peças do mesmo tamanho e coloque sobre cada uma delas uma pitada de cebolinha verde picada.

スシマン

スシ

花巻き

HANA-ZUSHI

HANA-ZUSHI

Confecção – passos básicos

O hana-zushi é um sushi enrolado fino e em forma de pétalas. O recheio fica no centro, envolto no arroz de sushi, e, por fora, a alga nori. Para ser servido, é montado com formato de flores ou ramos.

CRISÂNTEMO HANA-ZUSHI

Peixe branco, tamago-yaki e vagem

Ingredientes para 6 peças:

80 g de shari
3/4 folha de nori
2 colheres (sopa) de peixe branco triturado temperado com soboro vermelho (pág. 47)
2 talos de vagem fresca
1/2 folha de tamago-yaki (pág. 35) finamente fatiado
3 folhas de shiso

Para o tezu:
4 colheres (sopa) de vinagre de arroz, 200 mL de água e 1 pitada de sal.

Preparo:

Triture o peixe branco e tempere com o soboro. Cozinhe a vagem em água e sal durante aproximadamente 4 minutos. Fatie em tiras finas. Coloque, à sua direita, uma tina com o shari, outra com wasabi já preparada e outra com o tezu, para umedecer as mãos e evitar que o arroz grude durante a modelagem. À sua esquerda, coloque uma travessa com os outros ingredientes para o recheio.

Etapa 1 - Faça um corte longitudinal, retirando 1/4 da folha de alga nori. O restante será utilizado para o preparo do hosomaki médio.
Etapa 2 - Coloque a folha de alga nori (3/4) sobre a esteira de bambu, com a face brilhante para baixo.
Etapa 3 - Molhe os dedos na solução de tezu e faça um bolinho de shari de aproximadamente 80 gramas.

Etapa 4 - Coloque o bolinho sobre a nori e espalhe uniformemente em toda a extensão da alga.

Etapa 5 - Espalhe o shari até o limite das bordas laterais e inferior, utilizando as mãos como limitador.
Etapa 6 - Na parte superior, deixe uma borda de 3 cm de nori livre.

Etapa 7 - Complete uniformemente a camada de shari, para que fique com cerca de 6 mm de espessura em toda a sua extensão.
Etapa 8 - Espalhe uma camada de peixe sobre o shari.

Etapa 9 - Coloque os talos de vagem sobre o peixe, bem no centro.
Etapa 10 - Comece a enrolar, levantando a borda do sudare pelo lado que está mais próximo a você.
Etapa 11 - Pressione os ingredientes com os dedos e vá enrolando com firmeza.

Etapa 12 - Umedeça com tezu as extremidades da nori, para uni-las.
Etapa 13 - Puxe o sudare para cima e dobre a parte excedente de nori.

Etapa 14 - Com a ponta dos dedos, pressione levemente toda a extensão do maki para criar nele o formato de pétalas.
Etapa 15 - Pressione as laterais, acertando as bordas para não cair o shari. Retire o maki de dentro do sudare.

Etapa 16 - Antes de iniciar o corte, molhe a ponta da faca na solução de tezu. Bata a ponta do cabo na tábua de corte para espalhar o líquido pela superfície da lâmina.
Etapa 17 - Corte o rolinho ao meio. Inicie o corte com a ponta da faca fazendo um único movimento.

Etapa 18 - Molhe novamente a faca no tezu e passe em um pano umedecido com a mesma solução.
Etapa 19 - Divida cada metade do maki em três partes iguais, obtendo, assim, as 6 peças finais.

Etapa 20 - Arrume as peças (pétalas) em formato de flor de crisântemo.
Etapa 21 - Coloque uma porção de tamago-yaki fatiada no centro do arranjo.
Etapa 22 - Complete a decoração com folhas de shiso e guarneça com shoga.

Obs.: Siga os passos básicos para a confecção das receitas a seguir.

HANA-ZUSHI

Receitas / Ingredientes

SAKANA WISTERIA HANA-ZUSHI

Peixe branco temperado

Ingredientes para 12 peças:

160 g de shari
2 folhas de nori (3/4 de cada)
4 colheres (sopa) de peixe branco triturado e temperado com soboro vermelho
1 talo longo de salsa

Preparo:

Coloque, à sua direita, uma tina com o shari e outra com o tezu, para umedecer as mãos e evitar que o arroz grude durante a modelagem. À sua esquerda, coloque uma vasilha com os demais ingredientes para o recheio.

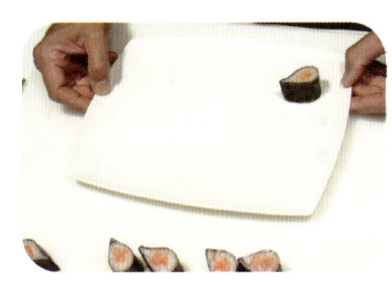

Prepare dois makis, seguindo os mesmos passos da receita anterior. Organize-os de forma que o conjunto se pareça com um ramo de flores de wisteria. Use um talo verde como estrutura central do ramo.

CRISÂNTEMO WISTERIA HANA-ZUSHI

Atum

Ingredientes para 12 peças:

160 g de shari
2 folhas de nori cortadas a 3/4 cada
150 g de filé de atum em tiras
1 talo longo de salsa crespa ou nira
Wasabi

Prepare os makis, seguindo os passos básicos para a sua confecção.
Em uma travessa, arrume as peças (pétalas), formando uma flor de crisântemo e uma de wisteria. Use o talo verde como estrutura central do ramo.

MAGURO HANA-ZUSHI

Atum, salmão e abacate

Ingredientes para 8 peças:

1/2 folha de alga nori
90 g de shari
1 ramo de salsa crespa

Para a cobertura:
160 g de atum em filetes

Para o recheio:
2 tiras de abacate
50 g de salmão em tiras
Wasabi

Cubra o rolinho pronto com os filetes de atum. Com o auxílio do sudare, modele novamente, para dar o formato de pétala. Guarneça com o ramo de salsa crespa.

スシマン

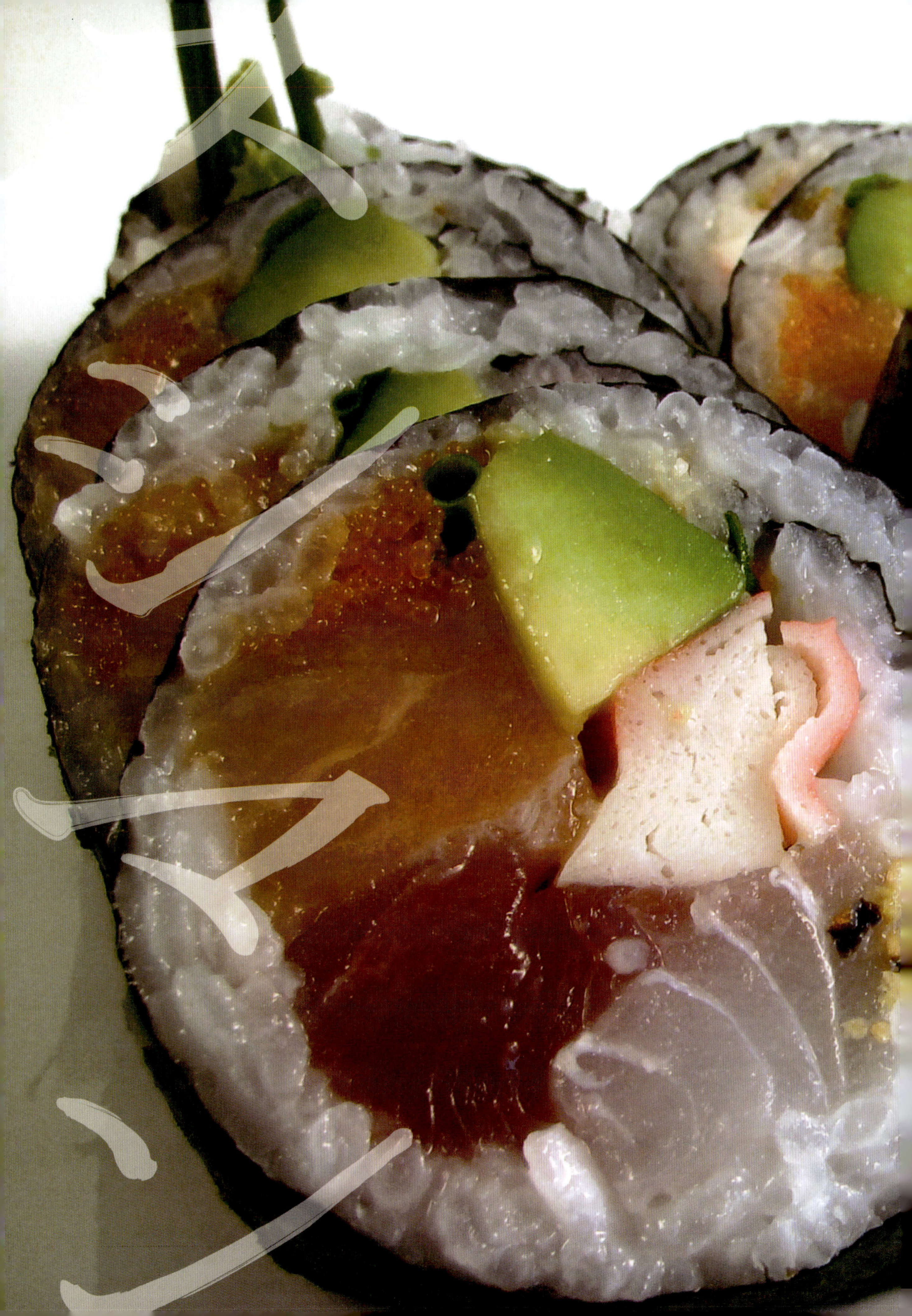

太巻き

FUTO MAKI-ZUSHI

FUTO MAKI-ZUSHI

Confecção – passos básicos

O futo-maki é um tipo de sushi enrolado grosso. O seu recheio geralmente é composto por cinco ou mais ingredientes, que ficam envoltos no arroz de sushi e, por fora, na alga nori.

KANI TAMAGO FUTO-MAKI

Kani kama, tamago-yaki, shiitake, pepino e takuwan

Ingredientes para 10 peças:

1 folha de alga nori
130 g de shari
1 tira de pepino (19,5 cm)
1 tira de takuwan (19,5 cm)
2 bastonetes de kani kama
1 tira de tamago-yaki (19,5 cm)
1 shiitake cozido e cortado em tiras

Para o tezu:
4 colheres (sopa) de vinagre de arroz, 200 mL de água e 1 pitada de sal.

Preparo:

Coloque, à sua direita, uma tina com shari e outra com o tezu, para umedecer as mãos e evitar que o arroz grude durante a modelagem. À sua esquerda, coloque uma travessa com os outros ingredientes para o recheio.

Etapa 1 - Coloque a folha de nori sobre a esteira de bambu, com a face brilhante para baixo.
Etapa 2 - Molhe os dedos na solução de tezu e faça um bolinho com aproximadamente 130 g de shari.
Etapa 3 - Coloque o bolinho sobre a nori e espalhe uniformemente em toda a extensão da alga.

Etapa 4 - Espalhe o shari inclusive nas bordas da alga, exceto na parte superior. Utilize as mãos como limitador.
Etapa 5 - Deixe uma borda de 3 cm de nori livre na parte superior.

Etapa 6 - Complete uniformemente a camada de shari, para que fique com cerca de 6 mm de espessura em toda a sua extensão.
Etapa 7 - Coloque a tira de tamago-yaki, longitudinalmente, próximo à borda inferior do shari.

Etapa 8 - Em seguida, acrescente os bastonetes de kani e os pedaços de shiitake, de acordo com as ilustrações acima.

Etapa 9 - Por fim, coloque a tira de pepino e de takuwan.

Etapa 10 - Comece a enrolar levantando a borda do sudare pelo lado que está mais próximo a você.
Etapa 11 - Pressione os ingredientes com os dedos e vá enrolando com firmeza até o final.

Etapa 12 – Puxe a borda do sudare de forma que o rolinho gire dentro dele, enrolando, assim, toda a nori.

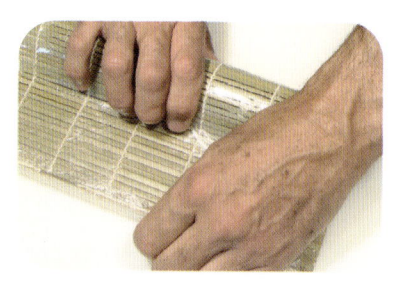

Etapa 13 – Pressione o sudare, delicadamente, para que a nori se enrole por completo.
Etapa 14 – Agora, enrole o sudare em volta do rolinho.

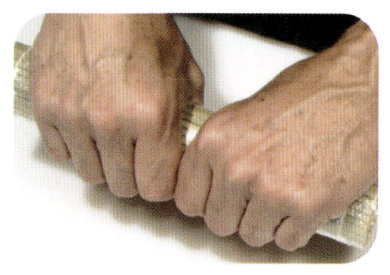

Etapa 15 – Pressione delicadamente o rolinho com as duas mãos.
Etapa 16 – Com o rolinho ainda dentro do sudare, pressione as laterais, acertando as bordas, para que o shari não caia. Retire o maki de dentro do sudare.

Etapa 17 – Antes de iniciar o corte, molhe a ponta da faca na solução de tezu. Bata a ponta do cabo na tábua de corte, para espalhar o líquido pela superfície da lâmina.
Etapa 18 – Corte o rolinho em duas peças rigorosamente iguais. Inicie o corte com a ponta da faca, fazendo um único movimento.
Etapa 19 – Molhe novamente a faca no tezu e passe em um pano umedecido com a mesma solução.

Etapa 20 – Corte em 10 peças iguais, utilizando a solução de tezu a cada corte.

Obs.: Siga os passos básicos para a confecção das receitas a seguir.

FUTO MAKI-ZUSHI

Receitas / Ingredientes

スシマン

SAKE KAWA FUTO-MAKI

Pele de salmão tostada e ovas

Ingredientes para 10 peças:

1 folha de alga nori
50 g de pele de salmão grelhada e cortada em tiras
4 tiras de abacate
Cebolinha verde
1 colher (sopa) de ova de capelin (masago)
Molho teriyaki
130 g de shari
20 g de farinha de peixe (soboro)

Salpique o soboro sobre o shari. Recheie-o com os demais ingredientes e feche o rolo.
Corte em 10 peças de igual espessura. Regue as peças com algumas gotas de molho teriyaki.

UNAGI FUTO-MAKI

Enguia

Ingredientes para 8 a 10 peças:

1 folha de alga nori
30 g de filé de savelha em tiras (kohada)
30 g de filé de enguia de unagi em tiras (pág. 50)
2 bastonetes de kani
2 tiras de abacate (19 cm)
2 tiras de pepino (19 cm)
1 colher (sobremesa) de ova de peixe-voador (tobiko)
Furikake
130 g de shari

Coloque o furikake sobre o shari e, em seguida, adicione os demais ingredientes. Confeccione o rolo e corte em 10 peças de mesmo tamanho.

KAMPYO FUTO-MAKI

Kampyo e legumes

Ingredientes para 10 peças:

1 folha de alga nori
60 g de espinafre levemente cozido.
1 tira de tamago-yaki (20 cm)
4 tiras de kampyo cozido (20 cm)
130 g de shari
20 g de farinha de peixe (soboro)

Adicione o soboro sobre o shari e, em seguida, recheie com os demais ingredientes.

TAKUWAN FUTO-MAKI

Nabo em conserva e legumes

Ingredientes para 10 peças:

1 folha de alga nori
30 g de vagem cozida e escorrida
1 tira de tamago-yaki (20 cm)
1 tira de cenoura cozida (20 cm)
2 tiras de takuwan (20 cm)
3 cogumelos shiitake cozidos
130 g de shari

Prepare o tamago-yaki. Cozinhe os legumes crus em água e sal e deixe esfriar.
Confeccione o rolo e corte em 10 peças do mesmo tamanho.

TASHOKU NO FUTO-MAKI

Shari colorido

Ingredientes para 10 peças:

1 folha de alga nori
250 g de shari
1 colher (chá) de wasabi
1 gota de cada corante – vermelho, amarelo e verde (diluídos, separadamente, em 10 mL de água)

Passo 1 – Separe o shari em 5 porções iguais.
Passo 2 – Reserve duas porções para o shari branco.
Passo 3 – Misture às outras 3 porções 1 gota de corante.

Cada porção, uma cor. Mexa até ficar uniforme.
Passo 4 – Distribua as camadas de arroz sobre a nori, lado a lado, começando pelas duas porções brancas. Passe wasabi sobre a última camada, enrole e corte em 10 peças iguais.

SAKANA FUTO-MAKI

Peixes, kani e ovas

Ingredientes para 10 peças:

1 folha de alga nori
30 g de filé de salmão em tiras
30 g de filé de atum em tiras
30 g de filé de olhete (hamachi) em tiras
2 bastonetes de kani cortados longitudinalmente
Furikake
4 tiras de 20 cm de abacate
Cebolinha verde

1 colher (sobremesa) de ova de peixe-voador (tobiko)
130 g de shari

Adicione o furikake sobre o shari e recheie com os demais ingredientes.

SHIITAKE FUTO-MAKI

Cogumelos shiitake

Ingredientes para 10 peças:

1 folha de alga nori
1 tira de tamago-yaki (20 cm)
1 tira de pepino (20 cm)
1 tira de abacate (20 cm)
2 bastonetes de kani
3 cogumelos shiitake fatiado
Molho de pimenta togarashi

Furikake
130 g de shari

Salpique furikake sobre as peças já cortadas.

FILADÉLFIA SAKE FUTO-MAKI

Queijo filadélfia, alface e salmão

Ingredientes para 8 a 10 peças:

1 folha de alga nori
130 g de shari
2 folhas de alface
80 g de filé de salmão (em tiras)
1/2 cebola roxa picada
1 tira de pepino
60 g de queijo filadélfia

Confeccione o rolo e corte em 8 peças do mesmo tamanho.

MANGOO FUTO-MAKI

Manga, tomates secos e salmão

Ingredientes para 10 peças:

1 folha de alga nori
30 g de tomates secos
30 g de salmão skin em tiras
30 g de salmão defumado em tiras
2 bastonetes de kani
1 tira de pepino (20 cm)
1 tira de manga (20 cm)
130 g de shari

Confeccione o rolo e corte em 10 peças do mesmo tamanho.

ATSUI FUTO-MAKI

Salmão, savelha e ovas

Ingredientes para 8 peças:

1 folha de alga nori
30g de filé de savelha em tiras
30g de filé de salmão em tiras
30 g de abacate em tiras
1 colher (sobremesa) de ovas de peixe-voador (tobiko)
130 g de shari
Molho agridoce
Farinha de trigo
Wasabi

Passe o rolo pronto na farinha de trigo. Retire o excesso de farinha e, em seguida, mergulhe-o no creme de tempura. Frite em óleo quente e deixe escorrer em papel-toalha.
Corte em peças do mesmo tamanho. Cubra com molho agridoce.

スシマン

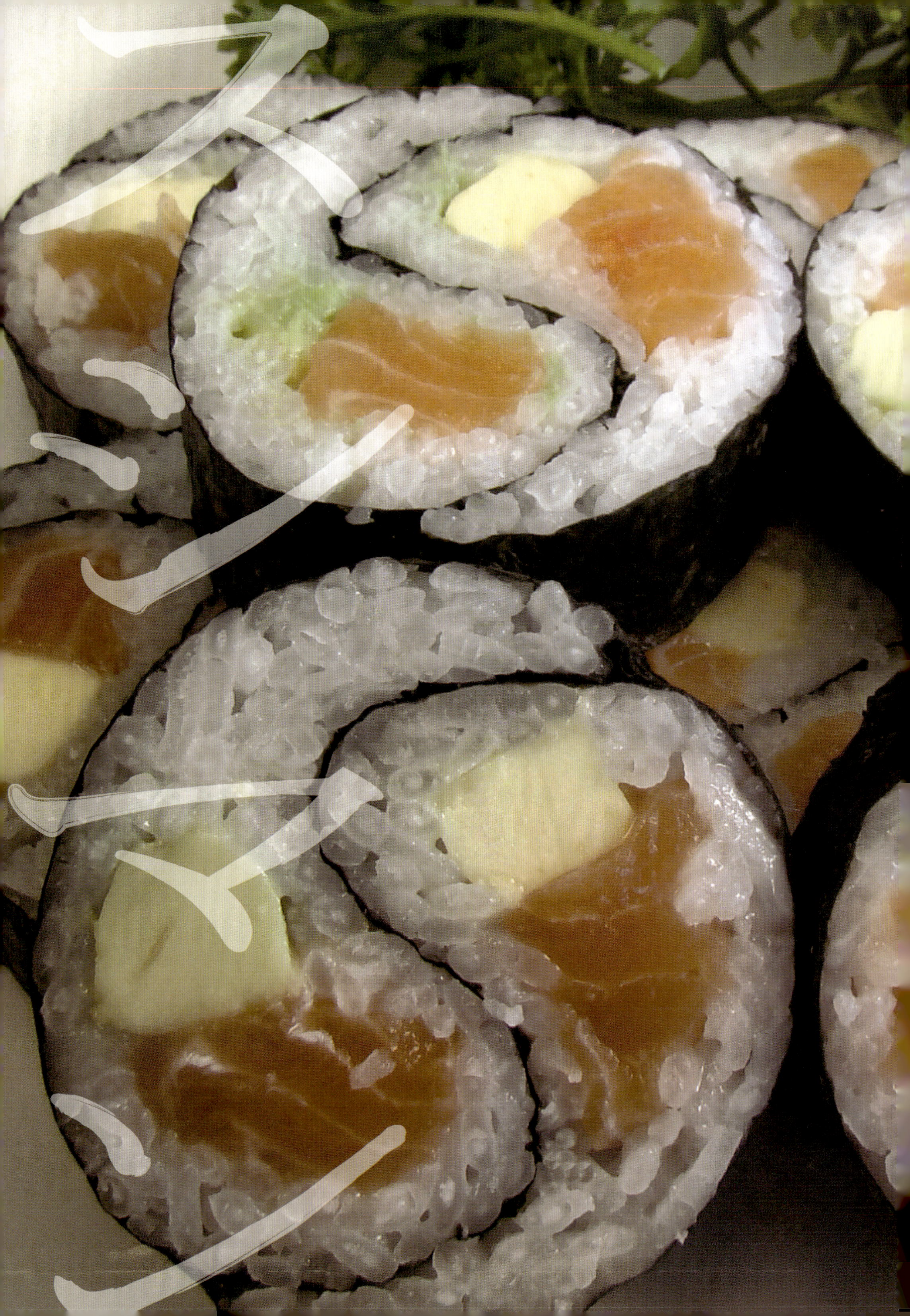

巴巻き寿司

TOMOE MAKI-ZUSHI

TOMOE MAKI-ZUSHI

Confecção – passos básicos

É um tipo de sushi enrolado grosso em que o recheio é colocado em dois rolinhos com o formato de uma vírgula que, depois de unidos, são enrolados em alga nori.

KAMPYO TOMOE MAKI-ZUSHI

Abóbora seca

Ingredientes para 10 peças:

2 folhas de alga nori
160 g de shari
40 cm de kampyo
40 cm de tamago-yaki
100 g de folhas de espinafre

Para o tezu:
4 colheres (sopa) de vinagre de arroz, 200 mL de água e 1 pitada de sal.

Preparo:

Escalde as folhas de espinafre por 1 ou 2 minutos. Enxágue com água fria e deixe secar sobre um pano seco.
Coloque, à sua direita, uma tina com o shari e outra com o tezu, para umedecer as mãos e evitar que o arroz grude. À sua esquerda, coloque uma travessa com os demais ingredientes para o recheio.

Etapa 1 - Coloque uma folha inteira de alga nori sobre a esteira de bambu, com a face brilhante para baixo.
Etapa 2 - Molhe os dedos na solução de tezu e faça um bolinho de shari com aproximadamente 80 gramas. Coloque o bolinho sobre a nori e espalhe uniformemente em toda a extensão da alga.

Etapa 3 - Espalhe o shari até o limite das bordas laterais e inferior, utilizando as mãos como limitador.
Etapa 4 - Na parte superior, deixe uma borda de 3 cm de nori livre.

Etapa 5 - Complete uniformemente a camada de shari, para que fique com cerca de 6 mm de espessura em toda a sua extensão.
Etapa 6 - Coloque a tira de kampyo sobre o shari, bem no centro.

Etapa 7 - Em seguida, coloque as folhas de shiso sobre o kampyo e a tira de tamago-yaki sobre o shiso.
Etapa 8 - Comece a enrolar, levantando a borda do sudare pelo lado que está mais próximo a você.

Etapa 9 - Pressione os ingredientes e enrole o maki com firmeza.
Etapa 10 - Com a ponta dos dedos, pressione levemente toda a extensão do maki para criar o formato desejado.

Etapa 11 - Pressione as laterais, acertando as bordas, para não deixar cair o shari. Retire o maki de dentro do sudare.

Etapa 12 - Prepare o outro maki seguindo os mesmos passos.
Etapa 13 - Ao final, pressione as laterais, acertando as bordas, para não deixar cair o shari.

Etapa 14 - Após modelar o segundo maki no formato desejado, recoloque-o sobre o sudare.

Etapa 15 - Encaixe um maki sobre o outro.
Etapa 16 - Passe um pouco de água na parte da folha de nori que ficou sem o arroz e enrole a peça.

Etapa 17 - Corte o maki em 10 peças iguais, utilizando sempre a ponta da faca e molhando-a a cada corte.

Obs.: Siga os passos básicos para a confecção das receitas a seguir.

TOMOE MAKI-ZUSHI

Receitas / Ingredientes

SAKE TOMOE MAKI-ZUSHI

Salmão e avocado

Ingredientes para 8 peças:

2 folhas de alga nori
160 g de shari
2 tiras de avocado
30 g de filé de salmão em tiras
1 ramo de salsinha crespa

Corte o maki em 8 peças iguais, utilizando sempre a ponta da faca e molhando-a a cada corte. Guarneça com o raminho de salsa crespa.

MAGURO TOMOE MAKI-ZUSHI

Atum e espinafre

Ingredientes para 8 peças:

2 folhas de alga nori
160 g de shari
6 folhas de espinafre
100 g de filé de atum em tiras
Wasabi

Corte o maki em 8 peças iguais, utilizando sempre a ponta da faca e molhando-a a cada corte.

スシ

裏巻き

URA MAKI-ZUSHI

URA MAKI-ZUSHI

Confecção – passos básicos

O ura-maki é um sushi enrolado em que o recheio fica no centro, envolto na alga nori, e o arroz de sushi fica por fora.

CALIFÓRNIA URA-MAKI

Kani, abacate e pepino

Ingredientes para 8 peças:

1/2 folha de alga nori
95 g de shari
1 colher (sopa) de sementes de gergelim

Para o recheio:
1 bastonete de kani
1 tira de abacate (20 cm x 1 cm x 1 cm)
1 tira de pepino (20 cm x 1 cm x 1 cm)

Para o tezu:
4 colheres (sopa) de vinagre de arroz, 200 mL de água e 1 pitada de sal.

Preparo:

Coloque, à sua direita, uma tina com o shari e outra com o tezu, para umedecer as mãos e evitar que o arroz grude durante a modelagem. À sua esquerda, coloque uma travessa com os demais ingredientes.
Encape a esteira de bambu (sudare) com filme (pvc) para evitar que o arroz grude no sudare.

Etapa 1 - Divida a folha de alga nori em duas partes iguais.

Etapa 2 - Molhe os dedos na solução de tezu e faça um bolinho de shari com aproximadamente 95 gramas. Coloque o bolinho sobre a nori e espalhe o shari.

Etapa 3 - Espalhe o arroz até o limite das bordas, utilizando as mãos como limitador.

Etapa 4 - Complete uniformemente a camada de shari, para que fique com cerca de 6 mm de espessura em toda a sua extensão.

Etapa 5 - Espalhe sementes de gergelim sobre o shari.
Etapa 6 - Vire a nori juntamente com o shari e mantenha-os sobre o sudare.

Etapa 7 - Coloque os bastonetes de kani a 1 cm da borda inferior.
Etapa 8 - Ao lado, coloque as tiras de abacate.

Etapa 9 - Agora, sobre o kani e o abacate, coloque o pepino.
Etapa 10 - Comece a enrolar, levantando a borda do sudare pelo lado que está mais próximo a você.
Etapa 11 - Pressione os ingredientes com os dedos e enrole com firmeza até o final.

Etapa 12 - Com a mão esquerda, puxe a borda do sudare, de forma que o rolinho gire dentro dele. Em seguida, desenrole o sudare.
Etapa 13 - Enrole-o novamente, pressionando todo o maki, para obter a forma cilíndrica.

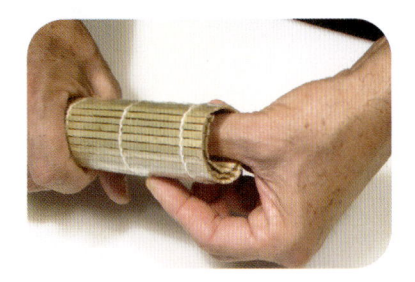

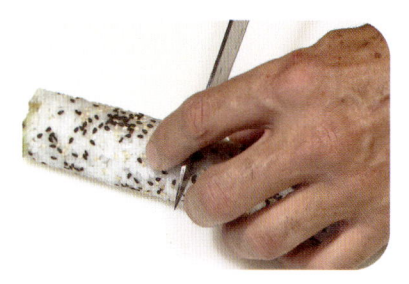

Etapa 14 - Pressione as laterais, acertando as bordas, para que o shari não caia. Retire o maki de dentro do sudare.
Etapa 15 - Antes de iniciar o corte, molhe a ponta da faca na solução de tezu e bata a ponta do cabo na tábua de corte para espalhar o líquido pela superfície da lâmina.
Etapa 16 – Inicialmente, corte o rolinho em duas metades.

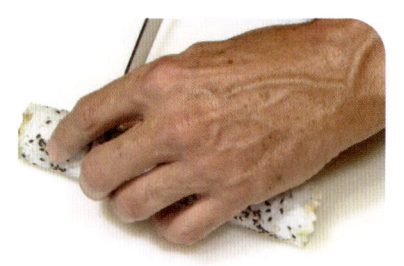

Etapa 17 - Molhe novamente a faca no tezu e passe no pano umedecido com a solução.
Etapa 18 - Corte cada metade em 4 peças iguais, a fim de obter 8 peças ao todo. Utilize sempre a ponta da faca, molhando-a a cada corte.

Obs.: Siga os passos básicos para a confecção das receitas a seguir.

URA MAKI-ZUSHI

Receitas / Ingredientes

TOBIKO URA-MAKI

Ovas de peixe-voador, salmão, filadélfia e pargo

Ingredientes para 8 peças:

1/2 folha de alga nori
95 g de shari
3 colheres (sopa) de ovas de peixe-voador (tobiko)

Para o recheio:
30 g de filé de salmão em tiras
30 g de filé de pargo em tiras
2 colheres (sopa) de queijo filadélfia
Wasabi

Cubra o rolinho com as ovas tobiko (role-o sobre as ovas). Revista-o com filme (pvc) e remodele com o auxílio do sudare. Corte em peças do mesmo tamanho e só depois retire o filme. Guarneça com raminhos de salsa crespa.

YOSHIKI URA-MAKI

Camarão, salmão, atum e abacate

Ingredientes para 8 peças:

1/2 folha de alga nori
95 g de shari
2 folhas de alface frizze
40 g de filé de salmão em tiras
40 g de filé de atum em tiras
40 g de abacate em tiras

Para o recheio:
3 talos de cebolinha verde
3 camarões com cauda, preparados para sushi

Sobre o shari, coloque, em camadas, o salmão, o abacate e o atum. Em seguida, vire a peça, recheie com o camarão e enrole.
Corte em peças do mesmo tamanho. Guarneça com folhas de alface frizze.

KANI FURAI URA-MAKI

Patolas de caranguejo empanadas, pepinos, abacate e ovas

Ingredientes para 8 peças:

1/2 folha de alga nori
95 g de shari
Flocos de creme de tempura frito

Para o recheio:
30 g de abacate em tiras
30 g de pepinos em tiras
6 patolas de caranguejo empanadas

Cubra o rolinho com os flocos de creme de tempura (role-o sobre os flocos). Revista-o com filme (pvc) e remodele com o auxílio do sudare. Corte as peças do mesmo tamanho e só depois retire o filme.

SAKE URA-MAKI

Salmão, pepino e cream cheese

Ingredientes para 8 peças:

1/2 folha de alga nori
95 g de shari
Sementes de gergelim

Para o recheio:
50 g de filé de salmão em tiras
2 colheres (sopa) de cream cheese
1 tira de pepino
Wasabi

Siga os passos básicos para a confecção desse ura-maki.

TOGARASHI MAGURO URA-MAKI

Atum ao molho de pimenta

Ingredientes para 8 peças:

1/2 folha de alga nori
95 g de shari
Molho de pimenta (togarashi)
2 ramos de salsa crespa

Para o recheio:
50 g de atum fresco em tiras
1 tira de pepino
Cebolinha verde

Pingue 1 gota de molho de pimenta em cada peça. Guarneça com a salsa crespa.

CALIFORNIA CHEESE URA-MAKI

Kani, morango, pepino e cream cheese

Ingredientes para 8 peças:

1/2 folha de alga nori
95 g de shari
1 morango fatiado em leque
Sementes de gergelim

Para o recheio:
3 morangos cortados ao meio
2 colheres (sopa) de cream cheese
1 tira de pepino
1 e 1/2 bastonete de kani

Guarneça com o morango cortado em leque e um ramo de salsinha crespa.

MASAGO URA-MAKI

Ovas verdes, atum e pimenta

Ingredientes para 8 peças:

1/2 folha de alga nori
95 g de shari
2 colheres (sopa) de ovas de capelin (masagowasabi)

Para o recheio:
40 g de filé de atum (em tiras)
1 colher (chá) de molho de pimenta (tabasco)

Corte as peças do mesmo tamanho e cubra-as com ovas de capelin.

GAZAMI URA-MAKI

Carne de siri refogada, enguia e peixes

Ingredientes para 8 peças:

1/2 folha de alga nori
95 g de shari
40 g de filé de salmão em tiras
40 g de filé de atum em tiras
40 g de enguia cozida vitrificada no molho de unagi e cortada em tiras
Alface frizze

Para o recheio:
50 g de carne de siri refogada
50 g de abacate em tiras

Cubra o rolinho com o atum, o salmão e a enguia e corte em pedaços iguais. Guarneça com folhas de alface frizze.

UNAGI ABOKADO URA-MAKI

Enguia, abacate e ovas

Ingredientes para 8 peças:

1/2 folha de alga nori
95 g de shari
2 colheres (sopa) de ovas capelin (masago)

Para o recheio:
40 g de abacate em tiras
40 g de enguia cozida vitrificada no molho de unagi e cortada em tiras

Corte as peças do mesmo tamanho e cubra-as com ovas de capelin.

MASAGO SAKE URA-MAKI

Salmão, ovas de capelin, robalo e queijo filadélfia

Ingredientes para 8 peças:

1/2 folha de alga nori
95 g de shari
3 colheres (sopa) de ovas de capelin (masago)

Para o recheio:
40 g de filé de salmão em tiras
40 g de filé de robalo em tiras
2 colheres (sopa) de queijo filadélfia
Wasabi

Cubra o rolinho com as ovas de capelin (role-o sobre as ovas). Revista-o com filme (pvc) e remodele com o auxílio do sudare. Corte as peças do mesmo tamanho e só depois retire o filme. Guarneça com a salsinha.

ABOKADO URA-MAKI

Avocado e enguia

Ingredientes para 8 peças:

1/2 folha de alga nori
95 g de shari
Fatias finas de avocado

Para o recheio:
40 g de enguia de água doce (unagi) cozida e vitrificada com molho tare
1 tira de pepino (20 cm)
1 colher (sopa) de ovas de peixe-voador (tobiko)

Cubra os rolinhos com as fatias de avocado. Revista-o com filme (pvc) e enrole novamente com o auxílio do sudare. Corte em 8 peças do mesmo tamanho.

SHOKUBUTSU NO URA-MAKI

Vegetais com ricota

Ingredientes para 8 peças:

1/2 folha de alga nori
95 g de shari
Sementes brancas de gergelim
4 folhas de alface crespa

Para o recheio:
2 cogumelos shiitake cozidos
5 folhas de espinafre escaldadas
1 colher (sobremesa) de maionese

1 tira de abacate (20 cm)
1 tira de ricota (20 cm)
25 g de cebola roxa escaldada
1 colher (sobremesa) de folha de manjericão fresco

Arrume as peças sobre folhas de alface crespa.

KOKONATSU URA-MAKI

Atum, abacate e côco ralado

Ingredientes para 8 peças:

1/2 folha de alga nori
95 g de shari
2 colheres (sopa) de coco ralado

Para o recheio:
50 g de filé de atum em tiras
2 tiras de avocado

Cubra o rolinho com coco ralado (role-o sobre o coco). Em seguida, revista-o com filme (pvc) e remodele com o auxílio do sudare. Corte em peças do mesmo tamanho e só depois retire o filme.

PASERI URA-MAKI

Atum em conserva e salsa verde

Ingredientes para 8 peças:

1/2 folha de alga nori
95 g de shari
1 ramo de salsa crespa picada (paseri)
1 ramo de salsa crespa inteira

Para o recheio:
1/2 lata de atum em pedaços
2 tiras de pepino
1 colher (sopa) de queijo filadélfia

Cubra o rolinho com a salsinha picada (role-o sobre a salsinha). Guarneça com os ramos de salsa crespa.

KANI IKURA URA-MAKI

Carne de caranguejo, ovas e abacate

Ingredientes para 8 peças:

1/2 folha de alga nori
95 g de shari
8 colheres (chá) de ovas de salmão (ikura)
1 raminho de salsa crespa

Para o recheio:
1 tira de abacate temperada com limão
50 g de carne de caranguejo enlatada
1 tira fina de cenoura

Wasabi
1 colher (sobremesa) de maionese

Cubra cada peça com 1 colher (chá) de ovas de salmão. Guarneça com o ramo de salsa crespa.

ABOKADO MAGURO URA-MAKI

Atum, avocado e ovas

Ingredientes para 8 peças:

1/2 folha de alga nori
95 g de shari
4 colheres (sopa) de ovas de capelin

Para o recheio:
50 g de filé atum em tiras
2 tiras de avocado
Wasabi

Cubra o rolinho com as ovas de capelin (role-o sobre as ovas). Revista-o com filme (pvc) e remodele com o auxílio do sudare. Corte em peças do mesmo tamanho e só depois retire o filme.

NEW YORK URA-MAKI

Camarões e abacate

Ingredientes para 8 peças:

1/2 folha de alga nori
95 g de shari
1 ramo de salsa crespa

Para o recheio:
2 tiras de abacate
3 camarões preparados para sushi

Guarneça com a salsinha crespa.

RENKON SAKE URA-MAKI

Salmão skin coberto com filé de salmão e raiz de lótus

Ingredientes para 8 peças:

95 g de shari
1/2 folha de alga nori

Para o recheio:
2 tiras de pele de salmão tostada
2 palitos de pepino
Molho tare

Para a cobertura:
4 rodelas finas de raiz de lótus (renkon)
100 g de filé de salmão em filetes finos

Cubra o rolinho pronto com o salmão defumado e, sobre ele, coloque as rodelas de renkon. Revista-o com filme (pvc) e modele com o auxílio do sudare. Retire o sudare e corte em 8 peças iguais. Depois de cortado, coloque novamente o sudare e remodele o rolinho.
Finalmente, retire o filme e monte o prato.

GUNJO URA-MAKI

Ostras gratinadas ao creme de wasabi

Ingredientes para 6 peças:

6 peças de rolinho califórnia
6 ostras
1 colher (sobremesa) de margarina
1 colher (sobremesa) de farinha de trigo
1 gema de ovo pequena
1/4 lata de creme de leite sem soro
1/2 pitada de sal
1/2 pitada de wasabi
Cebolinha verde picada

Preparo das ostras:
Em uma panela, ferva 1 litro de água e cozinhe as ostras por aproximadamente 5 minutos, ou até que elas se abram. Retire as ostras da meia concha e mergulhe-as em água gelada. Reserve.

Preparo do creme:
Derreta a margarina e frite a farinha de trigo. Retire do fogo e acrescente o creme de leite, as gemas passadas na peneira, o sal e o wasabi. Leve para cozinhar novamente. Cubra as ostras com esse creme e gratine por aproximadamente 10 minutos. Depois de gratinadas, coloque sobre as peças. Guarneça com o creme de wasabi e salpique cebolinha.

UNAGI URA-MAKI

Enguia de água doce grelhada

Ingredientes para 8 peças:

1 rolinho califórnia pronto
120 g de enguia grelhada e vitrificada com molho tare
Sementes brancas de gergelim
Molho tare

Cubra o rolinho com as enguias. Revista-o com filme (pvc) e remodele com o auxílio do sudare. Corte e retire o filme.

Pincele com molho tare e salpique sementes de gergelim.

EBI TEM URA-MAKI

Camarões empanados

Ingredientes para 8 peças:

1/2 folha de alga nori
Massa de tempura
95 g de shari
Sementes brancas de gergelim

Para o recheio:
3 camarões empanados e fritos
4 talos de cebolinha verde
Molho tare

Passe os camarões na farinha de trigo e, em seguida, no creme de tempura. Frite e deixe escorrer em papel-toalha. Confeccione o ura-maki e corte em peças do mesmo tamanho. Cubra com molho tare e salpique cebolinha verde picada.

GOLDEN CALIFÓRNIA URA-MAKI

Tempura de califórnia com ovas

Ingredientes para 8 peças:

2 rolinhos califórnia empanados e fritos
3 colheres (sopa) de ovas de capelin (masago)
2 talos de cebolinha verde picada
Wasabi

Passe o rolo pronto na farinha de trigo e, em seguida, no creme de tempura. Frite em óleo quente e deixe escorrer em papel-toalha. Corte em peças do mesmo tamanho. Cubra com ovas de capelin e cebolinha.

KAIKAN URA-MAKI

Salmão, atum e pargo

Ingredientes para 8 peças:

1/2 folha de alga nori
95 g de shari
1 colher (sopa) de ovas de peixe-voador (tobiko)

Para o recheio:
50 g de filé de salmão em tiras
50 g de filé de atum em tiras
50 g de filé de pargo em tiras
1 colher (sobremesa) de ovas de capelin (masago)

Corte em peças do mesmo tamanho e cubra-as com as ovas de peixe-voador.

RAINBOW URA-MAKI

Califórnia coberto com peixes

Ingredientes para 8 peças:

2 rolinhos califórnia
30 g de filé de salmão em tiras
30 g de filé de atum em tiras
30 g de filé de olhete em tiras
30 g de enguia grelhada no molho de unagi
30 g de filé de robalo fresco

Siga os "passos básicos" para a confecção do califórnia ura-maki.
Coloque as tiras de peixe sobre o rolinho pronto, lado a lado. Corte em peças de mesmo tamanho.

KANI TOBIKO CRISPY URA-MAKI

Kani, ovas, cenoura e pepino

Ingredientes para 8 peças:

1/2 folha de alga nori
95 g de shari
Creme para tempura
Farinha de trigo

Para o recheio:
25 g de kani (salpique togarashi)
2 tiras de pepino
Tiras finas de cenoura
1 colher (sobremesa) de ovas de peixe-voador (tobiko)

Passe o rolo pronto na farinha de trigo e, em seguida, no creme de tempura. Frite em óleo quente e deixe escorrer em papel-toalha. Corte em peças do mesmo tamanho.

TANPO URA-MAKI

Ura-maki de camarão empanado com cobertura especial

Ingredientes para 8 peças:

1 ebi tem ura-maki

Cobertura:
2 filetes de filé de atum em tiras
2 filetes de filé de salmão em tiras
2 fatias de abacate
Wasabi

Cubra o rolinho com os ingredientes dispostos lado a lado. Enrole novamente com o auxílio do sudare. Corte o rolo em 8 peças.

CAMINO URA-MAKI

Savelha enguia e abacate

Ingredientes para 6 a 8 peças:

1/2 folha de alga nori
95 g de shari
100 g de enguia cozida e vitrificada no molho tare

Para o recheio:
50 g de filé de savelha em tiras
2 tiras de abacate

Cubra o rolinho com as enguias. Revista-o com filme (pvc) e remodele com o auxílio do sudare. Corte em peças do mesmo tamanho e retire o filme. Pincele com molho tare e salpique sementes de gergelim.

EBI MASAGO URA-MAKI

Camarão e masago

Ingredientes para 8 peças:

1/2 folha de alga nori
95 g de shari
2 colheres (sopa) de masago (ovas de capelin)
Sementes pretas de gergelim

Para o recheio:
4 camarões com cauda, empanados e fritos
2 colheres (sobremesa) de maionese
3 talos de cebolinha verde

Envolva o sudare com filme (pvc) e espalhe as ovas de capelin e o gergelim sobre ele. Coloque o rolinho pronto sobre as ovas e as sementes e enrole. Corte em peças de mesmo tamanho e só depois retire o filme.

OISHII URA-MAKI

Kani e atum picante

Ingredientes para 8 peças:

1/2 folha de alga nori
95 g de shari
Creme de abacate e wasabi (pág. 57)
100 g de filé de atum em filetes
1 colher (chá) de pimenta togarashi

Para o recheio:
35 g de kani
2 tiras de abacate

Acrescente o creme de avocado sobre a cobertura de atum e salpique o togarashi.

KOKONATSU NO MI URA-MAKI

Camarão e côco ralado

Ingredientes para 8 peças:

1/2 folha de alga nori
95 g de shari
2 colheres (sopa) de coco ralado
Salsa crespa

Para o recheio:
2 tiras de abacate
3 camarões preparados para sushi
Wasabi

Cubra o sudare com filme (pvc) e espalhe o coco ralado sobre ele.
Coloque o rolinho pronto sobre o coco e enrole. Corte em peças do mesmo tamanho e só depois retire o filme. Guarneça com a salsa crespa.

KAMI URA-MAKI

Califórnia e salmão grelhado

Ingredientes para 8 peças:

1 rolinho califórnia pronto
150 g de filé de salmão grelhado
1 colher (sobremesa) de soboro
Cebolinha verde picada
Molho tare

Grelhe ligeiramente um lado do filé de salmão. Cubra o rolinho com o salmão. Remodele-o com o auxílio do sudare. Corte em peças do mesmo tamanho.
Pincele o molho tare e salpique soboro e cebolinha verde picada.

EBI TOBIKO URA-MAKI

Tempura de camarão e ovas

Ingredientes para 8 peças:

1/2 folha de alga nori
95 g de shari
1 colher (sopa) de semente de gergelim

Para o recheio:
30 g de pepino em palitos finos

1 colher (sopa) de ovas de peixe-voador (tobiko)
3 camarões com cauda, empanados e fritos (tempura)

Cubra as peças com as ovas de peixe-voador.

SHIITAKE FURAI URA-MAKI

Shiitake e abacate

Ingredientes para 8 peças:

1/2 folha de alga nori
95 g de shari
Creme para tempura
Farinha de trigo

Para o recheio:
3 shiitakes cozidos no shoyu (pág. 41)
2 tiras de abacate

Passe o rolo pronto na farinha de trigo e, em seguida, no creme de tempura. Frite em óleo quente e deixe escorrer em papel-toalha. Corte em 8 peças do mesmo tamanho.

SOBORO URA-MAKI

Atum em conserva e soboro

Ingredientes para 8 peças:

1/2 folha de alga nori
95 g de shari
Soboro vermelho

Para o recheio:
1/2 lata de atum em pedaços
3 tiras finas de pepino
1 colher (sopa) de queijo filadélfia
Cebolinha verde picada

Cubra o rolo pronto com o soboro e remodele-o com o auxílio do sudare. Corte em 8 peças do mesmo tamanho.

ASUPARA URA-MAKI

Camarão, aspargos e abacate

Ingredientes para 8 peças:

1/2 folha de alga nori
95 g de shari
1 colher (sobremesa) de gergelim branco

Para o recheio:
3 camarões preparados para sushi
2 tiras de abacate
1 aspargo cozido em água e sal

Corte o rolo em peças do mesmo tamanho. Guarneça com as folhas de alface crespa.

TOKUBETSU NO TORO URA-MAKI

Especial de enguia e peixes

Ingredientes para 8 peças:

1/2 folha de alga nori
95 g de shari
30 g de salmão em filetes finos
30 g de atum gordo (toro) em filetes finos
30 g de savelhas em filetes finos
Cebolinha verde picada
1 colher (sobremesa) de ovas de peixe-voador (tobiko)

Para o recheio:
2 tiras de abacate
30 g de enguia grelhada e vitrificada no molho tare

Cubra o rolinho com os filetes de peixes dispostos lado a lado. Enrole-o e remodele-o com o auxílio do sudare. Corte em 8 peças do mesmo tamanho.

SAKE CHIZU URA-MAKI

Salmão e queijo filadélfia

Ingredientes para 8 peças:

1/2 folha de alga nori
95 g de shari

Para o recheio:
60 g de filé de salmão em tiras
1 colher (sopa) de queijo filadélfia
2 talos de vagem ligeiramente cozidos
Creme de tempura
Farinha de trigo

Passe o rolo pronto na farinha de trigo e, em seguida, no creme de tempura. Frite em óleo quente e deixe escorrer em papel-toalha. Corte em peças do mesmo tamanho.

ABOKADO SAKE URA-MAKI

Salmão, abacate e filadélfia

Ingredientes para 9 peças:

1/2 folha de alga nori
95 g de shari
4 raminhos de salsa crespa

Para o recheio:
60 g de filé de salmão em tiras
1 colher (sopa) de queijo filadélfia
2 tiras de abacate
Wasabi

SAKE TOBIKO URA-MAKI

Salmão e ovas

Ingredientes para 8 peças:

1/2 folha de alga nori
Creme para tempura
Farinha de trigo
95 g de shari

Para o recheio:
40 g de filé de salmão temperado com togarashi
1 tira de pepino
Tiras finas de cenoura
1 colher (sobremesa) de ovas de peixe-voador (tobiko)

Passe o rolo pronto na farinha de trigo e, em seguida, no creme de tempura. Frite em óleo quente e deixe escorrer em papel-toalha. Corte em 8 peças do mesmo tamanho.

SHIKISAI URA-MAKI

Enguia, salmão, atum e toro

Ingredientes para 8 peças:

1/2 folha de alga nori
95 g de shari
Para a cobertura:
50 g de salmão em filetes
50 g de atum em filetes
50 g de atum gordo (toro) em filetes

Para o recheio:
2 tiras de abacate
60 g de enguia grelhada e vitrificada
2 tiras de pepino

Cubra o rolinho com os filetes de peixe dispostos lado a lado. Envolva-o com filme (pvc) e remodele-o com o auxílio do sudare. Corte em 8 peças do mesmo tamanho e só depois retire o filme.

EBI SAKANA URA-MAKI

Carne de caranguejo refogada, camarões, peixes e caviar

Ingredientes para 8 peças:

1/2 folha de alga nori
95 g de shari

Para a cobertura:
2 filetes de salmão
2 filetes de atum
2 camarões preparados para sushi

Para o recheio:
50 g de carne de caranguejo refogada
50 g de pepino em tiras
Caviar negro (kyabia)

Cubra o rolinho pronto com o atum, o salmão e os camarões dispostos lado a lado. Envolva-o com filme (pvc) e remodele-o com o auxílio do sudare. Corte em 8 peças do mesmo tamanho e só depois retire o filme.

AHIRU URA-MAKI

Patê de peito de pato

Ingredientes para 8 peças:

1/2 folha de alga nori
95 g de shari
Molho picante de pimenta (tabasco) com maionese
Cebollete

Para o recheio:
80 g de patê de peito de pato

Acrescente sobre as peças o molho picante e a cebolinha verde.

ATAMA URA-MAKI

Patola de caranguejo e raspas de côco

Ingredientes para 8 peças:

1/2 folha de alga nori
95 g de shari
Raspas de côco

Para o recheio:
6 patolas de caranguejo, empanadas e fritas
1 tira de pepino
Molho tare

Envolva o sudare com filme (pvc) e espalhe o coco ralado. Coloque o rolinho pronto sobre o coco e enrole. Corte em peças iguais e guarneça com raspas de coco e tare.

MASAGO SAKE URA-MAKI

Ovas de capelin, salmão e cream cheese

Ingredientes para 8 peças:

1/2 folha de alga nori
95 g de shari
Ovas de capelin (masago)

Para o recheio:
60 g de salmão em filetes bem finos
6 colheres (sopa) de cream cheese
Cebolinha verde
Wasabi

Cubra o rolo com as ovas de capelin (role-o sobre as ovas). Revista-o com filme (pvc) e remodele com o auxílio do sudare. Corte em peças do mesmo tamanho e só depois retire o filme.

YASAI URA-MAKI

Alface, abacate e pepino

Ingredientes para 8 peças:
1/2 folha de alga nori
95 g de shari
Sementes de gergelim tostadas

Para o recheio:
1 pepino em tiras de 0,5 cm
1 colher (sopa) de maionese
4 folhas de alface enroladas em duas peças
1/2 abacate descascado
Wasabi

Descasque o abacate, corte-o em tiras e, em seguida, tempere com suco de limão.
Confeccione o ura-maki e corte em peças iguais.

ABOKADO URA-MAKI

Abacate, salmão e cream cheese

Ingredientes para 8 peças:

1/2 folha de alga nori
95 g de shari

Para a cobertura:
1 abacate cortado em filetes

Para o recheio:
50 g de salmão em tiras
2 colheres (sopa) de cream cheese
Cebolinha verde

Cubra o rolinho pronto com as fatias de abacate. Envolva-o em filme (pvc) e remodele-o com o auxílio do sudare. Corte em peças do mesmo tamanho e só depois retire o filme.

NIJI URA-MAKI

Salmão, atum, olhete e abacate

Ingredientes para 6 peças:

1 rolinho califórnia pronto

Para a cobertura:
3 fatias finas de abacate
3 filetes finos de salmão
3 filetes finos de olhete
3 filetes finos de atum
Wasabi

Passe wasabi sobre o rolinho pronto. Cubra-o com os filetes de peixe e o abacate, alternando as cores e o sabor. Envolva-o em filme (pvc) e remodele-o com o auxílio do sudare. Pressione com cuidado para não amassar o avocado.
Retire o sudare e corte em 6 partes iguais. Depois de cortado, utilize novamente o sudare para acertar o rolinho. Retire o filme e monte o prato.

YASAI SAKE MAGURO URA-MAKI

Salmão, atum, espinafre, nabo e beterraba

Ingredientes para 8 peças:

1/2 folha de alga nori
95 g de shari
1/2 molho de salsinha picada

Para o recheio:
1 filete fino de cenoura
30 g de beterraba em conserva em tiras
30 g de nabo em tiras
40 g de filé de salmão em tiras
30 g de filé de atum em tiras
5 folhas de espinafre
1 colher (sopa) de maionese
3 talos de cebolinha verde

Lave os aspargos e retire os extremos inferiores. Cozinhe-os de 5 a 6 minutos em água salgada. Escorra e deixe esfriar.
Corte a beterraba, o nabo e os filés de peixe em tiras.
Escalde as folhas de espinafre em água fervente, seque e enrole.
Confeccione o ura-maki e passe-o sobre a salsinha picada.
Corte em 8 peças iguais.

NEGI MAGURO URA-MAKI

Atum, cebolinha e espinafre

Ingredientes para 8 peças:

1/2 folha de alga nori
95 g de shari
Sementes pretas de gergelim

Para o recheio:
3 folhas de shiso
3 talos de cebolinha verde
60 g de atum (maguro) em tiras

Salpique o gergelim sobre o shari. Vire a peça e cubra com as folhas de shiso. Acrescente o atum e a cebolinha verde. Enrole e corte em partes iguais.

EBI NO TEMPURA URA-MAKI

Tempura de camarão e ovas

Ingredientes para 8 peças:

1/2 folha de alga nori
95 g de shari
2 colheres (sopa) de ovas de capelin (masago)

Para o recheio:
3 camarões grandes (tempura)
2 tiras de abacate
2 tiras de pepino

Confeccione o ura-maki e coloque as ovas de capelin sobre as peças.

HOT CALIFÓRNIA URA-MAKI

Kani, abacate e pepino

Ingredientes para 8 peças:

1/2 folha de alga nori
95 g de shari
1/3 pepino fatiado em leque
Creme para tempura
Farinha de trigo

Para o recheio:
1 e 1/2 bastonete de kani
30 g de abacate em tiras
2 tiras de pepino

Molde o ura-maki com formato triangular. Passe o rolo pronto na farinha de trigo e, em seguida, no creme de tempura. Frite em óleo quente e deixe escorrer em papel-toalha. Corte em 8 peças do mesmo tamanho.

MASAGO WASABI URA-MAKI

Ovas de capelin ao wasabi

Ingredientes para 8 peças:

1/2 folha de alga nori
95 g de shari
1 colher (sopa) de masagowasabi
1 ramo de salsa crespa

Para o recheio:
2 tiras de manga
2 tiras de pepino
1 e 1/2 bastonete de kani

Corte em peças do mesmo tamanho e cubra com as ovas de capelim.
Guarneça com salsa crespa.

SAKE KAWA URA-MAKI

Pele de salmão tostada

Ingredientes para 8 peças:

1/2 folha de alga nori
95 g de shari
Cebolinha verde e cebollete

Para o recheio:
100 g de pele de salmão temperada e frita
1 colher (chá) de sementes de gergelim
Molho tare

Cubra as peças com molho tare. Salpique cebolinha picada e talos de cebollete.

IBUSU URA-MAKI

California e salmão defumado

Ingredientes para 8 peças:

1/2 folha de alga nori
95 g de shari

Para a cobertura:
120 g de salmão defumado em folha

Para o recheio:
2 tiras de pepino
2 tiras de abacate temperadas com suco de limão
1 e 1/2 bastonete de kani

Cubra o rolo pronto com as fatias de salmão defumado. Envolva-o com filme (pvc) e remodele-o com o sudare. Corte em partes iguais e só depois retire o filme.

MEKA URA-MAKI

Meca – Atum branco

Ingredientes para 8 peças:

1/2 folha de alga nori
95 g de shari
1 colher (sopa) de sementes brancas de gergelim

Para o recheio:
80 g de filé de meca em tiras
2 folhas de alface frizze
Wasabi

Confeccione o ura-maki e guarneça com a alface frizze.

SAYA URA-MAKI

Vagem, kani e cream cheese

Ingredientes para 8 a 10 peças:

1/2 folha de alga nori
95 g de shari
Sementes brancas de gergelim

Para o recheio:
1 bastonete de kani
4 colheres (sopa) de cream cheese
3 vagens cozidas

Abra o bastonete de kani, espalhe sobre o shari e cubra com o cream cheese. Acrescente a vagem cozida e enrole. Passe o rolinho sobre o gergelim e corte em partes iguais.

KANI TOBIKO IKURA URA-MAKI

Carne de caranguejo e ovas

Ingredientes para 8 peças:

95 g de shari
1/2 folha de alga nori
1 colher (sopa) de ovas de peixe-voador (tobiko)
1 colher (sopa) de ovas de salmão (ikura)
Cebolinha verde picada

Para o recheio:
100 g de carne de caranguejo refogada
2 filetes de abacate
1 colher (sobremesa) de maionese
Wasabi

Prepare o ura-maki. Cubra as peças com as ovas de salmão e a cebolinha verde picada.

スシマン

トマト

特別巻き

MAKIS ESPECIAIS

MAKIS ESPECIAIS

Receitas com passo a passo

KEMUSHI URA-MAKI

California coberto com avocado

Ingredientes para 7 peças:

1 califórnia ura-maki (pág. 184)
1/2 avocado maduro
1 colher (sopa) de ovas de capelin (masago)
Molho tare

Para o tezu:
4 colheres (sopa) de vinagre de arroz, 200 mL de água e 1 pitada de sal.

Preparo:

Coloque, à sua direita, uma tina com tezu para umedecer as mãos e evitar que o arroz grude durante a modelagem.
À sua esquerda, coloque uma travessa com os demais ingredientes.
Com um filete de cenoura, prepare os dois olhos e as antenas da lagarta.

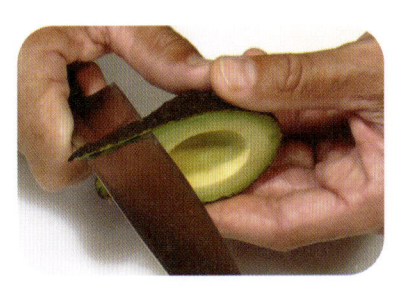

Etapa 1 - Corte o avocado em duas metades e retire o caroço.
Etapa 2 - Descasque-o e coloque sobre a bancada.

Etapa 3 - Fatie o avocado o mais fino possível.
Etapa 4 - Com a ponta da faca, retire-o, já fatiado, de cima da bancada e coloque na mão esquerda.

Etapa 5 - Pressione-o suavemente, até que possa ser encaixado no rolinho.
Etapa 6 - Coloque-o sobre o rolinho califórnia, moldando-o em toda a sua extensão.

Etapa 7 - Pressione também as laterais cuidadosamente, para não quebrar as fatias de avocado.
Etapa 8 - Envolva o rolinho com filme (pvc).

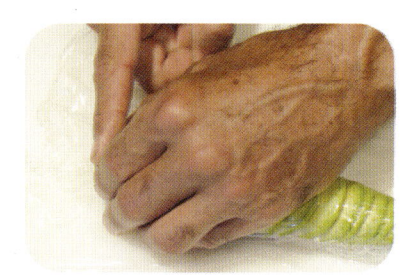

Etapa 9 - Com os dedos, acerte as laterais e as pontas do maki.
Etapa 10 - Cubra o rolinho com o sudare.

Etapa 11 - Novamente pressione o rolinho com o auxílio do sudare, para que o avocado se fixe nele.
Etapa 12 - Retire o sudare e, antes de iniciar o corte, molhe a ponta da faca na solução de tezu e bata com a ponta do cabo na tábua de corte, para espalhar o líquido pela superfície da lâmina.
Etapa 13 - Inicie o corte pela parte que será utilizada como cabeça da lagarta.

Etapa 14 - Depois de cortar as peças, retire o filme (pvc).
Etapa 15 - Espalhe um pouco de molho tare no prato onde será montado o kemushi.
Etapa 16 - Disponha as peças lado a lado, dando-lhes o formato de uma lagarta.

Etapa 17 - Faça dois orifícios na "cabeça da lagarta" e coloque as antenas.

Etapa 18 - Afixe os olhos logo à frente das antenas.
Etapa 19 - Coloque uma colher de ovas de capelin sobre cada peça do rolinho.

Etapa 20 - Complete a decoração acrescentando molho tare.

DORAGON URA-MAKI

Califórnia e enguia grelhada

Ingredientes para 6 peças:

1 califórnia ura-maki
Molho de unagi
1 folha de shiso
1 folha de bambu
Sementes brancas de gergelim
Cenoura

Para a cobertura:
250 g de enguia (unagi) cozida e vitrificada

Preparo:

Coloque, à sua direita, uma tina com tezu para umedecer as mãos e evitar que o arroz grude durante a modelagem. À sua esquerda, coloque uma travessa com os demais ingredientes.
Com um filete de cenoura, prepare "os dois olhos e as antenas do dragão".

Etapa 1 - Retire a pele da unagi e corte-a em filetes.

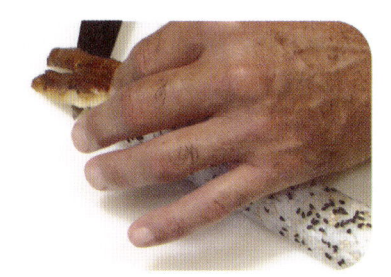

Etapa 2 - Monte os filetes de unagi sobre o rolinho, de forma que pareça ser um filete só.
Etapa 3 - Coloque o primeiro filete com um formato mais retangular, para que sirva como a "cabeça do dragão". Acrescente os demais em toda a extensão do rolinho, finalizando com um filete que tenha o aspecto de cauda.

Etapa 4 - Envolva o "dragão" com filme (pvc) e, em seguida, coloque o sudare.
Etapa 5 - Remodele-o, pressionando as laterais.
Etapa 6 - Antes de iniciar o corte, molhe a ponta da faca na solução de tezu e bata com o cabo na tábua de corte para espalhar o líquido pela superfície da lâmina.

Etapa 7 - Sem retirar o filme, corte o corpo em partes iguais. As partes que representam a cabeça e a cauda devem ficar um pouco maiores que as outras.

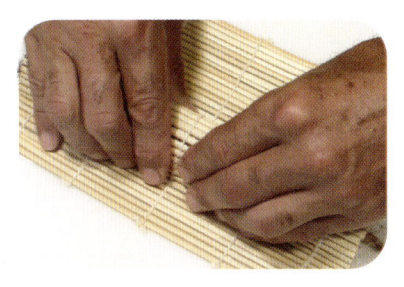

Etapa 8 - Depois de fazer os cortes, envolva a peça novamente com o filme e remodele com o auxílio do sudare.
Etapa 9 - Retire o filme.

Etapa 10 - Em uma travessa, coloque uma folha de bambu e monte as partes, formando um meio círculo.
Etapa 11 - Coloque uma folha de shiso entre a cabeça e a primeira parte do corpo do dragão.

Etapa 12 - Faça pequenos orifícios na cabeça para afixar os olhos e as antenas.
Etapa 13 - Insira as antenas nos orifícios correspondentes.

Etapa 14 - Coloque os "olhos do dragão". Se necessário, utilize um palito para ajustar.
Etapa 15 - Espalhe um pouco de molho de unagi na travessa e sobre o "dragão".

Etapa 16 – Finalize colocando ovas de peixe sobre o dorso do dragão.

EBI NO TEMPURA URA-MAKI

Tempura de camarão

Ingredientes para 8 peças:

95 g de shari
1/2 folha de alga nori

Para o recheio:
3 camarões empanados
1 colher (sopa) de queijo filadélfia
1/4 de avocado (em tiras)
Para a cobertura:
Flocos de creme de tempura fritos
Molho tare
Molho agridoce

Preparo:

Coloque, à sua direita, uma tina com shari e uma tina com tezu, para umedecer as mãos e evitar que o arroz grude durante a modelagem. À sua esquerda, coloque uma travessa com os demais ingredientes.
Embrulhe a esteira de bambu (sudare) com um pedaço de filme transparente; dessa maneira, evitaremos restos de arroz grudados ao sudare.

Etapa 1 - Divida, longitudinalmente, uma folha de alga nori em duas partes iguais.
Etapa 2 - Molhe os dedos na solução de tezu e faça um bolinho de shari com aproximadamente 95 gramas.

Etapa 3 - Coloque o bolinho de shari sobre a nori e espalhe uniformemente em toda a extensão da alga.
Etapa 4 - Vire a nori com o shari e coloque sobre o sudare.

Etapa 5 - Coloque os camarões empanados a 1 cm da borda inferior.

Etapa 6 – Espalhe um pouco de queijo filadélfia na lateral dos camarões.
Etapa 7 – Coloque as tiras de avocado sobre o queijo.
Etapa 8 – Despeje um fio de molho tare sobre o recheio.

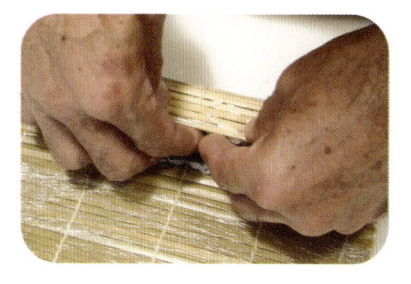

Etapa 9 – Coloque as folhas de shiso cobrindo os ingredientes do recheio.
Etapa 10 – Levante a borda do sudare e comece a enrolar a partir do lado que estiver mais próximo a você.
Etapa 11 – Pressione os ingredientes com os dedos.

Etapa 12 – Enrole com firmeza até o final.
Etapa 13 – Com a mão esquerda, puxe a borda do sudare de forma que o rolinho gire dentro dele, enrolando, assim, toda a nori. Em seguida, desenrole o sudare.

Etapa 14 – Abra o filme (pvc) sobre a bancada.
Etapa 15 – Espalhe uma camada de flocos de massa de tempura sobre o filme.

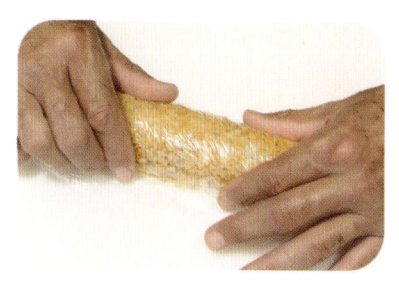

Etapa 16 – Coloque o rolinho sobre os flocos.
Etapa 17 – Espalhe uma camada de flocos sobre o rolinho.
Etapa 18 – Envolva o rolinho com o filme.

Etapa 19 - Cubra o rolinho com o sudare, pressionando-o suavemente.
Etapa 20 - Retire o sudare.

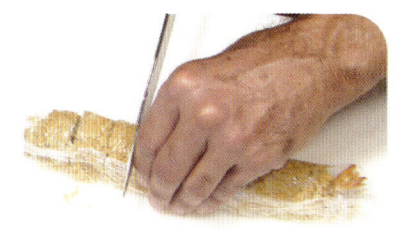

Etapa 21 - Antes de iniciar o corte, molhe a ponta da faca na solução de tezu e bata com o cabo na tábua de corte para espalhar o líquido pela superfície da lâmina.
Etapa 22 - Corte o rolinho em duas metades. Cada corte deve ser feito com a ponta da faca e com apenas um movimento.

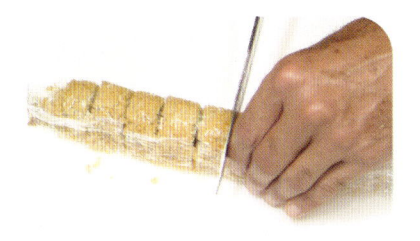

Etapa 23 - Molhe novamente a faca no tezu e passe no pano umedecido com a mesma solução.
Etapa 24 - Corte o rolinho em 8 peças iguais, utilizando sempre a ponta da faca e molhando-a a cada corte.
Etapa 25 - Depois de cortada, remodele a peça com o sudare e retire o filme.

Etapa 26 - Monte o prato e decore com as folhas de shiso.

Etapa 27 - Cubra cada peça com um pouco molho tare.
Etapa 28 - Complete a decoração com gotas de molho agridoce.

NIJI URA-MAKI

Salmão, atum, avocado e camarão

Ingredientes para 8 peças:

1 califórnia ura-maki
2 filetes de atum
2 filetes de salmão
1 camarão preparado para sushi
1/16 de avocado
Gergelim
Wasabi

Coloque, à sua direita, uma tina com o shari e outra com o tezu, para umedecer as mãos e evitar que o arroz grude durante a modelagem. À sua esquerda, coloque uma travessa com o califórnia ura-maki pronto e os demais ingredientes.

Etapa 1 - Passe um pouco de wasabi no camarão e coloque-o sobre o ura-maki, bem no centro.
Etapa 2 – Ao lado do camarão, coloque as duas fatias do avocado, uma de cada lado.

Etapa 3 - Passe um pouco de wasabi no atum e coloque 1 filete de cada lado do avocado.

Etapa 4 - Agora, passe um pouco de wasabi nos filetes de salmão e coloque-os ao lado dos filetes de atum.
Etapa 5 – Envolva o rolinho com filme e modele-o, pressionando as laterais.

Etapa 6 - Cubra o rolinho com o sudare e pressione levemente para modelá-lo.
Etapa 7 - Retire o sudare.

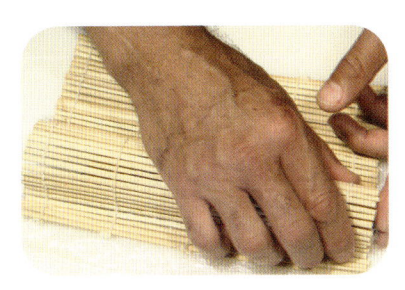

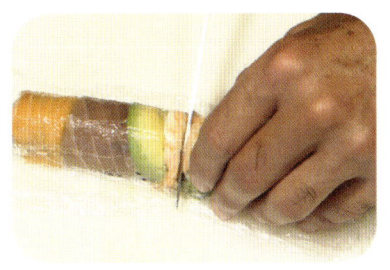

Etapa 8 - Pressione as pontas.
Etapa 9 – Antes de iniciar o corte, molhe a ponta da faca na solução de tezu e bata o cabo na tábua de corte para espalhar o líquido pela superfície da lâmina.
Etapa 10 - Corte o rolinho em duas metades. Cada corte deve ser feito com a ponta da faca e com apenas um movimento.

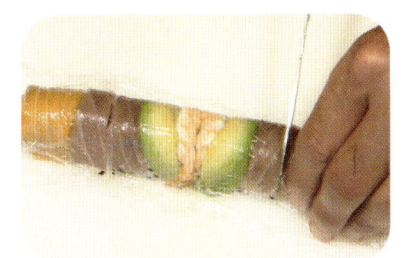

Etapa 11 - Molhe novamente a faca no tezu e passe no pano umedecido com a mesma solução.
Etapa 12 - Corte o rolinho em 8 peças iguais, utilizando sempre a ponta da faca e molhando-a a cada corte.

Etapa 13 - Depois de cortada, remodele a peça com o sudare e retire o filme.

Etapa 14 - Passe a ponta da faca por baixo do rolinho.
Etapa 15 - Monte o prato e decore com um ramo de salsa crespa e uma "folha" de wasabi.

KYURI MAKI-ZUSHI

Pepino, atum, salmão e kani

Ingredientes para 4 peças:

1 pedaço de pepino de 8 cm
1 ramo de salsa crespa

Para o recheio:
30 g de filé de salmão em tiras
30 g de filé de atum em tiras
25 g de shari
1 palito de kani
1 filete de avocado
2 folhas de shiso
Wasabi

Preparo:

Coloque, à sua direita, uma tina com shari e uma tina com tezu, para umedecer as mãos e evitar que o arroz grude durante a modelagem. À sua esquerda, coloque uma travessa com os demais ingredientes. Corte um pedaço de pepino com aproximadamente 8 cm de comprimento.
Para retirar uma casquinha fina do pepino, utilizaremos a técnica chamada katsura-muki (pág. 328).

Etapa 1 - Insira a faca no pepino, fazendo um ângulo de 45 graus. Em movimento giratório, retire uma faixa de aproximadamente 25 cm de comprimento e com a menor espessura possível.

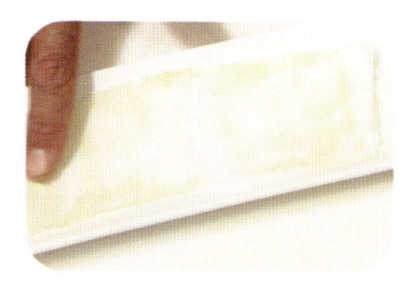

Etapa 2 - Se desejar, desidrate a faixa de pepino, deixando-a submersa em sal por 20 minutos. Depois retire, lave bem e seque.

Etapa 3 - Estenda a faixa de pepino sobre a bancada. Em seguida, coloque em uma das pontas uma folha de shiso e, sobre ela, o bastonete de kani. Acrescente também uma pequena quantidade de shari.

Etapa 4 - Coloque o avocado ao lado do shari.
Etapa 5 - Acrescente o filete de salmão e, em seguida, o de atum.

Etapa 6 - Passe um pouco de wasabi nos filetes de peixe.
Etapa 7 - Comece a enrolar, iniciando do lado que está mais próximo a você.
Etapa 8 - Pressione os ingredientes com os dedos.

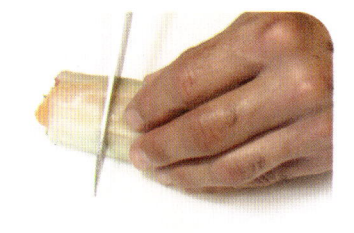

Etapa 9 - Molde bem o rolinho.
Etapa 10 - Antes de iniciar o corte, molhe a ponta da faca na solução de tezu e bata com o cabo na tábua de corte para espalhar o líquido pela superfície da lâmina.
Etapa 11 - Corte o rolinho em duas metades. Cada corte deve ser feito com a ponta da faca e com apenas um movimento.

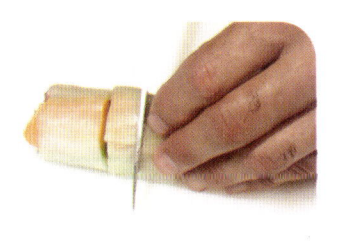

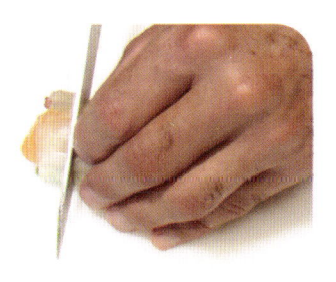

Etapa 12 - Corte o rolinho em quatro peças de igual espessura.
Etapa 13 - Monte o prato e finalize com um raminho de salsa crespa e uma "folha" de wasabi.

DAIKON MAKI-ZUSHI

Nabo, atum, salmão e cream cheese

Ingredientes para 4 peças:

1 faixa de nabo cozido (6 cm x 20 cm) cortado no estilo katsura-muki (pág. 328)
1 filete de salmão
1 filete de atum
1 palito de kani
1 colher (sopa) de cream cheese
Cebolinha verde picada
Wasabi

Corte o nabo no estilo katsura-muki. Ferva-o por alguns minutos e, em seguida, coloque em um recipiente com água fria.
Utilize as mesmas técnicas do kyuri maki-zushi para o preparo dessa receita.

NINJIN MAKI-ZUSHI

Cenoura, atum, salmão e kani

Ingredientes para 4 peças:

1 fita de cenoura escaldada (6 cm x 20 cm)
1 filete de salmão
1 filete de atum
1 palitos de kani
1 colher (sopa) de cream cheese
1 folha de espinafre escaldada
Wasabi

Corte a cenoura no estilo katsura-muki. Ferva-a por alguns minutos e, em seguida, coloque em um recipiente com água fria.
Utilize as mesmas técnicas do kyuri maki-zushi para o preparo dessa receita.

MAGURO HORENSO URA-MAKI

Atum picante e espinafre

Ingredientes para 8 peças:

95 g de shari
1/2 folha de alga nori

Para o recheio:
70 g de atum
2 filetes de avocado
1 pitada de pimenta togarashi

Para a cobertura:
8 folhas de espinafre

Preparo:

Escalde as folhas de espinafre, retire e deixe escorrer.
Pique o atum, acrescente uma pitada de togarashi e misture.
Coloque, à sua direita, uma tina com shari e uma tina com tezu, para umedecer as mãos e evitar que o arroz grude durante a manipulação. À sua esquerda, coloque uma travessa com os demais ingredientes.

Etapa 1 – Divida uma folha de alga em duas partes iguais (10,50 cm x 19 cm).

Etapa 2 - Molhe os dedos na solução de tezu e faça um bolinho de shari com aproximadamente 95 gramas. Coloque o bolinho sobre a nori e espalhe.

Etapa 3 - Espalhe o shari até o limite das bordas.

Etapa 4 - Complete uniformemente a camada de shari para que fique com cerca de 6 mm de espessura em toda a sua extensão.

Etapa 5 - Vire a nori com o shari e coloque sobre o sudare.
Etapa 6 - Espalhe uma camada de atum temperado a 1 cm da borda inferior.

Etapa 7 - Coloque os filetes de avocado sobre o atum.
Etapa 8 - Comece a enrolar, levantando a borda do sudare pelo lado mais próximo a você.
Etapa 9 - Pressione os ingredientes com os dedos e enrole com firmeza até o final.

Etapa 10 - Puxe a borda do sudare de forma que o rolinho gire dentro dele, enrolando, assim, toda a nori. Em seguida, desenrole o sudare.
Etapa 11 - Enrole o maki novamente e pressione-o para obter uma forma bem cilíndrica.

Etapa 12 - Pressione as laterais para acertar as bordas e impedir que o shari caia. Retire o maki de dentro do sudare.

Etapa 13 - Cubra toda a extensão do maki com as folhas de espinafre.

Etapa 14 - Envolva-o com filme (pvc).
Etapa 15 - Cubra o rolinho com o sudare.

Etapa 16 – Remodele-o, pressionando as pontas e as laterais. Retire o rolinho do sudare.

Etapa 17 – Antes de iniciar o corte, molhe a ponta da faca na solução de tezu e bata com o cabo na tábua de corte para espalhar o líquido pela superfície da lâmina.
Etapa 18 - Corte o rolinho em duas metades. Cada corte deve ser feito com a ponta da faca e com apenas um movimento.

Etapa 19 - Molhe novamente a faca na solução de tezu e passe no pano umedecido com a mesma solução.
Etapa 20 - Corte o rolinho em 8 peças iguais, utilizando sempre a ponta da faca e molhando-a a cada corte.

Etapa 21 - Depois de cortado, remodele a peça com o sudare.
Etapa 22 - Retire o sudare e o filme.

Etapa 23 - Passe a ponta da faca por baixo do rolinho.
Etapa 24 - Monte as peças no prato a ser servido.

特別巻き

スシマン

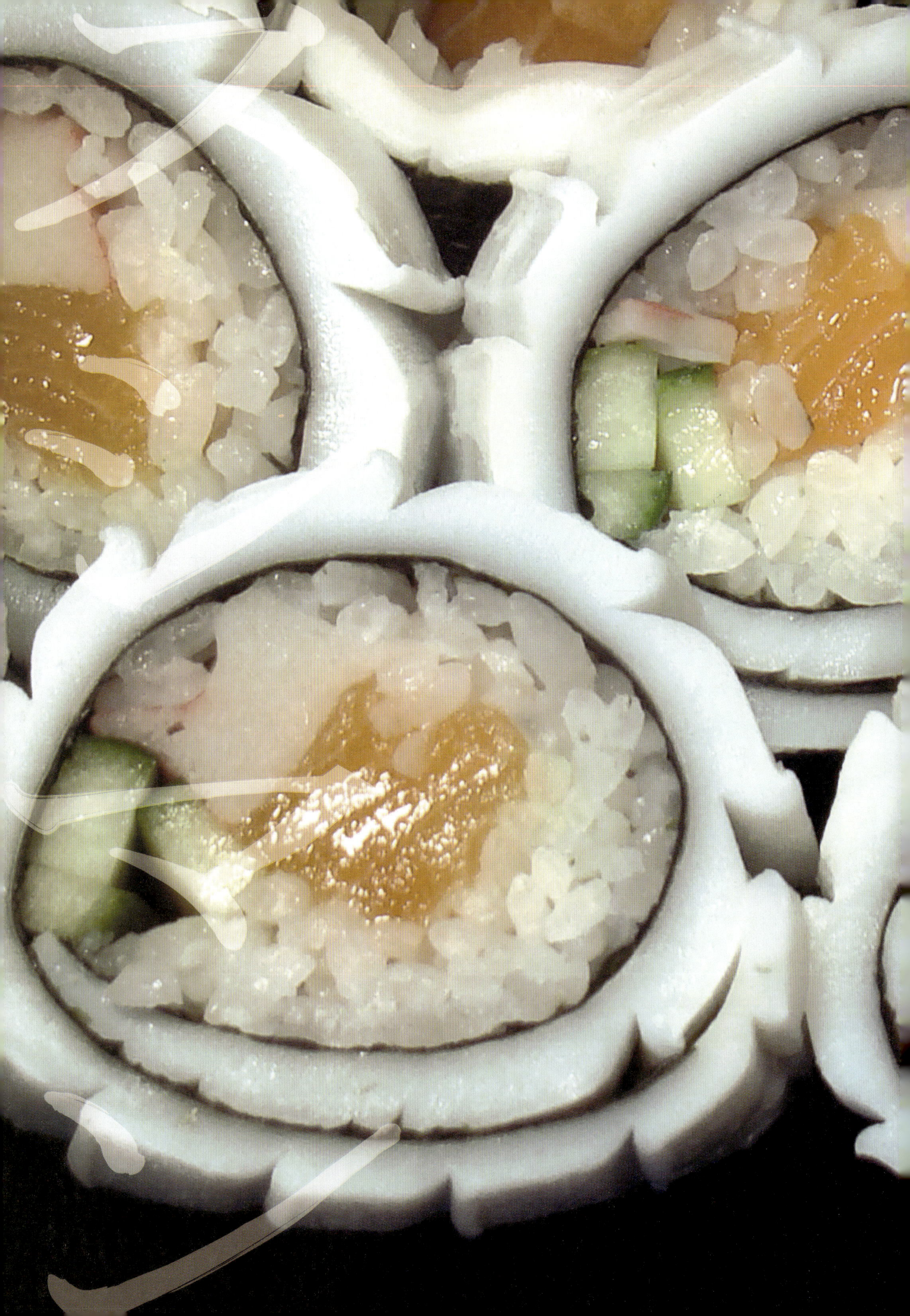

いか巻き寿司

IKA MAKI-ZUSHI

IKA MAKI-ZUSHI

Especiais de lula

IKA NO SUGATA-ZUSHI

Lula recheada com shari e tentáculos

Ingredientes para 14 peças:

2 lulas (ika) de tamanho médio, limpas e cozidas, já preparadas para sushi, com os tentáculos e barbatanas laterais (pág. 85)

Para o recheio:
120 g de shari
1 colher (sobremesa) de semente de gergelim torrada
1/4 pepino descascado e finamente fatiado

Caldo para o cozimento dos tentáculos e barbatana:
1 colher (sopa) de mirin
1 colher (sopa) de molho de soja
1 colher (chá) de açúcar
1/2 xícara de água com 1 colher de café de hondashi

Para o tezu:
4 colheres (sopa) de vinagre de arroz, 200 mL de água e 1 pitada de sal.

Preparo:

Coloque, à sua direita, uma tina com o shari e uma tina com o tezu, para umedecer as mãos e evitar que o arroz grude durante a modelagem. À sua esquerda, coloque uma travessa com as lulas preparadas e os demais ingredientes.
Corte os tentáculos e as barbatanas laterais em pequenos pedaços e cozinhe durante 10 minutos no caldo descrito anteriormente. Deixe esfriar.
Misture as fatias de pepino em 1 colher (sopa) de sal. Deixe-as desidratar até que fiquem bem moles. Em seguida, enxágue e escoe.

Etapa 1 - Misture as fatias de pepino, as sementes de gergelim, o shari e os pedaços pequenos de lula.

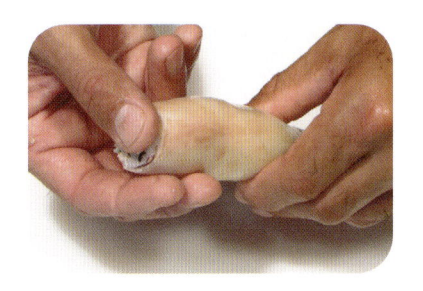

Etapa 2 - Molhe as mãos na solução de tezu.
Etapa 3 - Passe um pouco de wasabi no interior do corpo da lula.
Etapa 4 - Encha os quatro corpos de lula com a mistura de shari.

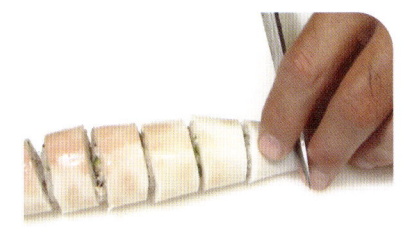

Etapa 5 – Antes de iniciar o corte, molhe a ponta da faca na solução de tezu e bata com o cabo na tábua de corte para espalhar o líquido pela superfície da lâmina. Fatie em pequenos pedaços, para que possam ser diretamente degustados.
Etapa 6 - Monte o prato e acrescente os tentáculos cozidos.
Sirva com wasabi e molho shoga-joyu (pág.55).

KANSATSUGAN MAKI-ZUSHI

Lula recheada com salmão e camarão

Ingredientes para 8 peças:

1 lula cozida (20 cm de comprimento)
1/2 folha de alga nori

Para o recheio:
100 g de filé de salmão defumado
3 camarões preparados para sushi
Wasabi

Preparo:

Utilize somente a superfície posterior (corpo) da lula previamente preparada para sushi. Passe um pouco de wasabi e unte com azeite de oliva o interior do corpo da lula.

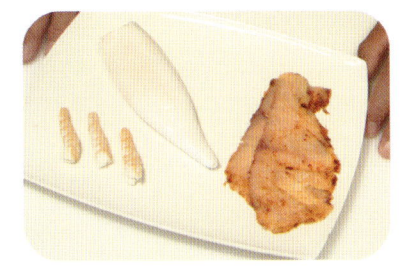

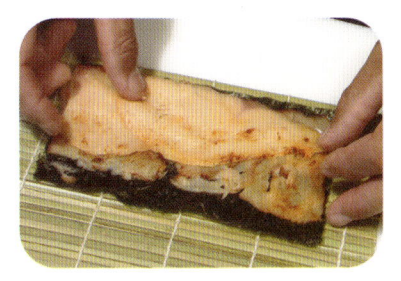

Etapa 1 - Espalhe metade do filé de salmão sobre a folha de nori, de forma que um lado fique mais recheado que o outro.

Etapa 2 - Coloque os camarões sobre o salmão a 1,5 cm da borda inferior.
Etapa 3 - Levante a borda do sudare e comece a enrolar a partir do lado mais próximo a você. O rolinho ficará com uma ligeira aparência de cone.
Etapa 4 - Pressione os ingredientes com os dedos e enrole com firmeza até o final.

Etapa 5 - Com a mão esquerda, puxe a borda do sudare de forma que o rolinho gire dentro dele, enrolando, assim, toda a nori. Em seguida, retire o sudare.
Etapa 6 - Com uma faca, retire a ponta da lula – em torno de 1 cm na extremidade mais fina do corpo.

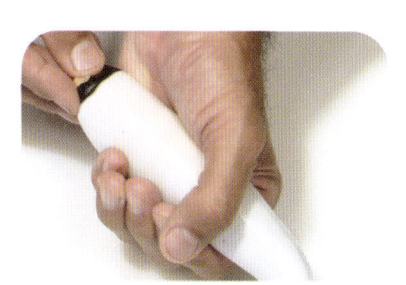

Etapa 7 - Introduza o rolinho recheado na lula.
Etapa 8 - Passe a chama do maçarico sobre a peça por alguns segundos, ou coloque-a sobre uma grelha, para que a lula encolha e se ajuste ao recheio.

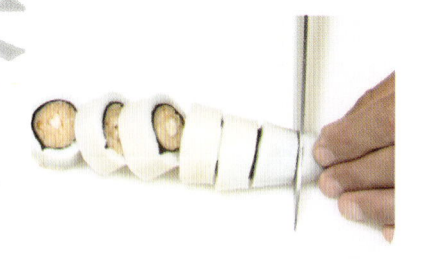

Etapa 9 - Antes de iniciar o corte, molhe a ponta da faca na solução de tezu e bata com o cabo na tábua de corte para espalhar o líquido pela superfície da lâmina.
Etapa 10 - Fatie em pedaços de aproximadamente 1,5 cm de espessura.
Etapa 11 - Monte o prato e guarneça com nabo ralado e folhas de wasabi.
Sirva com wasabi e molho shoga-joyu (pág. 55).

MATSUKASA MAKI-ZUSHI

Shari com peixe branco coberto com lula

Ingredientes para 6 peças:

1 corpo de lula crua
100 g de shari
1/2 folha de alga nori
20 cm de kampyo temperado
1 shiitake temperado e cortado em tiras
1 vagem cozida em água salgada
1 colher (sopa) de filé de peixe branco picado

Preparo:

Utilize somente a superfície posterior (corpo) da lula, previamente tratada.

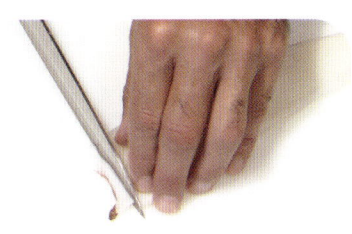

Etapa 1 - Com uma faca, apare o colar na parte superior do corpo da lula.
Etapa 2 - Abra-a, longitudinalmente, e coloque-a sobre a tábua de corte com a parte interna virada para cima.

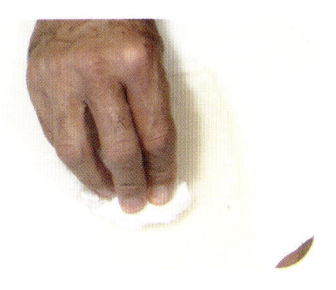

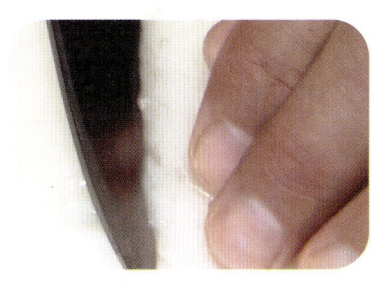

Etapa 3 - Para retirar as impurezas, limpe-a com papel-toalha.
Etapa 4 - Segure a faca com a inclinação de aproximadamente 15º em relação à superfície.

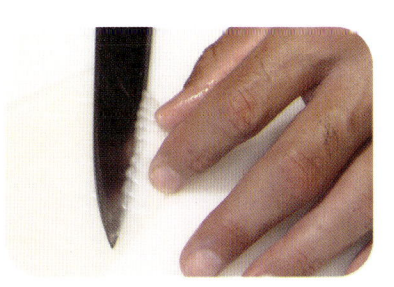

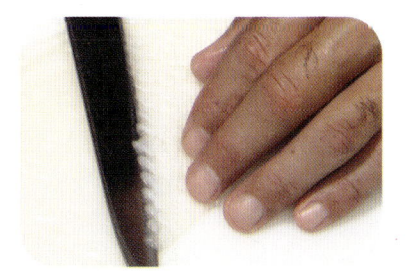

Etapa 5 - Faça cortes rasos diagonais (aproximadamente 5 mm) em toda a extensão da peça, tornando-a quadriculada.

Etapa 6 - Tempere com sal e limão. Cozinhe por 1 minuto e, em seguida, coloque em um recipiente com água gelada.
Etapa 7 - Retire da água e ponha novamente sobre a tábua, com o lado cortado para baixo. Seque bem.

Etapa 8 - Estenda a folha de nori sobre a carne da lula, ajustando bem.
Etapa 9 - Espalhe o shari sobre a nori.
Etapa 10 - Com os dedos, faça um sulco longitudinal raso no centro do shari e coloque o kampyo.

Etapa 11 - Espalhe o peixe picado sobre kampyo.
Etapa 12 - Em seguida, acrescente a vagem e o shiitake.

Etapa 13 - Levante a borda do sudare e comece a enrolar a partir do lado que está mais próximo a você.
Etapa 14 - Pressione os ingredientes com os dedos e enrole com firmeza até o final.

Etapa 15 - Corte as peças com aproximadamente 1 cm de espessura. Guarneça com wasabi, gengibre em conserva e molho shoyu.

いか巻き寿司

IKA SAKE MAKI-ZUSHI

Especial coberto com lula

Ingredientes para 6 peças:

1 corpo de lula crua
1/2 folha de alga nori

Para o recheio:
50 g de filé de salmão em tiras
1 bastonete de kani
2 tiras finas de pepino
Wasabi

Preparo:

Utilize somente a superfície posterior (corpo) da lula previamente tratado.

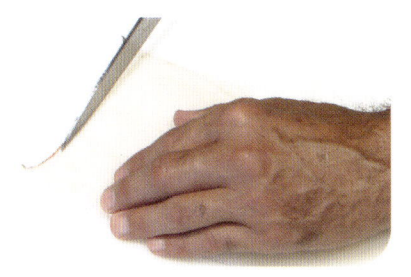

Etapa 1 - Com uma faca, apare o colar na parte superior do corpo da lula.
Etapa 2 - Abra-a, longitudinalmente, e coloque sobre a tábua de corte com a parte interna virada para cima.

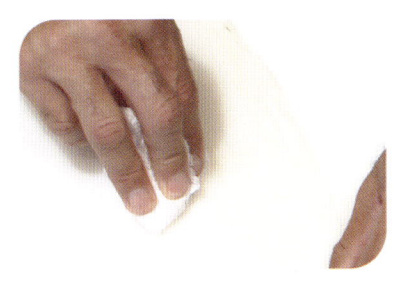

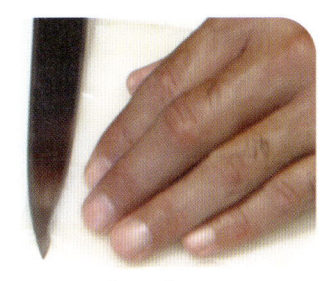

Etapa 3 - Para retirar as impurezas, limpe-a com papel-toalha.
Etapa 4 - Segure a faca com a inclinação de aproximadamente 15º em relação à superfície.
Etapa 5 - Faça cortes rasos diagonais (aproximadamente 5 mm) em toda a extensão da peça, formando um listrado.
Etapa 6 - Tempere com sal e limão. Cozinhe por 1 minuto e, em seguida, coloque em um recipiente com água gelada.
Etapa 7 - Retire da água, ponha sobre a tábua e seque bem.

Etapa 8 - Coloque novamente na tábua a carne da lula com o lado cortado para baixo,
Etapa 9 - Estenda a folha de nori sobre a carne da lula, ajustando bem.

Etapa 10 – Espalhe o shari sobre a nori.
Etapa 11 – Com os dedos, faça um sulco longitudinal raso no centro do shari, passe um pouco de wasabi e coloque o salmão.

Etapa 12 – Sobreponha as tiras de pepino e os bastonetes de kani cortados no meio (na longitudinal).
Etapa 13 – Levante a borda do sudare e comece a enrolar a partir do lado que está mais próximo a você.

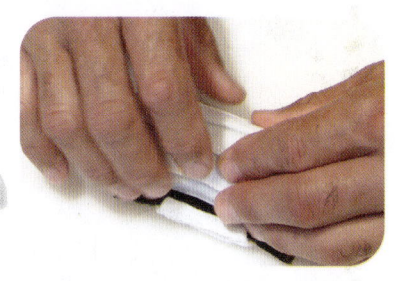

Etapa 14 – Pressione os ingredientes com os dedos e enrole com firmeza até o final.
Etapa 15 – Corte as peças com aproximadamente 1cm de espessura.

Etapa 16 – Guarneça com raminhos de salsa crespa, wasabi, gengibre em conserva e molho shoyu.

スシマン

スシ

手巻き

TE MAKI-ZUSHI

TE MAKI-ZUSHI

Confecção – passos básicos

Sushi enrolado em forma de cone ou cilindro, recheado com shari e ingredientes variados.

EBI TOBIKO TE-MAKI

Camarão e ovas de peixe-voador

Ingredientes para 1 peça:

1 folha de alga nori
1 folha de shiso
35 g de shari
2 tiras de abobrinha verde
1 camarão preparado para sushi
1 colher (chá) de suco de limão
1 colher (sobremesa) de ovas de peixe-voador
2 fatias finas de abacate, temperadas com limão
Wasabi

Para o tezu:
4 colheres (sopa) de vinagre de arroz, 200 mL de água e 1 pitada de sal.

Preparo:

Coloque, à sua direita, uma tina com shari e uma tina com tezu para umedecer as mãos e evitar que o arroz grude durante a modelagem. À sua esquerda, coloque uma travessa com os demais ingredientes.

Forma cônica:

Etapa 1 - Corte a alga nori ao meio e reserve a outra metade.

Etapa 2 - Segure a alga com a mão esquerda, coloque uma folha de shiso e pressione-a com o polegar.
Etapa 3 - Molhe os dedos na solução de tezu e faça um bolinho de shari com aproximadamente 35 gramas. Coloque o bolinho sobre o shiso e amasse.

Etapa 4 - Passe um pouco de wasabi no shari.
Etapa 5 - Sobre ele, coloque as tiras de abobrinha de forma que as pontas avancem ligeiramente para fora da borda superior.
Etapa 6 - Acrescente as fatias de avocado sobre a abobrinha.

Etapa 7 - Por último, coloque o camarão.
Etapa 8 - Com o polegar da mão esquerda vire a ponta da alga e segure.

Etapa 9 - Enrole com o auxílio da mão direita.
Etapa 10 - Esmague um grão de arroz sobre a ponta da nori e feche o te-maki.

Etapa 11 - Finalize acrescentando uma colher de ovas de peixe-voador.

SAKE TE-MAKI

Salmão e avocado

Ingredientes para 1 peça:

1 folha de alga nori
35 g de shari
1 filete de filé de salmão
1 fatia fina de avocado temperada com limão
Wasabi

Para o tezu:
4 colheres (sopa) de vinagre de arroz, 200 mL de água e 1 pitada de sal.

Preparo:

Coloque, à sua direita, uma tina com shari e uma com tezu, para umedecer as mãos e evitar que o arroz grude durante a modelagem. À sua esquerda, coloque uma travessa com os demais ingredientes

Forma cilíndrica:

Etapa 1 - Corte a alga nori ao meio e reserve uma metade.
Etapa 2 - Da outra metade, retire uma faixa com 2,5 cm de largura (longitudinalmente).
Etapa 3 - Esmague um grão de arroz próximo à borda da alga e prenda-a na parte inferior esquerda da nori reservada.
Etapa 4 - Segure a alga nori com a mão esquerda.
Etapa 5 - Molhe os dedos na solução de tezu e faça um bolinho de shari com aproximadamente 35 gramas.
Etapa 6 - Coloque o bolinho sobre a alga nori e espalhe em cerca de 1/3 de sua superfície.

Etapa 7 - Passe um pouco de wasabi sobre o shari.
Etapa 8 - Coloque o filete de salmão.
Etapa 9 - Acrescente a fatia de avocado.

Etapa 10 - Com o polegar da mão esquerda, vire a ponta da alga.
Etapa 11 - Enrole com o auxílio da mão direita.

Etapa 12 - Esmague um grão de arroz sobre a ponta da faixa de nori e feche o te-maki.

Obs.: Siga os passos básicos para a confecção das receitas a seguir.

TE MAKI-ZUSHI

Receitas / Ingredientes

TORO TE-MAKI

Atum gordo e pepino

Ingredientes para 1 te-maki:

1/2 folha de alga nori
35 g de shari
Tiras de pepino em leque
30 g de atum gordo (toro) em cubinhos
Wasabi

Confeccione o te-maki de acordo com a ilustração e os passos anteriores.

NEGI TORO TE-MAKI

Atum gordo temperado

Ingredientes para 1 te-maki:

1/2 folha de alga nori
35 g de shari
Tiras finas de pepino japonês
30 g de filé de atum
1 pitada de aji-no-moto (glutamato monossódico)
1 pitada de gengibre ralado
Wasabi a gosto
1 colher (chá) de cebolinha verde picada

Corte o atum em cubinhos (1 cm x 1 cm) e tempere com aji-no-moto, gengibre ralado e wasabi. Confeccione o te-maki e acrescente a cebolinha verde picada.

SAKE KAWA TE-MAKI

Pele de salmão tostada

Ingredientes para 1 te-maki:

1/2 folha de alga nori
35 g de shari
Tiras finas de pepino japonês
35 g de salmão com pele (skin)
1 colher (chá) de molho tare
1 colher (chá) de molho shoyu
1/2 colher (chá) de óleo de gergelim torrado

Tempere o filé de salmão com molho shoyu e óleo de gergelim. Frite em uma frigideira antiaderente e deixe escorrer em papel-toalha. Corte-o em tiras. Confeccione o te-maki e acrescente gotas de molho tare.

ASUPARA TE-MAKI

Aspargos e abacate

Ingredientes para 1 te-maki:

1/2 folha de alga nori
35 g de shari
2 aspargos verdes cozidos (al dente)
2 fatias de abobrinha verde cozidas
2 fatias de abacate cortadas em tiras finas e temperadas com limão

Creme:
1 colher (sobremesa) de abacate amassado
2 colheres (de chá) de maionese
1 colher (de chá) de molho shoyu
Wasabi

Misture os ingredientes do creme e coloque sobre o te-maki pronto.

AHIRU TE-MAKI

Peito de pato e champignon

Ingredientes para 1 te-maki:

1/2 folha de alga nori
35 g de shari
40 g de peito de pato sem pele em tiras
1 colher (sobremesa) de molho teriyaki ou tare
2 champignons cortados em disco
1/2 colher (café) de óleo de gergelim
1 folha de acelga escaldada e cortada em tiras
1 colher (chá) de semente de gergelim

Tempere o peito de pato com shoyu, óleo de gergelim e molho tare.
Frite-o em uma frigideira antiaderente por 2 minutos e reserve.

Em seguida, frite os champignons na mesma panela, até reduzir.
Misture o champignon e a carne e deixe-os esfriar.
Doure as sementes de gergelim em uma panela antiaderente.
Confeccione o te-maki e adicione as sementes de gergelim.

KANI TE-MAKI

Kani kama e alface

Ingredientes para 1 te-maki:

1/2 folha de alga nori cortada ao meio
35 g de shari
1 folha pequena de alface crespa
2 tiras finas de pepino japonês
1 bastonete de kani cortado ao meio

Para o creme:
1/2 colher (sobremesa) de maionese
1/2 colher (sobremesa) de creme de leite
1 pitada de pimenta togarashi
Suco de 1/2 limão
1 colher (chá) de aji-no-moto (glutamato monossódico)
1 colher (chá) de cebolinha verde picada

Misture os ingredientes para o creme. Mantenha-o resfriado.
Confeccione o te-maki e adicione o creme.

KURIMU TE-MAKI

Creme de leite e ervas

Ingredientes para 1 te-maki:

1/2 folha de alga nori
35 g de shari
2 tiras finas de cenoura
2 raminhos de agrião ou salsinha crespa
1/2 rabanete pequeno em rodelas
1/4 de cebola pequena em tiras
20 g de creme de leite fresco
1 colher (chá) de maionese
1 pitada de pimenta do reino branca recém-moída
Wasabi
Sal a gosto

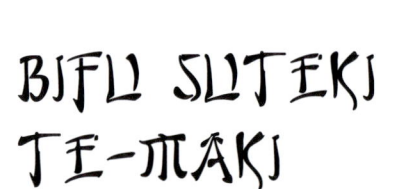

Misture o creme de leite, o wasabi e a maionese. Tempere com sal e pimenta a gosto.
Acrescente o ramo de agrião, as rodelas de rabanete e a cebola picada.
Confeccione o te-maki e adicione as tiras de cenoura e o raminho de salsa ou agrião.

BIFU SUTEKI TE-MAKI

Filé mignon

Ingredientes para 1 te-maki:

1/2 folha de alga nori
35 g de shari
1 colher (sobremesa) de azeite
1 colher (sobremesa) de cream cheese
1 pitada de pimenta do reino branca recém-moída
1 folha pequena de alface crespa
1 colher (chá) de semente de gergelim branca
100 g de filé mignon (saaroim) em tiras
1/4 cenoura pequena cortada em palitos finos
1/4 cebola roxa pequena cortada em tiras

Cozinhe a cenoura no molho shoyu (al dente) até reduzir o caldo. Retire da frigideira e deixe esfriar. Na mesma frigideira, frite o filé mignon no azeite de oliva e reserve-o. Por último, frite as cebolas (al dente).
Confeccione o te-maki e adicione as sementes de gergelim.

ANAGO MASAGO TE-MAKI

Kani, pepino, ovas e abacate

Ingredientes para 1 te-maki:

1/2 folha de alga nori
35 g de shari
30 g de enguia do mar grelhada
1 tira de abacate
2 talos de cebolinha verde
1 bastonete de kani cortado ao meio
1 colher (chá) de furikake
2 colheres (chá) de ovas de capelin (masago)
Wasabi

Confeccione o te-maki e adicione as ovas de capelin.

UNAGI ABOKADO TE-MAKI

Enguia grelhada

Ingredientes para 1 te-maki:

1/2 folha de alga nori
35 g de shari
40 g de enguia grelhada ao molho tare
3 colheres (chá) de molho teriyaki
1/4 avocado fatiado em leque e temperado com limão

Confeccione o te-maki e adicione o molho teriyaki.

NEGI SAKE TE-MAKI

Salmão temperado

Ingredientes para 1 te-maki:

1/2 folha de alga nori
35 g de shari
1 folha pequena de alface crespa
40 g de filé de salmão em cubinhos
1 colher (chá) de cebolinha verde picada
1 pitada de aji-no-moto (glutamato monossódico)
1 pitada de gengibre ralado
Wasabi

Corte o salmão em cubinhos (1 cm x 1 cm) e tempere com aji-no-moto, gengibre ralado e wasabi.
Confeccione o te-maki e adicione a cebolinha verde picada.

スシマン

HAMACHI TE-MAKI

Olhete temperado

Ingredientes para 1 te-maki:

1/2 folha de alga nori
35 g de shari
40 g de filé de olhete (hamachi)
1 pitada de aji-no-moto (glutamato monossódico)
1/2 colher (chá) de gengibre ralado
Wasabi a gosto
1 colher (chá) de cebolinha verde picada

Corte o olhete em cubinhos de 1cm x 1cm e tempere com aji-no-moto, gengibre ralado e wasabi. Confeccione o te-maki e adicione a cebolinha verde picada.

MAGURO TOGARASHI TE-MAKI

Atum picante

Ingredientes para 1 te-maki:

1/2 folha de alga nori
35 g de shari
40 g de filé de atum
1 pitada de pimenta togarashi
1/2 colher (chá) de semente de gergelim torrada
Folhas de salsinha crespa

Corte o filé de atum em cubinhos e tempere com pimenta togarashi e sementes de gergelim. Confeccione o te-maki e adicione a salsinha.

SAKE KARIKARI TE-MAKI

Salmão temperado crocante

Ingredientes para 1 te-maki:

1/2 folha de alga nori
35 g de shari
1 folha pequena de alface crespa
1 fatia de salmão defumado
1 raminho de salsa crespa ou agrião
30 g de salmão com pele
1 colher (chá) de mostarda dijon
1 colher (chá) de molho shoyu
1 colher (chá) de óleo de gergelim torrado

Tempere o filé de salmão com o molho shoyu e o óleo de gergelim. Frite em uma frigideira antiaderente e deixe escorrer em papel-toalha. Corte-o em tiras.
Confeccione o te-maki com os demais ingredientes e decore com as folhinhas de salsa.

EBI NEGI TE-MAKI

Camarão, cebolinha e alface

Ingredientes para 1 te-maki:

1/2 folha de alga nori
35 g de shari
1 folhinha de alface crespa
3 talos de cebolinha verde
3 camarões para sushi
Wasabi

EBI KYABIA TE-MAKI

Camarão, pepino e caviar

Ingredientes para 1 te-maki:

1/2 folha de alga nori
35 g de shari
Tiras de pepino japonês em leque
2 colheres (chá) de caviar (kyabia)
3 camarões para sushi
Wasabi

ABOKADO TORO TE-MAKI

Avocado e atum gordo

Ingredientes para 1 te-maki:

1/2 folha de alga nori
35 g de shari
40 g de atum gordo (toro) em tiras
6 tiras de abacate
1 folha de alface
Wasabi

IKURA TE-MAKI

Ovas salmão

Ingredientes para 1 te-maki:

1/2 folha de alga nori
35 g de shari
Pepino japonês cortado em forma de leque
1 colher (sobremesa) de ovas de salmão
Wasabi

Confeccione o te-maki e adicione as ovas no final.

SAKE IKURA TE-MAKI

Pele de salmão tostada e ovas

Ingredientes para 1 te-maki:

1/2 folha de alga nori
35 g de shari
30 g de salmão com pele
2 tiras finas de abacate
1 colher (chá) de cebolinha verde picada
2 colheres (chá) de ovas de salmão (ikura)
1 pitada de pimenta togarashi
1 colher (chá) de molho shoyu
1/2 colher (chá) de óleo de gergelim torrado

Tempere o salmão com o shoyu e o óleo de gergelim. Frite-o em uma frigideira antiaderente e deixe escorrer em papel-toalha. Corte em tiras. Confeccione o temaki e adicione a cebolinha verde picada.

SHIITAKE TE-MAKI

Cogumelos shiitake

Ingredientes para 1 te-maki:

1/2 folha de alga nori
35 g de shari
1 shiitake fresco
1/2 colher (chá) de óleo de gergelim
1 colher (chá) de azeite
2 colheres (chá) de molho shoyu
1 colher (chá) de gengibre ralado
2 tirinhas de cenoura
Wasabi

Frite rapidamente as tiras de cenoura em azeite de oliva e reserve.
Limpe e corte os shiitakes em tiras. Tempere com shoyu, óleo de gergelim e gengibre; em seguida, frite rapidamente (al dente) no restante do azeite.
Depois que os ingredientes estiverem frios, confeccione o te-maki.

SAKE IBUSU TE-MAKI

Salmão defumado e cebola roxa

Ingredientes para 1 te-maki:

1/2 folha de alga nori
35 g de shari
1 folha de alface crespa
3 champignons cortados pela metade
30 g de salmão defumado
1 fatia de cebola roxa pequena

ABOKADO TE-MAKI

Avocado, kani e pepino

Ingredientes para 1 te-maki:

1/2 folha de alga nori
35 g de shari
1 palito de kani cortado na diagonal
2 tiras de pepino
2 tiras de avocado temperados com limão
1 folha de alface crespa

CALIFÓRNIA TE-MAKI

Kani, pepino, manga e abacate

Ingredientes para 1 te-maki:

1/2 folha de alga nori
35 g de shari
1 folha pequena de alface crespa
2 tiras finas de pepino japonês
2 tiras finas de manga
2 tiras finas de abacate
1 bastonete de kani cortado na diagonal
Wasabi

EBI KYABIA TE-MAKI

Camarão com ovas

Ingredientes para 1 te-maki:

1/2 folha de alga nori
35 g de shari
3 tiras de abobrinha verde
2 camarões preparados para sushi
2 colheres (chá) de ovas de capelin (masago)
2 colheres (chá) de ovas verdes de capelin (marinadas no wasabi)

Cozinhe ligeiramente as abobrinhas (al dente), escorra e deixe esfriar. Confeccione o te-maki.

SAKE TE-MAKI

Salmão e alface

Ingredientes para 1 te-maki:

1/2 folha de alga nori
35 g de shari
1 folha pequena de alface crespa
40 g de filé de salmão (em tiras)
Wasabi

EBI YASAI TE-MAKI

Camarão com hortaliças

Ingredientes para 1 te-maki:

1/2 folha de alga nori
35 g de shari
1 folha de ervilha na vagem
10 g de nabo japonês em tiras
3 tiras de cenoura
2 camarões preparados para sushi
2 colheres (chá) de maionese
1 colher (chá) de molho shoyu
Wasabi

Cozinhe separadamente, as ervilhas, as cenouras e o nabo (tirinhas) em água salgada. Corte as ervilhas na metade. Escorra tudo e deixe esfriar. Misture a maionese com o shoyu e acrescente ao te-maki pronto.

SAKE TOJUDJO TE-MAKI

Salmão, ovas e cebolinha verde

Ingredientes para 1 te-maki:

1/2 folha de alga nori
35 g de shari
30 g de filé de salmão (sake) em cubos
1 folha pequena de alface crespa
1 colher (chá) de cebolinha verde picada
3 colheres (chá) de ovas de salmão (ikura)
Wasabi

Confeccione o temaki e adicione a cebolinha verde.

MAGURO MASAGO TE-MAKI

Atum, ovas e cebolinha verde

Ingredientes para 1 te-maki:

1/2 folha de alga nori
35 g de shari
30 g de filé de atum (maguro) em tiras
1 folha de alface crespa
1 colher (chá) de cebolinha verde picada
1 colher (chá) de semente de gergelim
1 colher (sobremesa) de ovas de capelin (masago)
Wasabi

Confeccione o te-maki e adicione o gergelim e a cebolinha verde picada.

SAKE TOGARASHI TE-MAKI

Salmão picante

Ingredientes para 1 te-maki:

1/2 folha de alga nori
35 g de shari
40 g de filé de salmão
1 folha grande de shiso
1 colher (chá) de cebolinha verde picada
1 pitada de pimenta togarashi
1 colher (chá) de semente de gergelim torrada

Corte o filé de salmão em tiras e tempere com pimenta togarashi e gergelim.
Confeccione o te-maki e adicione a cebolinha verde picada.

MAGURO TOGARASHI TE-MAKI

Atum picante

Ingredientes para 1 te-maki:

1/2 folha de alga nori
35 g de shari
120 g de filé de atum
1 rodela de limão tahiti
1 colher (chá) de cebolinha verde picada
1 colher (chá) de semente de gergelim torrada
1 pitada de pimenta togarashi

Retire a parte central do limão (parte branca) e pique em minúsculos pedaços.
Corte o atum em cubinhos (1 cm x 2 cm) e tempere com o limão picadinho, o gengibre ralado e a togarashi. Confeccione o te-maki e adicione o gergelim e a cebolinha verde picada.

KANI HAMACHI TE-MAKI

Kani, olhete e abacate

Ingredientes para 1 te-maki:

1/2 folha de alga nori
35 g de shari
1 folha pequena de alface crespa
30 g de filé de olhete (hamachi) em filetes
1 bastonete de kani em tiras
3 tiras finas de abacate temperadas com limão
1/2 colher (chá) de semente de gergelim preta
Wasabi

Confeccione o te-maki. Decore com a salsa e adicione as sementes de gergelim.

SAKE DAIKON TE-MAKI

Salmão grelhado

Ingredientes para 1 te-maki:

1/2 folha de alga nori
35 g de shari
40 g de filé de salmão grelhado e cortado em tiras
Tiras finas de nabo japonês
2 tiras finas de pepino japonês
Wasabi

Frite ligeiramente os filetes de salmão em uma frigideira antiaderente.
Deixe esfriar e confeccione o te-maki.

IKA TE-MAKI

Lula, kani, camarão e ovas

Ingredientes para 1 te-maki:

1/2 folha de alga nori
35 g de shari
20 g de anéis de lula cozida
1 camarão (preparado) para sushi
1 bastonete de kani
1 colher (de chá) de ovas de masago
1/2 colher (de chá) de cebolinha verde picada

Confeccione o te-maki e acrescente as ovas e a cebolinha.

スシマン

メニュー

手毬

TE MARI-ZUSHI

TE MARI-ZUSHI

Confecção – passos básicos

Sushi enrolado em forma de esfera, coberto com peixes, ovas, moluscos e outros.

SAKE TE-MARI

Salmão

Ingredientes para 3 peças:

3 filetes de filé de salmão
75 g de shari
3 folhas de shiso
Wasabi

Para o tezu:
4 colheres (sopa) de vinagre de arroz, 200 mL de água e 1 pitada de sal.

Preparo:

Coloque, à sua direita, uma tina com shari e uma com tezu, para umedecer as mãos e evitar que o arroz grude durante a modelagem. À sua esquerda, coloque uma travessa com os demais ingredientes.

Etapa 1 - Corte 3 filetes de salmão. Cada um deve ter aproximadamente 5 cm x 3 cm x 0,4 cm.
Etapa 2 - Coloque um dos filetes sobre um pedaço de saco plástico transparente.

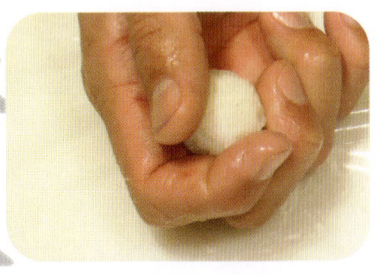

Etapa 3 - Molhe os dedos na solução de tezu e faça um bolinho de shari com aproximadamente 25 gramas.
Etapa 4 - Coloque o bolinho sobre o salmão.
Etapa 5 - Junte as quatro pontas do plástico, para fechá-lo.

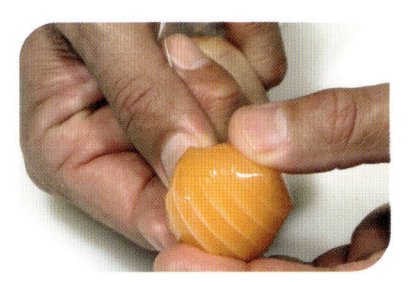

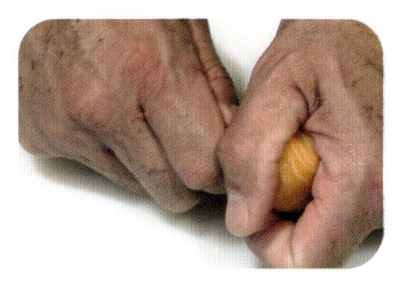

Etapa 6 - Gire as pontas, para que a cobertura se ajuste ao bolinho.
Etapa 7 - Segure a ponta do plástico com a mão direita e pressione o bolinho com a mão esquerda, para dar forma ao te-mari.
Etapa 8 - Mantenha as mãos umedecidas e molde o bolinho no formato de uma esfera.

Etapa 9 - Retire-o do plástico e coloque sobre ele uma bolinha de wasabi.
Etapa 10 - Repita a operação com as outras peças.
Etapa 11 - Coloque 3 folhas de shiso em uma travessa e, sobre as folhas, os bolinhos prontos. Sirva acompanhado de shoyu e gengibre em conserva.

Obs.: Siga os passos básicos para a confecção das receitas a seguir.

TE MARI-ZUSHI

Receitas / Ingredientes

GYOKAI TE-MARI

Camarão e ovas

Ingredientes para 3 peças:

3 camarões preparados para sushi
75 g de shari
1 colher (chá) de caviar negro (kyabia)
1 colher (chá) de ovas de capelin (masago)
1 colher (chá) de ovas de salmão (Ikura)
1 folha de alface crespa
Wasabi

Abra o camarão ao meio e coloque a metade sobre um tecido úmido. Passe um pouco de wasabi sobre ele e, no centro, coloque uma colher (chá) de ovas de capelin.

Em seguida, acrescente a bolinha de shari. Repita o procedimento com as outras peças, colocando em uma as ovas de salmão e, na outra, o caviar negro. Acomode as peças sobre uma folha de alface crespa.

UNAGI TE-MARI

Enguia de água doce

Ingredientes para 3 peças:

3 fatias de enguia de água doce (unagi) cozidas
75 g de shari
1 raminho de salsa crespa
Pimenta togarashi

Coloque uma folha de shiso em um tecido úmido e, sobre ela, uma fatia de enguia cozida. Em seguida, adicione a bolinha de shari. Repita o procedimento com as outras peças.

Polvilhe pimenta togarashi sobre cada te-mari. Monte o prato e guarneça com um raminho de salsa crespa.

I-GAI TE-MARI

Mexilhão

Ingredientes para 3 peças:

3 mexilhões grandes cozidos
75 g de shari
1 ramo de salsinha crespa finamente picada
Suco de 1/2 limão tahiti
Wasabi

Passe a base de cada te-mari pronto sobre a salsinha picada.
Monte o prato e pingue algumas gotas de suco de limão sobre as peças.

SUZUKI HAKUSAI TE-MARI

Robalo e acelga

Ingredientes para 3 peças:

3 filetes de filé de robalo (suzuki)
75 g de shari
3 tiras de acelga levemente cozidas
1 colher (chá) de cebolinha verde picada
1 raminho de salsa crespa
Wasabi

Coloque um filete de robalo sobre um tecido úmido e passe um pouco de wasabi sobre ele. Em seguida, adicione uma folha de acelga cozida e, finalmente, a bolinha de shari.
Guarneça o prato pronto com um raminho de salsa crespa.

IKURA TAI TE-MARI

Pargo e ovas de salmão

Ingredientes para 3 peças:

3 filetes de filé de pargo (tai)
75 g de shari
1 folha de acelga cozida (al dente)
1 colher (sobremesa) de ovas de salmão
Salsinha crespa picada
Wasabi

Passe a base do te-mari pronto sobre a salsinha picada.
Monte o prato e coloque as ovas de salmão sobre cada te-mari.

MAGURO KYABIA TE-MARI

Atum e caviar

Ingredientes para 3 peças:

3 filetes de filé de atum (maguro)
75 g de shari
3 colheres (chá) de caviar (kyabia)
1 raminho de salsa crespa
Wasabi

Coloque o filete de atum sobre um tecido úmido e passe um pouco de wasabi. Na lateral do filé, adicione uma colher (chá) de caviar e, em seguida, a bolinha de shari.
Monte o prato e guarneça com um raminho de salsa crespa.

SABA TE-MARI

Cavalinha marinada

Ingredientes para 3 peças:

3 filetes de filé de cavalinha marinada
75 g de shari
3 talos de cebolinha verde
1 colher (chá) de cebolinha verde picada
Gengibre ralado
Wasabi

Coloque uma pitada de cebolinha verde e gengibre ralado sobre cada te-mari.
Guarneça o prato com talos de cebolinha verde.

IKURA IKA TE-MARI

Ovas de salmão e lula

Ingredientes para 3 peças:

3 fatias de filé de lula cozida
75 g de shari
12 ovas de salmão (ikura)
3 folhas de salsa crespa
Wasabi

Coloque 1 raminho de salsa e 4 ovas de salmão sobre cada te-mari pronto.

MAGURO TE-MARI

Atum

Ingredientes para 3 peças:

3 filetes de filé de atum (maguro)
75 g de shari
1 raminho de salsa crespa
Wasabi

Dê um corte em cada filete de atum, a partir do centro. Coloque o filete sobre um tecido úmido e uma bolinha de wasabi no meio de cada corte e, em seguida, adicione a bolinha de shari.

Guarneça o prato pronto com um raminho de salsa crespa.

EBI TE-MARI

Camarão, wasabi e cebolinha

Ingredientes para 3 peças:

1 e 1/2 camarão preparado para sushi
75 g de shari
Cebolinha verde picada
1 bolinha de gengibre ralado
1 folha de alface crespa
1 bolinha de wasabi

Corte os camarões ao meio, longitudinalmente, e confeccione os te-maris.
Coloque sobre cada peça a cebolinha verde, o gengibre ralado e o wasabi.
Acomode as peças sobre uma folha de alface crespa.

スシマン

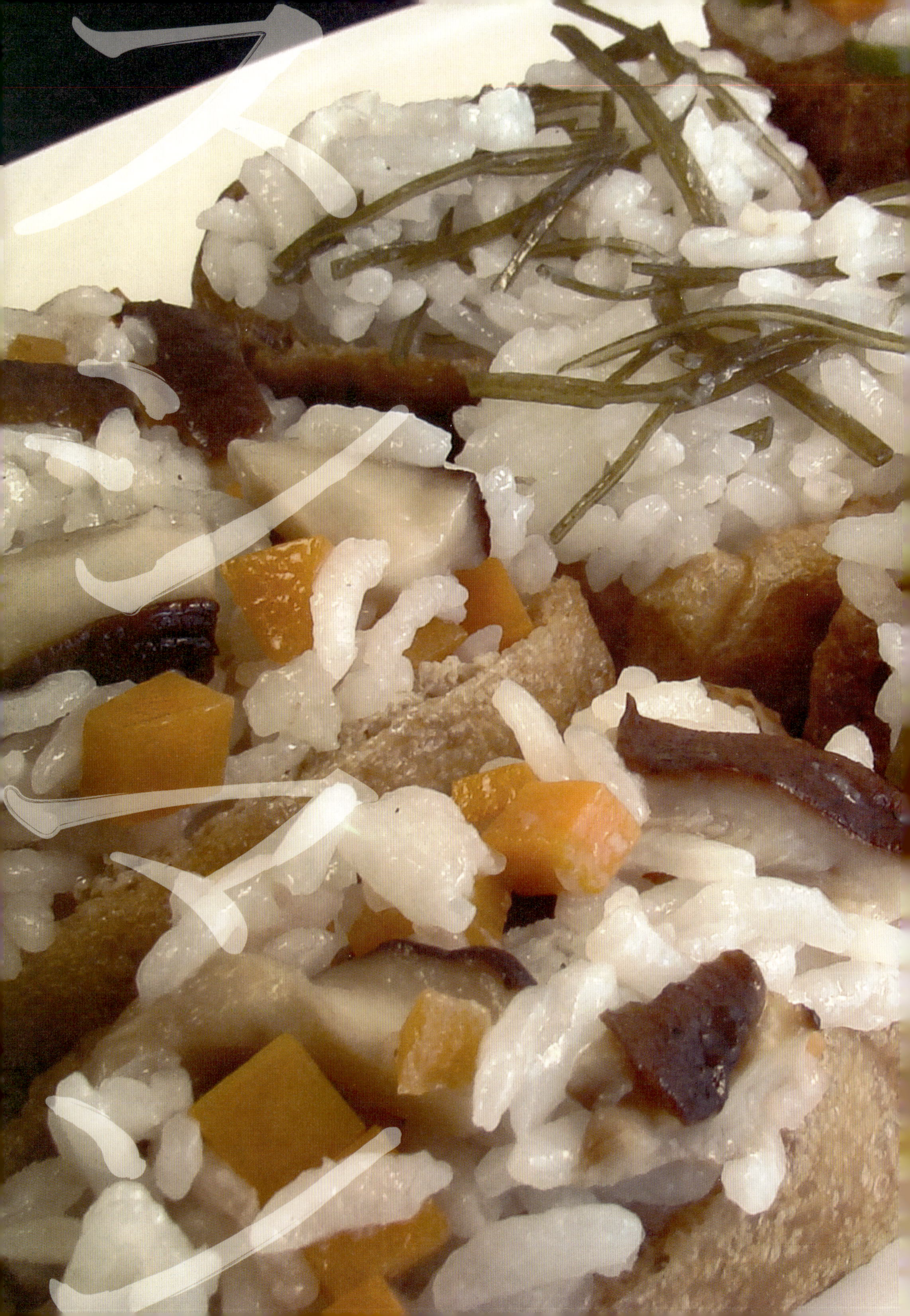

いなり寿司

INARI-ZUSHI

INARI-ZUSHI

Confecção – passos básicos

Esse é um tipo de sushi feito com arroz cozido, temperado e misturado com diversos ingredientes e depositado no age (bolsa de tofu frito).

SHARI INARI-ZUSHI

Arroz de sushi

Ingredientes para 12 peças:

6 folhas de age
250 g de arroz japonês cozido

Tempero para o age:
1 colher (sobremesa) de hondashi dissolvido em 2 copos de água, ou 600 mL de caldo dashi
5 colheres (sopa) de açúcar
3 colheres (sopa) de shoyu
2 colheres (sopa) de sake mirim
Tempero para o arroz:
3 colheres (sopa) de vinagre de arroz
1 colher (sopa) de açúcar
1 colher (chá) de gengibre ralado fino
1 colher (chá) de sal

Para o tezu:
4 colheres (sopa) de vinagre de arroz, 200 mL de água e 1 pitada de sal.

Preparo do arroz de age:
Lave bem o arroz e deixe-o de molho durante 20 minutos. Escorra-o e cozinhe (como o shari).
À parte, cozinhe os ingredientes que serão usados como tempero do arroz e espalhe-os sobre o arroz, com ambos ainda quentes. Com uma shamoji (espátula de madeira), abra sulcos no arroz, com cuidado para não quebrar os grãos nem empapar.

Etapa 1 - Coloque o age sobre o papel-toalha e role o sai-bashi sobre ele.
Etapa 2 - Mergulhe os ages em uma panela com água fervente e retire o ar, pressionando-os individualmente.
Etapa 3 - Coloque em uma zaru (peneira de bambu) e pressione para retirar o excesso de água e óleo. Deixe escorrer.

Etapa 4 - Corte as folhas de age ao meio, apare as bordas e abra-os delicadamente, para fazer os saquinhos.

Etapa 5 - Abra cada saquinho e disponha-os em uma panela grande. Cubra com os ingredientes do tempero para age, previamente misturados.

Etapa 6 - Deixe cozinhar em fogo baixo, reduzindo o caldo até quase secar. Escorra e seque com papel-toalha. Deixe esfriar sobre a zaru.

Etapa 7 - Abra o age com os polegares. Molhe a mão direita na solução de tezu para evitar que o arroz grude durante a modelagem. Faça bolinhos de arroz de aproximadamente 25 gramas e recheie os ages.

Etapa 8 - Repita o procedimento e confeccione 12 inari-zushi ao todo. Sirva acompanhado de gengibre em conserva (gari).

Se não for servir na hora, arrume os ages, lado a lado, com a abertura para baixo. Se necessário, congele, mas utilize em até 24 horas.

Obs.: Siga os passos básicos para a confecção das receitas a seguir.

INARI-ZUSHI

Receitas / Ingredientes

SAKE INARI-ZUSHI

Salmão temperado

Ingredientes para 12 peças:

6 ages preparados
150 g de arroz para age
150 g de filé de salmão
2 colheres (chá) de aji-no-moto (glutamato monossódico)
1 colher (sobremesa) de cebolinha verde picada
1 colher (sopa) de óleo

Tempere o salmão com o aji-no-moto e reserve. Em uma panela antiaderente, coloque o óleo e o salmão temperado e cozinhe em fogo brando. Quando estiver "ao ponto", desligue, acrescente a cebolinha verde, e deixe esfriar.
Misture o salmão com a maionese, até virar um patê.
Abra o age e recheie-o até a metade com uma bolinha de arroz. Complete com o patê de salmão.

NINJIN INARI-ZUSHI

Vagem e cenoura

Ingredientes para 12 peças:

6 ages preparados
200 g de arroz pronto para age
50 g de vagem picada
1 cenoura picada

Para o caldo:
600 mL de água
1 colher (chá) de hondashi
1 colher (sopa) de shoyu
1 colher (sopa) de sake mirim

Em uma panela, misture os ingredientes do caldo e acrescente a vagem. Cozinhe até ficar "al dente" e reserve. Faça o mesmo procedimento com a cenoura picada. Misture a cenoura, a vagem e o arroz e recheie os ages.

KOMBU INARI-ZUSHI

Alga kombu

Ingredientes para 12 peças:

6 ages preparados
250 g de arroz para age
10 tiras de kombu
Tempero para arroz de age

Hidrate as tiras de kombu em água por 15 minutos e corte em tiras mais finas.
Lave bem o arroz e deixe-o de molho por 20 minutos. Escorra, acrescente as tiras de kombu e cozinhe (pág. 266).

Prepare o tempero para o arroz de age e misture ao arroz já cozido.
Abra o age e recheie com uma bolinha de arroz com kombu.

SHIITAKE INARI-ZUSHI

Shiitake e cenoura

Ingredientes para 12 peças:

6 ages preparados
200 g de arroz para age
1 cenoura picada
4 cogumelos shiitake secos
300 mL de caldo dashi
2 colheres (sopa) de shoyu

Hidrate os cogumelos em água por 20 minutos. Cozinhe-os no caldo dashi, shoyu e mirin por cerca de 30 minutos. Reserve o caldo. Corte os shiitakes em tiras finas.
Acrescente 1 xícara de água ao caldo utilizado para os shiitakes e cozinhe a cenoura picada. Misture tudo com o arroz para age e recheie as bolsinhas.

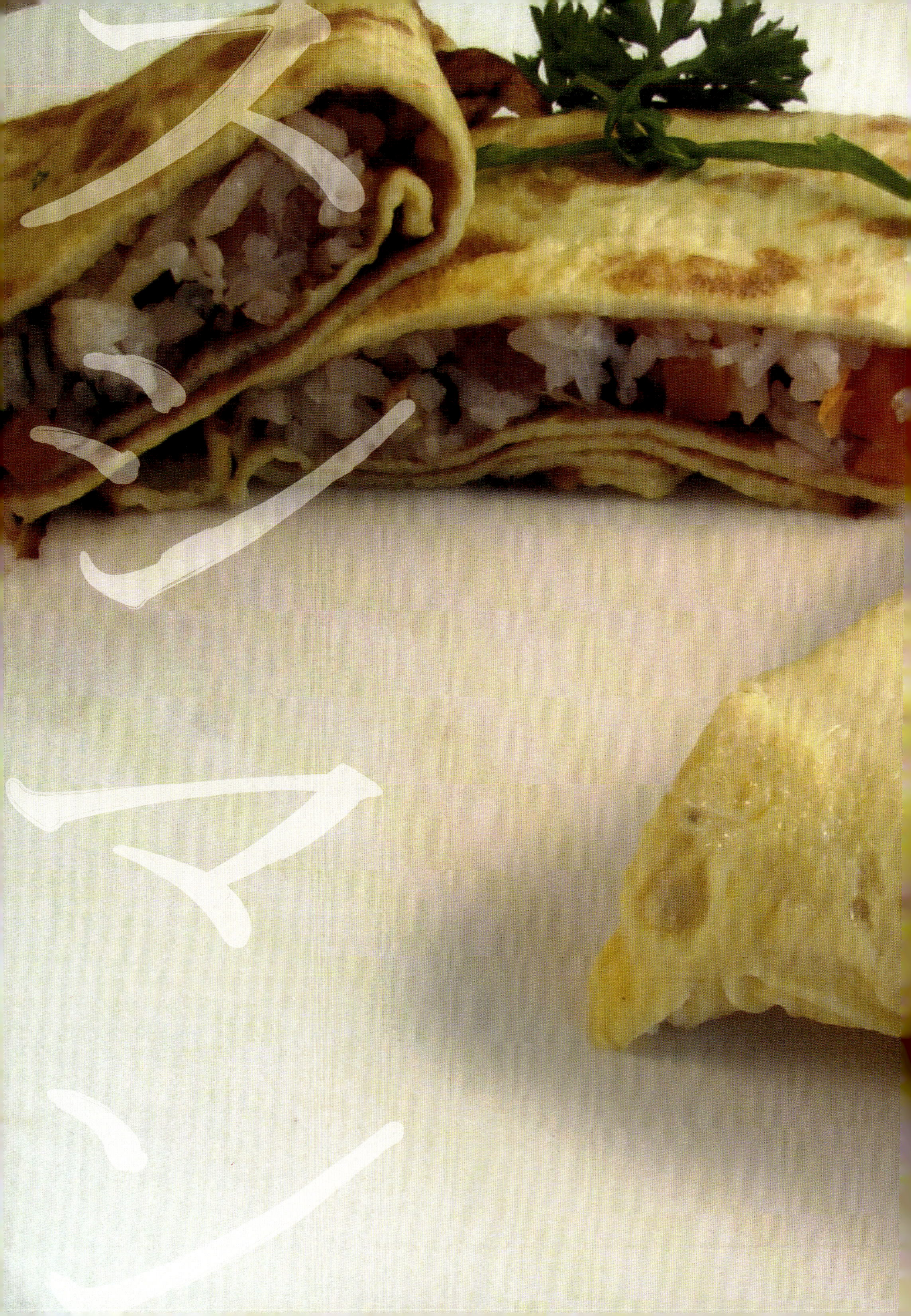
スシマン

ふくさ寿司

FUKUSA-ZUSHI

FUKUSA-ZUSHI

Confecção – passos básicos

Tipo de sushi em que o shari (arroz de sushi) é misturado com vários ingredientes e acondicionado em pequenos pacotes retangulares de omelete bem fina.

EBI FUKUSA-ZUSHI

Camarão e shiitake

Ingredientes para 2 peças:

140 g de shari
1/4 de pepino em cubinhos de 5 mm
1/2 folha de alga nori
3 shiitakes picados
4 talos de salsa crespa
3 camarões médios preparados para sushi e cortados em pedaços pequenos
1 xícara de mistura para tamago-yaki

Tempero para os shiitakes:
1/2 xícara de água
4 colheres (chá) de açúcar
1 colher (sopa) de molho shoyu

Para o tezu:
4 colheres (sopa) de vinagre de arroz, 200 mL de água e 1 pitada de sal.

Preparo:

Passe a folha de nori sobre a chama do fogão e amasse-a, quebrando em pedaços pequenos.
Elimine os talos dos shiitakes e ferva os cogumelos em uma panela com o tempero. Após levantar fervura, diminua o fogo e cozinhe até quase secar o caldo.
Coloque, à sua direita, uma tina com shari e uma tina com tezu. À sua esquerda, coloque uma tina com os demais ingredientes prontos. Molhe as mãos na solução de tezu para evitar que o arroz grude durante a modelagem.

Etapa 1 - Em uma frigideira antiaderente quadrada, prepare 2 folhas finas de tamago-yaki e reserve.
Etapa 2 - Misture todos os ingredientes ao shari.
Etapa 3 - Divida o shari, confeccionando 10 bolinhos.

Etapa 4 - Role o sai-bashi sobre o talo dos galhos da salsa crespa, para que fiquem flexíveis. Amarre os dois talos pelas pontas.

Etapa 5 - Estenda uma folha de tamago-yaki sobre a bancada.
Etapa 6 - Molhe os dedos na solução de tezu e faça um bolinho de arroz com aproximadamente 100 gramas.
Etapa 7 - Coloque o bolinho sobre a folha de tamago-yaki.

Etapa 8 - Dobre as pontas da omelete, formando um invólucro retangular.

Etapa 9 - Vire de ponta-cabeça e coloque sobre a bancada.
Etapa 10 - Passe a salsa por baixo do embrulho e amarre-o.

Repita o procedimento, confeccionando a outra peça.

Obs.: Siga os passos básicos para a confecção das receitas a seguir.

FUKUSA-ZUSHI

Receitas / Ingredientes

SAKE FUKUSA-ZUSHI

Salmão temperado

Ingredientes para 2 peças:

140 g de shari
2 folhas finas de tamago-yaki
2 colheres (sobremesa) de pepinos em cubinhos (5 mm)
50 g de filé de salmão picado
1/2 limão
1/2 colher (chá) de pimenta togarashi
2 colheres (chá) de sementes de gergelim tostadas
1/2 folha de alga nori
4 talos de salsa crespa

Passe 1/2 folha de nori sobre a chama do fogão e amasse-a, quebrando em pedaços pequenos.
Tempere o salmão com a pimenta, o suco de limão e o gergelim moído.
Misture os ingredientes e confeccione o sushi.

MAGURO FUKUSA-ZUSHI

Atum

Ingredientes para 2 peças:

140 g de shari
2 folhas finas de tamago-yaki
2 colheres (sobremesa) de cenoura picada
50 g de filé de atum
4 talos de salsa crespa
1/2 folha de nori em pedaços
1 colher (sobremesa) de molho shoyu

Passe 1/2 folha de nori sobre a chama do fogão e amasse-a, quebrando em pequenos pedaços.
Corte o filé de atum em cubinhos, tempere com molho shoyu e frite-os ligeiramente. Corte a cenoura em tirinhas e cozinhe em água até que fique "al dente".
Misture os ingredientes e confeccione o sushi.

スシマン

スシマン

茶巾寿司

CHAKIN-ZUSHI

CHAKIN-ZUSHI

Confecção – passos básicos

É um tipo de sushi em que o shari (arroz de sushi) é misturado a vários ingredientes e colocado em pequenos pacotes de omelete, amarrados como uma bolsa.

EBI CHAKIN-ZUSHI

Camarão e broto de bambu

Ingredientes para 2 peças:

120 g de shari
20 g de broto de bambu
1 colher (chá) de sementes de gergelim tostadas
2 camarões preparados para sushi e cortados em pedaços pequenos
2 talos de mitsuba, sem as folhas, ou talos de salsa crespa
1 xícara de mistura para tamago-yaki
2 colheres (chá) de cebolinha verde picada

Para o tezu:
4 colheres (sopa) de vinagre de arroz, 200 mL de água e 1 pitada de sal.

Preparo:

Coloque, à sua direita, uma tina com shari e outra com tezu, para umedecer as mãos e evitar que o arroz grude durante a modelagem. À sua esquerda, coloque uma tina com os demais ingredientes.

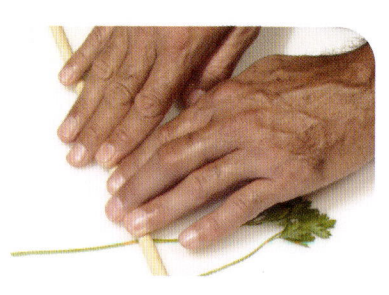

Etapa 1 - Em uma frigideira redonda, frite 2 folhas de tamago-yaki e reserve.
Etapa 2 - Role o sai-bashi sobre o talo dos galhos da salsa crespa, para que fiquem flexíveis.

スシマン

Etapa 3 - Misture todos os ingredientes ao shari.
Etapa 4 - Molhe os dedos na solução de tezu e confeccione um bolinho de arroz com aproximadamente 90 gramas.
Etapa 5 - Coloque o bolinho sobre a folha de tamago-yaki.

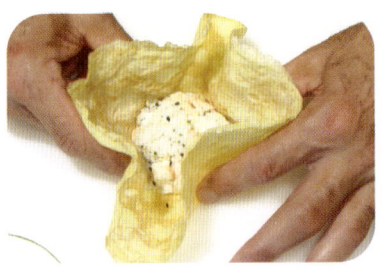

Etapa 6 - Una as bordas da omelete e feche como se fosse uma bolsinha.
Etapa 7 - Utilize o talo da salsa como fio de amarrar e dê um nó.

Etapa 8 – Em seguida, dê um segundo nó e abra ligeiramente a borda da bolsinha.
Repita o procedimento para fazer o outro chakin-zushi.

Obs.: Siga os passos básicos para a confecção das receitas a seguir.

CHAKIN-ZUSHI

Receitas / Ingredientes

SHIITAKE CHAKIN-ZUSHI

Shiitakes

Ingredientes para 2 peças:

120 g de shari
2 folhas finas de tamago-yaki
2 colheres (chá) de sementes de gergelim tostadas
3 cogumelos shiitakes picados
2 talos de salsinha crespa

Tempero para os shiitakes:
1/2 xícara de água
4 colheres (chá) de açúcar
1 colher (sopa) de molho shoyu

Elimine os talos dos shiitakes, corte em pedaços e ferva os cogumelos em uma panela com os ingredientes para o tempero. Após levantar fervura, diminua o fogo e deixe cozinhar até quase secar o caldo.
Misture os ingredientes e confeccione os sushis.

IKA CHAKIN-ZUSHI

Lulas cozidas

Ingredientes para 2 peças:

120 g de shari
2 folhas finas de tamago-yaki
1 tira de alga kombu hidratada e picada
1 colher (chá) de sementes de gergelim tostadas
2 talos de salsa crespa
1 lula cozida e cortada em pequenos pedaços

Misture os ingredientes e confeccione os sushis.

スシマン

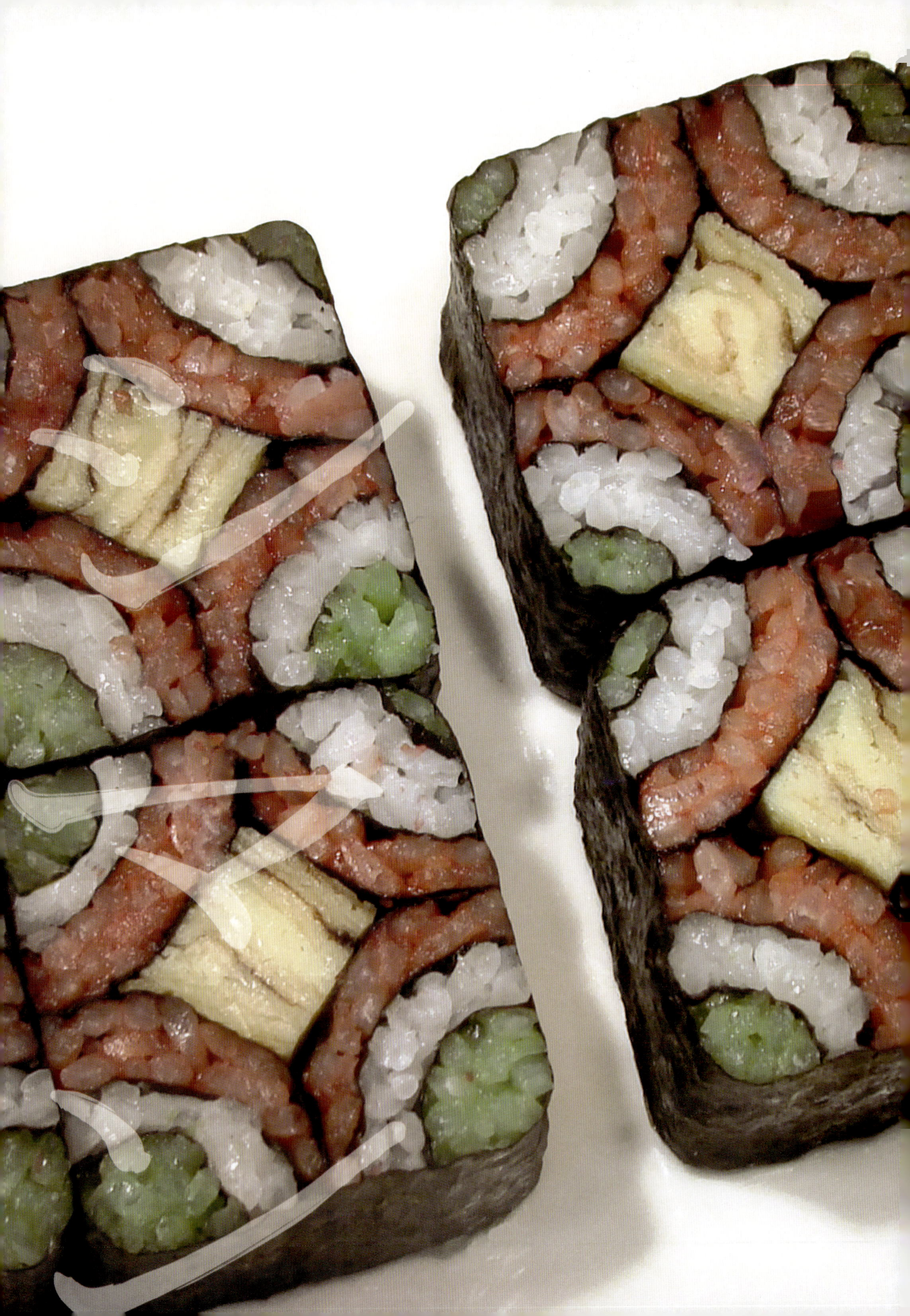

細工寿司

SAIKU-ZUSHI

SAIKU-ZUSHI

Confecção – passos básicos

É um sushi preparado para ocasiões especiais. O arroz é tingido em cores variadas e enrolado com a nori, formando diferentes camadas e verdadeiros mosaicos. Ele oferece um efeito colorido aos arranjos artísticos de diversos tipos de sushi.

SHIKAKU SAIKU-ZUSHI

Omelete e shari colorido

Ingredientes para 8 peças:

70 g de shari
40 g de shari tingido com anilina verde
100 g de shari tingido com anilina vermelha
1 palito de tamago-yaki (19 cm x 1,5 cm x 1,5 cm)
2 folhas de alga nori

Para o tezu:
4 colheres (sopa) de vinagre de arroz, 200 mL de água e 1 pitada de sal.

Preparo:

Coloque, à sua direita, as 3 tinas com os sharis e a tina com o tezu, para umedecer as mãos e evitar que o arroz grude durante a modelagem. À sua esquerda, coloque uma travessa com tamago-yaki.

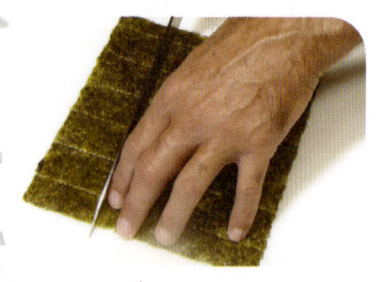

Etapa 1 – Revista o sudare com papel-filme. Recorte 1/3 da alga nori e coloque-a sobre o sudare.

Observação: para tingir o shari, acrescente o molho com a anilina ao sushi-zu ainda quente.

Etapa 2 - Molhe os dedos na solução de tezu e faça um bolinho de shari verde com aproximadamente 30 gramas.
Etapa 3 - Coloque-o sobre a nori e espalhe, fazendo uma camada com 1/2 cm de espessura em toda a sua extensão, deixando apenas uma borda de 1 cm livre na parte superior.

Etapa 4 - Comece a enrolar, levantando a borda do sudare pelo lado que está mais próximo a você.
Etapa 5 - Pressione o shari com os dedos e enrole com firmeza até o final.
Etapa 6 - Puxe a borda do sudare de forma que o rolinho gire dentro dele, enrolando assim toda a nori.
Etapa 7 - Pressione as laterais, acertando as bordas, para que o shari não caia. Retire o maki de dentro do sudare.

Etapa 8 - Molhe os dedos na solução de tezu e faça outro bolinho de shari com aproximadamente 70 gramas.
Etapa 9 - Em 2/3 da folha de nori, coloque o bolinho de shari branco e espalhe-o, formando uma camada de aproximadamente1/2 cm de espessura. Deixe uma borda de 2,5 cm de nori livre na parte superior.

Etapa 10 - Coloque o rolinho verde como recheio.
Etapa 11 - Comece a enrolar, levantando a borda do sudare pelo lado mais próximo a você.
Etapa 12 - Pressione o recheio com os dedos e enrole com firmeza até o final.
Etapa 13 - Puxe a borda do sudare de forma que o rolinho gire dentro dele, enrolando assim toda a nori.

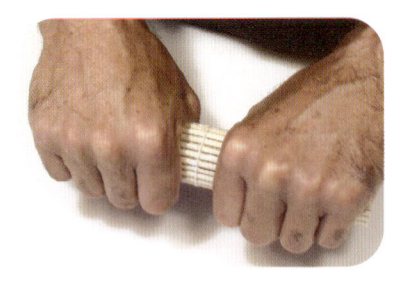

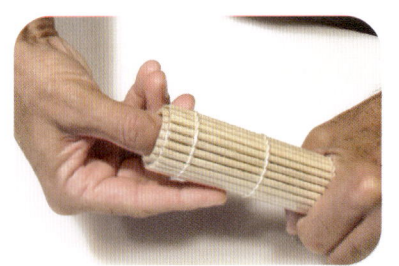

Etapa 14 - Desenrole e enrole novamente o maki, pressionando-o, a fim de obter uma forma cilíndrica.
Etapa 15 - Pressione as laterais, acertando as bordas para que o shari não caia. Retire o maki de dentro do sudare.

Etapa 16 - Coloque uma folha inteira de nori sobre o sudare.
Etapa 17 - Molhe os dedos na solução de tezu e faça um bolinho de aproximadamente 100 gramas de shari vermelho.
Etapa 18 - Coloque-o sobre a nori e espalhe, fazendo uma camada com 1/2 cm de espessura em toda a sua extensão, deixando apenas uma borda de 3 cm de nori livre na parte superior.

Etapa 19 - Coloque o rolinho verde e branco como recheio.
Etapa 20 - Levante a borda do sudare e comece a enrolar pelo lado mais próximo a você.
Etapa 21 - Pressione o recheio com os dedos e enrole com firmeza até o final.

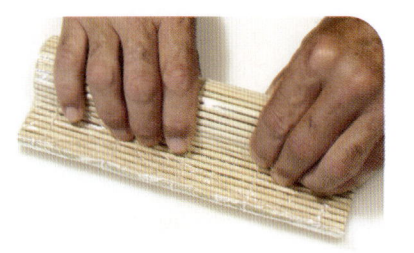

Etapa 22 - Puxe a borda do sudare de forma que o rolinho gire dentro dele, enrolando assim toda a nori.

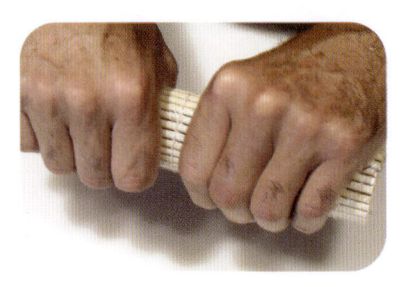

Etapa 23 - Desenrole e enrole novamente o maki, pressionando-o, a fim de obter uma forma cilíndrica.
Etapa 24 - Pressione as laterais, acertando as bordas para que o shari não caia. Retire o maki de dentro do sudare.

Etapa 25 - Faça um corte longitudinal no maki, dividindo-o ao meio. Em seguida, faça outro corte e divida cada uma das metades em duas, obtendo, assim, 4 bastonetes de formato triangular.

Etapa 26 - Coloque outra folha de alga nori sobre o sudare.
Etapa 27 - Disponha sobre ela 2 bastonetes com a parte do shari virada para baixo.

Etapa 28 - Sobre os 2 bastonetes, coloque o palito de tamago-yaki, centralizado.
Etapa 29 - Em seguida, sobreponha os outros dois bastonetes sobre essa montagem, com o shari virado para cima.

Etapa 30 - Enrole o maki com firmeza e pressione-o para obter o formato quadrado.

Etapa 31 - Antes de iniciar o corte, molhe a ponta da faca na solução de tezu e bata com o cabo na tábua de corte para espalhar o líquido pela superfície da lâmina.
Etapa 32 - Corte o maki em duas metades e cada metade em 4 peças iguais. Inicie o corte com a ponta da faca e faça um único movimento.
Etapa 33 - Monte o prato, formando uma espécie de mosaico.

SAIKU-ZUSHI

Receitas / Ingredientes

SHIKAI SAIKU-ZUSHI

Cenoura e shari

Ingredientes para 4 peças:

2 folhas de alga nori
30 g de shari
40 g de shari tingido com anilina rosa
70 g shari tingido com anilina vermelha
1 barra de cenoura cozida (al dente) (aproximadamente 12,5 cm x 1,2 cm x 1,2 cm)

Preparo:

Coloque, à sua direita, as 3 tinas com os sharis e a tina com o tezu, para umedecer as mãos e evitar que o arroz grude durante a modelagem. À sua esquerda, coloque uma travessa com a barrinha de cenoura cozida.

Etapa 1 - Corte 2 folhas de nori ao meio, obtendo assim 4 metades. Reserve duas.
Etapa 2 - Corte uma das metades em duas partes iguais (1/4) e descarte uma delas.
Etapa 3 - Retire 3/4 da última meia folha de nori e descarte a sobra (veja as ilustrações).

Etapa 4 - Molhe os dedos na solução de tezu e faça um bolinho de shari com 30 gramas.
Etapa 5 - Coloque o bolinho sobre o menor pedaço de nori cortado e espalhe, fazendo uma camada de cerca de 0,5 cm de espessura. Deixe somente uma borda de 2 cm de nori livre na parte superior.

Etapa 6 - Comece a enrolar, levantando a borda do sudare pelo lado mais próximo a você.
Etapa 7 - Pressione o shari com os dedos e enrole com firmeza até o final.
Etapa 8 - Puxe a borda do sudare de forma que o rolinho gire dentro dele, enrolando assim toda a nori.

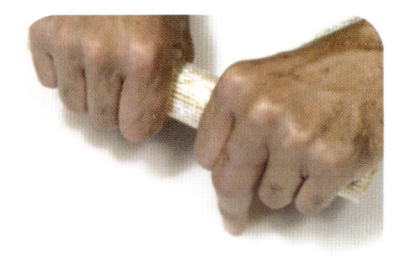

Etapa 9 - Desenrole e enrole novamente o maki, pressionando-o, a fim de obter uma forma cilíndrica.

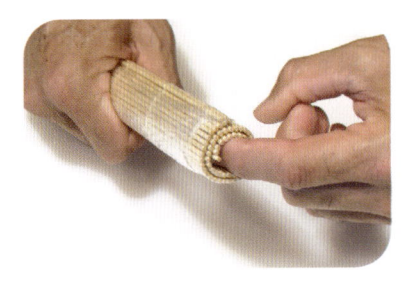

Etapa 10 - Pressione as laterais, acertando as bordas, para que o shari não caia. Retire o maki de dentro do sudare.
Etapa 11 - Corte a barrinha de cenoura do mesmo tamanho do primeiro rolinho preparado.

Etapa 12 - Molhe os dedos na solução de tezu e faça um bolinho de aproximadamente 40 gramas de shari rosa.
Etapa 13 - Coloque o bolinho sobre o pedaço de nori que mede 3/4 da meia folha de nori. Espalhe uma camada de shari rosa com cerca de 0,5 cm de espessura, deixando uma borda de 4 cm de nori livre na parte superior.

Etapa 14 - Coloque o rolo fino no centro do shari rosa e enrole um sobre o outro.
Etapa 15 - Levante a borda do sudare e comece a enrolar pelo lado mais próximo a você.

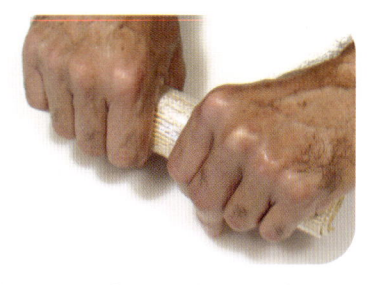

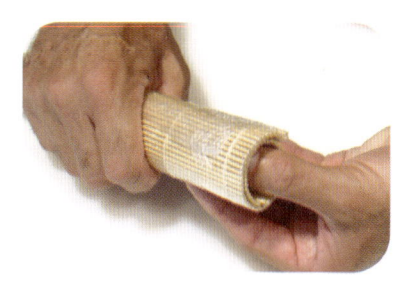

Etapa 16 - Desenrole e enrole o maki, pressionando-o, a fim de obter uma forma cilíndrica.
Etapa 17 - Pressione as laterais, acertando as bordas, para que o shari não caia. Retire o maki de dentro do sudare.

Etapa 18 - Molhe os dedos na solução de tezu e faça um bolinho de shari vermelho com aproximadamente 70 gramas.
Etapa 19 - Coloque-o sobre a nori e espalhe, fazendo uma camada com 0,5 cm de espessura em toda a sua extensão, deixando apenas uma borda de 2,5 cm de nori livre na parte superior.

Etapa 20 - Coloque o rolo duplo no centro, como recheio.
Etapa 21 - Enrole um sobre o outro.
Etapa 22 - Levante a borda do sudare e comece a enrolar pelo lado mais próximo a você.
Etapa 23 - Pressione o shari com os dedos e enrole com firmeza até o final.

Etapa 24 - Puxe a borda do sudare de forma que o rolinho gire dentro, enrolando assim toda a nori.

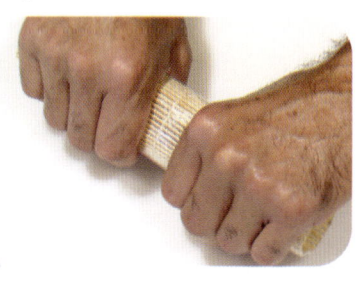

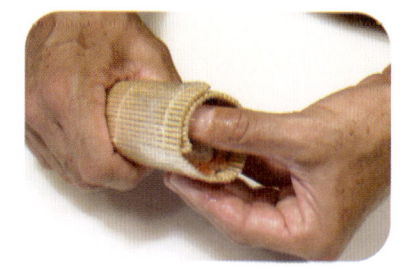

Etapa 25 - Desenrole e enrole o maki, pressionando-o, a fim de obter uma forma cilíndrica.
Etapa 26 - Pressione as laterais, acertando as bordas, para que o shari não caia. Retire o rolo triplo de dentro do sudare.

Etapa 27 - Faça um corte longitudinal no maki, dividindo-o ao meio. Em seguida, faça outro corte e divida cada uma das metades em duas, obtendo, assim, 4 bastonetes de formato triangular.

Etapa 28 - Coloque meia folha de alga nori sobre o sudare.
Etapa 29 - Disponha sobre ela 2 bastonetes com a parte do shari virada para baixo.

Etapa 30 - Sobre os 2 bastonetes, coloque a barrinha de cenoura, centralizado.
Etapa 31 - Em seguida, sobreponha os outros dois bastonetes sobre essa montagem, com o shari virado para cima.

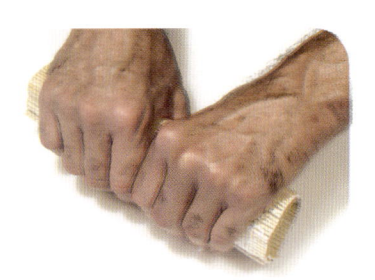

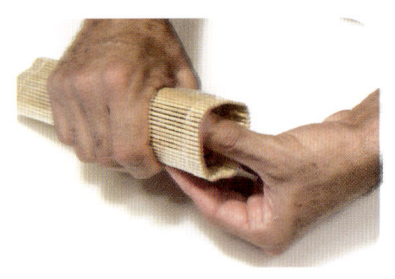

Etapa 32 - Pressione o recheio com os dedos e enrole com firmeza até o final.
Etapa 33 - Desenrole e enrole novamente o maki, pressionando-o, a fim de obter uma forma cilíndrica. Segure-o por alguns segundos para flxar o formato.
Etapa 34 - Pressione as laterais, acertando as bordas, para que o shari não caia. Retire o maki de dentro do sudare.

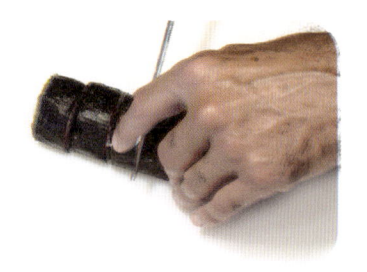

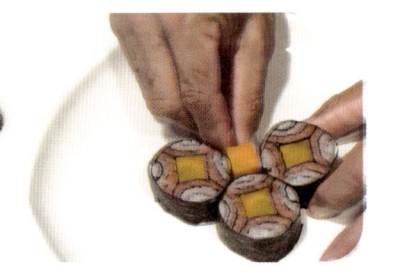

Etapa 35 - Divida o maki em 4 peças do mesmo tamanho.
Etapa 36 - Monte o prato conforme a ilustração.

TAKUWAN SAIKU-ZUSHI

Nabo em conserva e shari

Ingredientes para 4 peças:

150 g de shari
2 folhas de alga nori
1 barra de takuwan (21 cm x 1,2 cm x 1,2 cm)
4 talos de nira
1 "folha" de wasabi

Preparo:

Coloque, à sua direita, as 3 tinas com os sharis e a tina com o tezu, para umedecer as mãos e evitar que o arroz grude durante a modelagem. À sua esquerda, coloque uma travessa com a barrinha de takuwan e os demais ingredientes.

Etapa 1 - Corte a primeira folha de nori em quatro partes iguais e reserve.

Etapa 2 - Agora corte a segunda folha ao meio e reserve uma das metades.
Etapa 3 - Divida a outra metade em duas parte iguais. Ao todo, serão necessários 6 pedaços de alga nori, sendo uma 1/2 folha mais 5 pedaços equivalentes a 1/4 de folha cada (conforme a ilustração).

Etapa 4 - Coloque o primeiro 1/4 de folha de nori, horizontalmente, sobre o sudare.
Etapa 5 - Molhe os dedos na solução de tezu e faça um bolinho de shari com aproximadamente 30 gramas. Coloque o bolinho sobre a nori e espalhe-o, fazendo uma camada com cerca de 0,5 cm de espessura em toda a sua extensão. Deixe somente uma borda de 1,5 cm de nori livre na parte superior.

Etapa 6 - Levante a borda do sudare e comece a enrolar pelo lado mais próximo a você.
Etapa 7 - Pressione o recheio com os dedos e enrole com firmeza até o final.

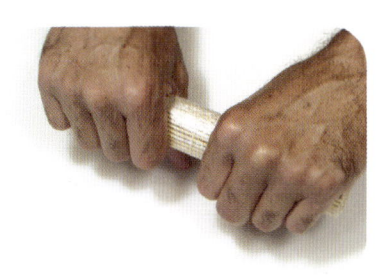

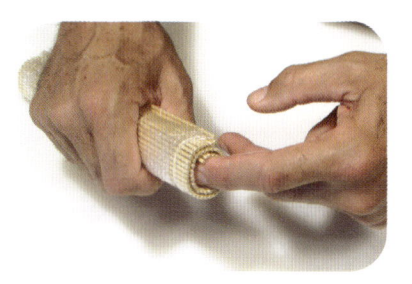

Etapa 8 - Desenrole e enrole novamente o maki, pressionando-o, a fim de obter uma forma cilíndrica.
Etapa 9 - Repita o procedimento e confeccione 5 rolinhos finos.

Etapa 10 - Corte a barrinha de takuwan do mesmo tamanho dos rolinhos.
Etapa 11 - Coloque 1/2 folha de nori, verticalmente, sobre o sudare.
Etapa 12 - Agora, coloque 1 rolinho na parte inferior da nori.

Etapa 13 - Coloque mais 2 rolinhos de arroz sobre a nori e, sobre o rolo que estiver no centro, adicione a barrinha de takuwan.

Etapa 14 - Acrescente os últimos dois rolos sobre os ingredientes que já estão no sudare e comece a enrolar, levantando a borda pelo lado que estiver mais próximo a você.

Etapa 15 - Pressione os ingredientes e enrole com firmeza até o final.
Etapa 16 - Desenrole e enrole novamente o maki, pressionando-o, a fim de obter uma forma cilíndrica.

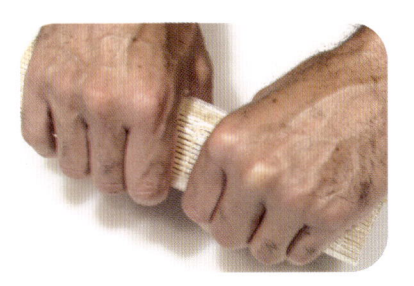

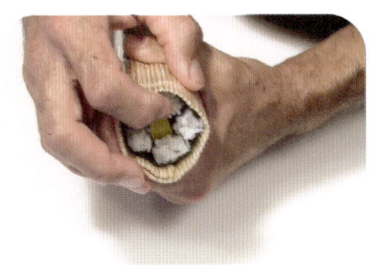

Etapa 17 - Puxe a borda do sudare de forma que o rolinho gire dentro dele, enrolando assim toda a nori. Em seguida, desenrole.
Etapa 18 - Enrole novamente e pressione o maki para obter a forma cilíndrica.
Etapa 19 - Pressione as laterais, acertando as bordas, para que o shari não caia. Retire o maki do sudare.

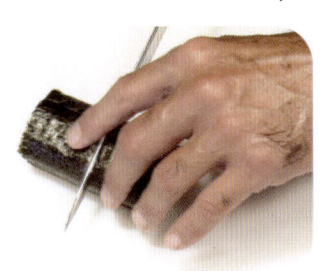

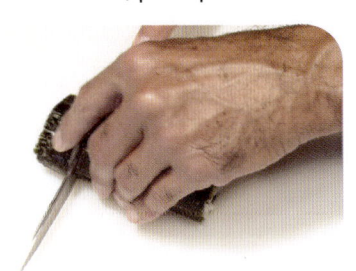

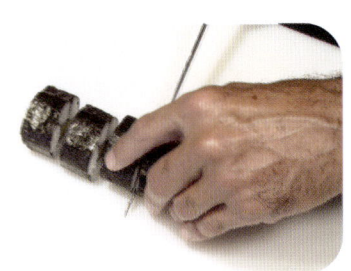

Etapa 20 - Antes de iniciar o corte, molhe a ponta da faca na solução de tezu e bata com o cabo na tábua de corte para espalhar o líquido pela superfície da lâmina.
Etapa 21 - Inicie o corte com a ponta da faca e faça um único movimento em cada corte.
Etapa 22 - Corte o rolinho pela metade e cada metade, em 2 peças iguais. Antes de cada corte, molhe a faca no tezu e passe no pano umedecido com a solução.

Etapa 23 - Em uma travessa, monte o prato, utilizando os talos de nira e a folhinha de wasabi (conforme a ilustração).

KAIKA SAIKU-ZUSHI

Cenoura e shari colorido

Ingredientes para 10 peças:

110 g de shari
200 g de shari tingido com anilina vermelha
1 palito de cenoura (19 cm)
3 folhas de alga nori

Preparo:

Coloque, à sua direita, as tinas com shari e uma tina com o tezu, para umedecer as mãos e evitar que o arroz grude durante a modelagem. À sua esquerda, coloque uma travessa com a barrinha de cenoura e os demais ingredientes.

Etapa 1 - Divida, longitudinalmente, duas folhas de alga nori em três partes, cada, formando seis faixas iguais. Descarte apenas uma delas (veja as ilustrações).

Etapa 2 - Coloque 1/3 da folha de nori, horizontalmente, sobre o sudare.
Etapa 3 - Molhe os dedos na solução de tezu e faça um bolinho de 40 gramas de shari vermelho.
Etapa 4 - Coloque o bolinho sobre a faixa de nori e espalhe, fazendo uma camada de shari com cerca de 1/2 cm de espessura em toda a sua extensão. Deixe somente uma borda de 1 cm de nori livre na parte superior.

Etapa 5 - Levante a borda do sudare e comece a enrolar pelo lado mais próximo a você.
Etapa 6 - Pressione o recheio com os dedos e enrole com firmeza até o final.
Etapa 7 - Puxe a borda do sudare de forma que o rolinho gire dentro, enrolando assim toda a nori.

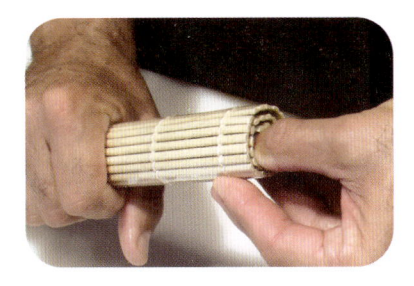

Etapa 8 - Desenrole e enrole novamente o maki, pressionando-o, a fim de obter uma forma cilíndrica.
Etapa 9 - Pressione as laterais, acertando as bordas, para que o shari não caia. Retire o maki de dentro do sudare.

Etapa 10 - Confeccione, ao todo, 5 rolinhos de shari vermelho.
Etapa 11 - Corte o palito de cenoura do mesmo tamanho dos rolinhos.

Etapa 12 - Coloque 1 folha de nori, horizontalmente, sobre o sudare.
Etapa 13 - Molhe novamente os dedos na solução de tezu e faça um bolinho de shari com aproximadamente 110 gramas.
Etapa 14 - Coloque-o sobre a nori e espalhe, fazendo uma camada com 1/2 cm de espessura em toda a sua extensão, deixando apenas uma borda de 3 cm de nori livre na parte superior.

Etapa 15 - Coloque 2 rolinhos sobre o shari, encostados um no outro.
Etapa 16 - Sobre os rolinhos, coloque o palito de cenoura.
Etapa 17 - Comece a enrolar, levantando a borda do sudare pelo lado mais próximo a você, e acrescente os três rolinhos restantes, para concluir a montagem.

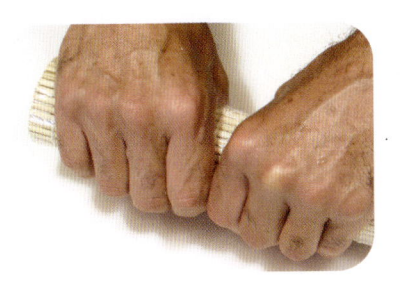

Etapa 18 - Pressione os ingredientes com os dedos e enrole com firmeza até o final.
Etapa 19 - Desenrole e enrole novamente o maki, pressionando-o, a fim de obter uma forma cilíndrica.
Etapa 20 - Pressione as laterais, acertando as bordas, para que o shari não caia. Retire o maki do sudare.

Etapa 21 - Antes de iniciar o corte, molhe a ponta da faca na solução de tezu e bata com o cabo na tábua de corte para espalhar o líquido pela superfície da lâmina.
Etapa 22 - Corte o rolinho de forma a obter 11 peças iguais. Utilize sempre a ponta da faca, molhando-a a cada corte.
Etapa 23 - Monte o prato, colocando as peças lado a lado.

スシマン

包み寿司

TSUTSUMI-ZUSHI

TSUTSUMI-ZUSHI

Confecção – passos básicos

Tipo de sushi em que o peixe marinado é colocado sobre um tecido úmido e, sobre ele, é colocada uma porção de shari. Os ingredientes são embrulhados e moldados até chegar a forma desejada.

SABA-ZUSHI

Cavalinha

Ingredientes para 7 peças:

190 g de shari
1/2 cavalinha marinada (aprox. 300 g)
3 folhas de shiso
Wasabi

Para o tezu:
4 colheres (sopa) de vinagre de arroz em 200 mL de água e 1 pitada de sal (pág. 61)

Preparo:

Coloque, à sua direita, uma tina com o shari e uma tina com o tezu, para umedecer as mãos e evitar que o arroz grude durante a modelagem. À sua esquerda, coloque uma tina com a cavalinha e os demais ingredientes.

Etapa 1 - Retire a pele da cavalinha previamente marinada.
Etapa 2 - Se o peixe for muito gordo, apare o filé com uma faca afiada.

Etapa 3 - Corte aproximadamente 1 metro de filme (pvc), dobre em 3 partes - uma sobre a outra - e coloque sobre a tábua de corte (tradicionalmente, é usado um tecido umidificado com tezu na confecção do tsutsumi e do tazuna-zushi).
Etapa 4 - Coloque a cavalinha sobre o filme e passe um pouco de wasabi sobre ela.

Etapa 5 - Coloque 3 folhas de shiso espalhadas sobre o filé de cavalinha.
Etapa 6 - Molhe os dedos na solução de tezu e faça um bolinho retangular de shari com aproximadamente 190 gramas. Coloque o shari sobre o shiso e espalhe-o até as bordas, fazendo uma camada com cerca de 2,5 cm de espessura.

Etapa 7 - Modele o bolinho com a ponta dos dedos.
Etapa 8 - Envolva-o com o filme.
Etapa 9 - Enrole-o, moldando as laterais.

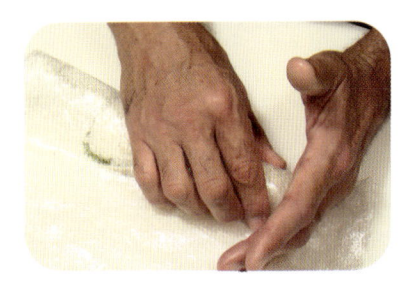

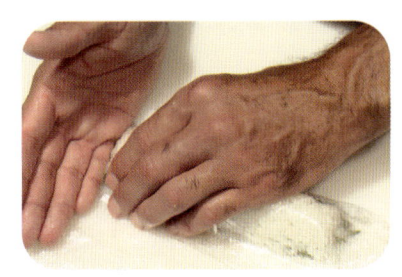

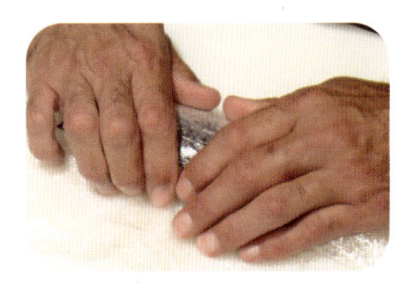

Etapa 10 - Modele o sushi até as bordas laterais, utilizando as mãos como limitador.
Etapa 11 - Vire o sushi de ponta-cabeça.

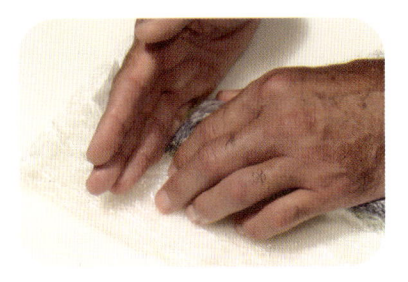

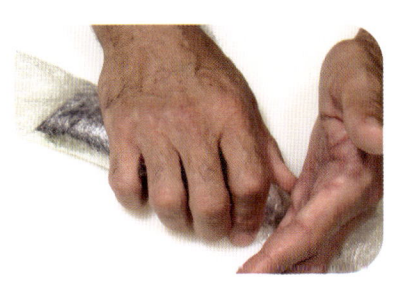

Etapa 12 - Pressione-o para acertar as bordas e as laterais.
Etapa 13 - Para aperfeiçoar a modelagem, enrole e desenrole o maki quantas vezes for necessário.
Etapa 14 - Retire o sushi do filme.

Etapa 15 - Antes de iniciar o corte, molhe a ponta da faca na solução de tezu e bata com o cabo na tábua de corte para espalhar o líquido pela superfície da lâmina.

Etapa 16 - Inicie o corte com a ponta da faca, fazendo apenas um movimento em cada corte. Corte o sushi em 7 peças iguais.

Etapa 17 - Molhe novamente a faca no tezu e passe em um pano umedecido com a solução antes de cada corte

Sirva acompanhado de molho shoyu e gengibre em conserva (gari).

Obs.: Siga os passos básicos para a confecção da receita a seguir.

TSUTSUMI-ZUSHI

Receitas / Ingredientes

HIRAME TSUTSUMI-ZUSHI

Linguado

Ingredientes para 10 peças:

200 g de shari
250 g de filé de linguado
1 limão finamente fatiado
5 raminhos de salsa crespa
Wasabi

Entremeie as peças com uma rodela de limão e guarneça com os raminhos de salsa crespa.
Sirva acompanhado de molho shoyu e gengibre em conserva (gari).

スシマン

スシ

手綱寿司

TAZUNA-ZUSHI

TAZUNA-ZUSHI

Confecção – passos básicos

Esse é um tipo de sushi em que os variados ingredientes são colocados na diagonal sobre um tecido úmido, além da porção de shari, e é moldado manualmente. A variedade de ingredientes dá cor e sabor ao prato.

EBI TAZUNA-ZUSHI

Salmão, camarão e pepino

Ingredientes para 8 peças:

200 g de shari
2 camarões previamente preparados para sushi
2 filetes de salmão
4 fatias de pepino cortado em diagonal e desidratado em sal
6 folhas de espinafre
Wasabi

Para o tezu:
4 colheres (sopa) de vinagre de arroz, 200 mL de água e 1 pitada de sal.

Preparo:

Coloque, à sua direita, as tinas com shari e uma tina com o tezu, para umedecer as mãos e evitar que o arroz grude durante a modelagem. À sua esquerda, coloque uma travessa com os camarões e os demais ingredientes prontos.

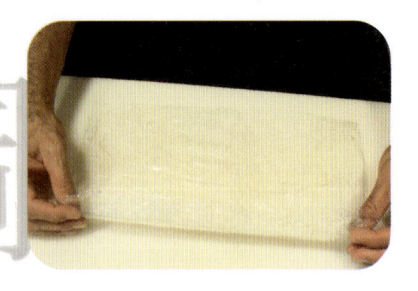

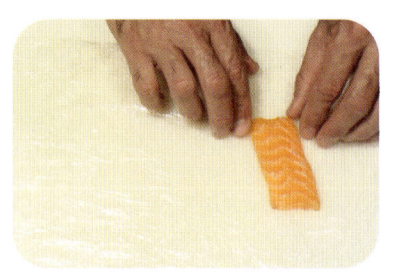

Etapa 1 - Corte aproximadamente 1 metro de filme (pvc), dobre em 3 partes (uma sobre a outra) - e coloque sobre a tábua de corte (tradicionalmente, é usado um tecido umidificado com tezu na confecção do tsutsumi e do tazuna-zushi).
Etapa 2 - Coloque sobre o filme 1 camarão aberto e 1 filete de salmão, em diagonal, e passe um pouco de wasabi sobre eles.
Etapa 3 - Coloque também duas fatias de pepino.

Etapa 4 - Agora, coloque o outro camarão, o filete de salmão e passe um pouco de wasabi sobre eles. Por fim, adicione mais duas fatias de pepino.
Etapa 5 - Espalhe as folhas de espinafre sobre os ingredientes.

Etapa 6 - Molhe os dedos na solução de tezu e faça um bolinho de shari retangular com aproximadamente 200 gramas. Coloque o bolinho sobre as folhas de espinafre e espalhe-o até as bordas, fazendo uma camada com cerca de 2,5 cm de espessura.

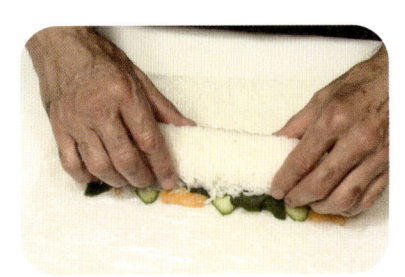

Etapa 7 - Modele o sushi até as bordas laterais, utilizando as mãos como limitador.
Etapa 8 - Pressione-o para modelar toda a extensão.

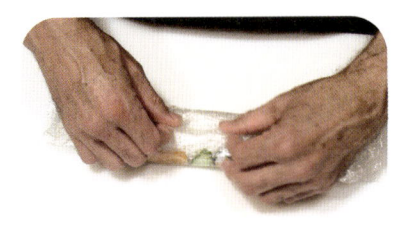

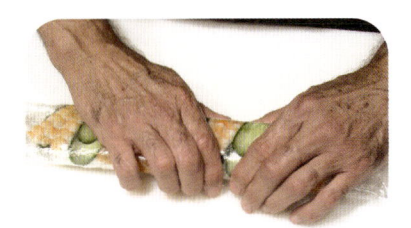

Etapa 9 - Envolva-o com o filme.
Etapa 10 - Enrole-o, moldando as laterais.
Etapa 11 - Vire o sushi de ponta-cabeça.

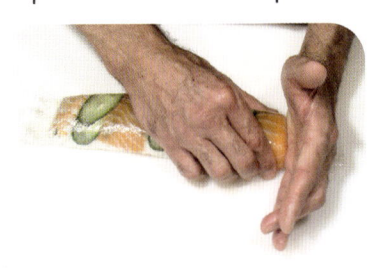

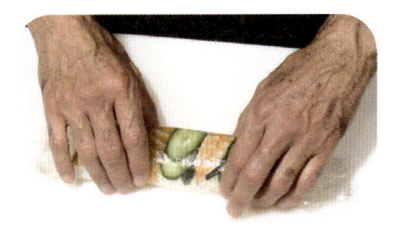

Etapa 12 - Pressione-o para acertar as bordas e as laterais.
Etapa 13 - Para aperfeiçoar a modelagem, enrole e desenrole o maki quantas vezes for necessário.

Etapa 14 - Retire o sushi do envoltório e cubra-o com uma folha de filme.
Etapa 15 - Antes de iniciar o corte, molhe a ponta da faca na solução de tezu e bata com o cabo na tábua de corte para espalhar o líquido pela superfície da lâmina.

Etapa 16 - Inicie o corte com a ponta da faca fazendo apenas um movimento em cada corte.
Etapa 17 - Molhe novamente a faca no tezu e passe em um pano umedecido com a solução antes de cada corte.
Etapa 18 - Corte o sushi em 8 peças iguais e retire o filme.

Sirva acompanhado de molho shoyu e gengibre em conserva (gari).

Obs.: Siga os passos básicos para a confecção da receita a seguir.

TAZUNA-ZUSHI

Receitas / Ingredientes

SATOKIBI TAZUNA-ZUSHI

Camarão, omelete e cavalinha

Ingredientes para 8 peças:

200 g de shari
3 camarões preparados para sushi
1 folha fina de tamago-yaki
1/2 cavalinha marinada
2 folhas de shiso
Wasabi

Guarneça com molho shoyu e gengibre em conserva (gari).

スシマン

スシ

ちらし寿司

CHIRASHI-ZUSHI

CHIRASHI-ZUSHI

Confecção – passos básicos

É um tipo de sushi feito em uma tigela de madeira forrada com uma camada de shari coberta com os mais variados tipos de ingredientes, peixes e frutos do mar.

TOBIKO CHIRASHI-ZUSHI

Ovas, peixes e camarões

Ingredientes para 1 prato:

400 g de shari
6 fatias de takuwan (nabo em conserva)
7 fatias de pepino cortado em leque
2 fatias de raiz de lotus (para enfeitar)
40 g de salmão fresco (5 filetes de sashimi)
40 g de atum fresco (5 filetes de sashimi)
40 g de pargo fresco (5 filetes de sashimi)
40 g de polvo (5 filetes de sashimi)
2 camarões grandes preparados para sushi
1 colher (sopa) rasa de ouriço (uni)
1 ramo de salsinha crespa
2 colheres (chá) de ovas de salmão (ikura)
2 colheres (chá) de ovas de peixe-voador (tobiko)
2 colheres (chá) de ovas de peixe-voador no wasabi (tobikowasabi)
2 colheres (chá) de uni (ouriço do mar)
3 fatias de 20 g de tamago-yaki
3 vagens cortadas em tiras bem finas
1 bolinha de wasabi
Gergelim a gosto
Soboro a gosto
Gari a gosto

Para o tezu:

4 colheres (sopa) de vinagre de arroz, 200 mL de água e 1 pitada de sal.

Preparo:

Coloque, à sua direita, uma tina com o shari e uma tina com o tezu, para umedecer as mãos e evitar que o arroz grude durante a modelagem.

スシマン

Etapa 1 - Prepare os ingredientes nas quantidades desejadas e organize-os em uma travessa.
Etapa 2 - Molhe os dedos na solução de tezu e coloque o shari na tigela, deixando uma borda de 1,5 cm livre.
Etapa 3 - Espalhe gergelim e soboro sobre o shari.

Etapa 4 - Coloque delicadamente os peixes e o polvo.
Etapa 5 - Acrescente as fatias de takuwan.

Etapa 6 - Adicione a salsinha, o tamago-yaki e o leque de pepino. Apoie os camarões sobre esse leque.
Etapa 7 - Acrescente o gari, a vagem, o pepino e as ovas de peixe-voador.

Etapa 8 - Coloque o ouriço do mar e as ovas de salmão e finalize com uma flor de pepino recheada com wasabi. Use a criatividade, dispondo os ingredientes sobre o shari de forma que o prato fique com uma boa apresentação.

Obs.: Siga os passos básicos para a confecção das receitas a seguir.

CHIRASHI-ZUSHI

Receitas / Ingredientes

KAMPYO CHIRASHI-ZUSHI

Abóbora seca, peixes e camarões

Ingredientes para 1 prato:

15 g de abóbora d'água seca (kampyo)
4 cogumelos shiitake secos
3 colheres (chá) de açúcar
3 colheres (sopa) de molho shoyu
6 colheres (sopa) de mirim
6 folhas de espinafre escaldadas
4 fatias de broto de bambu em conserva
4 camarões preparados para sushi
50 g de filé de salmão fresco
50 g de filé de cavalinha marinada
400 g de shari
Wasabi

O kampyo deve ser previamente reidratado. Disponha todos os ingredientes de forma que o prato fique com uma boa apresentação.

IBUSU CHIRASHI-ZUSHI

Salmão defumado

Ingredientes para 1 prato:

100 g de salmão defumado
1 colher (sopa) de vinagre de arroz
1 colher (sopa) de gengibre em conserva (gari)
400 g de shari
1 colher (chá) de sal
1 colher (chá) de açúcar a gosto
1/2 pepino japonês
1/2 limão siciliano
1 colher (sopa) de sementes brancas de gergelim
1 colher (sopa) de sementes pretas de gergelim

Preparo:

Lave o pepino e fatie em finíssimas rodelas. Misture o vinagre, o sal e o açúcar e deixe marinar por 5 minutos.
Corte o limão em rodelas igualmente finas e reserve.
Disponha todos os ingredientes de forma que o prato fique com uma boa apresentação.

スシマン

スッキリ

刺身

SASHIMI

SASHIMI

Confecção – passos básicos

Sashimi é um prato feito com frutos do mar e peixes crus criteriosamente escolhidos e fatiados. É servido, invariavelmente, sobre uma camada de nabo fresco finamente fatiado. As peças devem ser pouco manuseadas e servidas imediatamente após o preparo.

SAKANA SASHIMI

Salmão, atum e linguado

Ingredientes para 1 prato:

200 g de filé de salmão
200 g de filé de atum
200 g de filé de linguado
100 g de nabo em fios
Wasabi
Gari

Para o tezu:
4 colheres (sopa) de vinagre de arroz, 200 mL de água e 1 pitada de sal.

Preparo:

Coloque, à sua direita, uma tina com o tezu e uma faca yanagi perfeitamente amolada. À sua esquerda, coloque uma travessa com os filés de peixes e os demais ingredientes.
Para a preparação desse sashimi, iremos utilizar o método sogi-zukuri de corte.
Antes de iniciar o corte, molhe a ponta da faca na solução de tezu. Bata com o cabo na tábua de corte para espalhar o líquido pela superfície da lâmina.

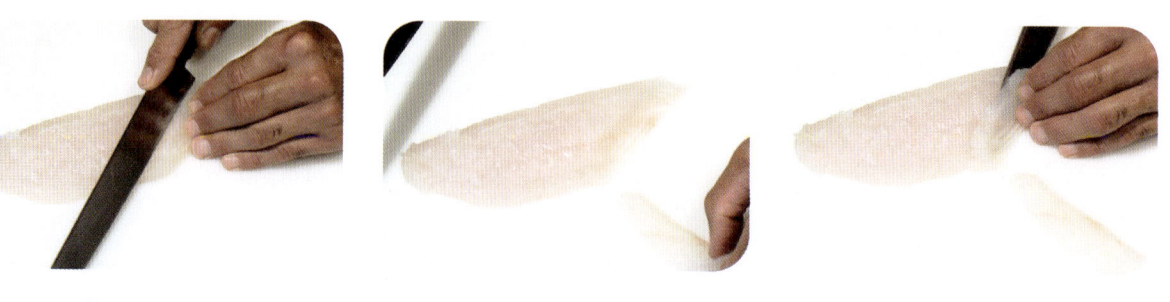

Etapa 1 - Retire o primeiro filete, para acertar o ângulo do corte. O primeiro e o último ficarão irregulares e, por isso, devem ser descartados ou utilizados em recheios.
Etapa 2 - Para medir a espessura do corte, coloque 3 dedos sobre o filé do peixe e posicione a base da faca com um ângulo bem fechado. Limpe a faca constantemente.
Etapa 3 - Corte o primeiro filete e coloque-o com delicadeza sobre a tábua de corte.

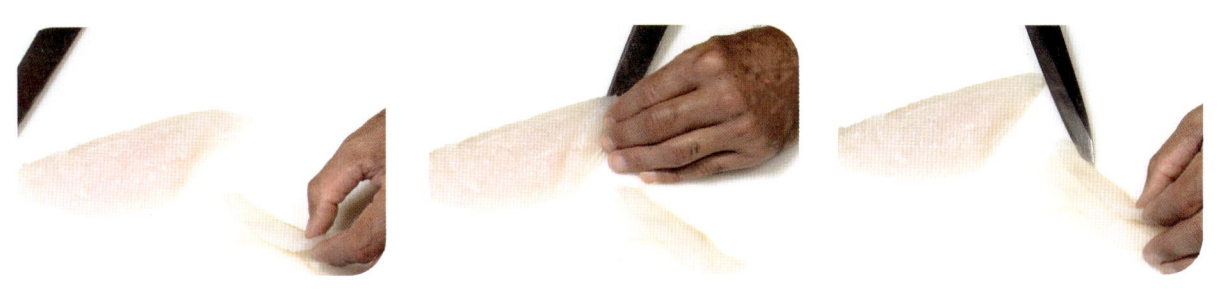

Etapa 4 - Retire a segunda peça e coloque sobre a outra a que está na tábua.
Etapa 5 - Na medida em que for subindo o corte, abra aos poucos o ângulo da faca.
Etapa 6 - A cada corte, disponha o sashimi sobre os outros.
Etapa 7 - O filete deverá ter, em média, cerca de 8 cm de comprimento por 3 cm de largura e 7 mm de espessura.

Etapa 8 - Repita o mesmo procedimento para retirar os filetes do salmão.
Etapa 9 - Corte as peças rigorosamente do mesmo tamanho. Inicie o corte com a base da faca e fazendo apenas um movimento.

Etapa 10 - Para retirar os filetes de atum, repita o mesmo procedimento utilizado com o filé de linguado e de salmão.
Lembre-se: inicie o corte sempre com a base da faca. Higienize constantemente a superfície de corte e a faca.

Etapa 11 - Separe três travessas pequenas e coloque uma porção de nabo finamente fatiado em cada uma delas.
Etapa 12 - Sobre cada porção, coloque 2 folhas de shiso.

Etapa 13 - Com o auxílio da faca, disponha 3 filetes de sashimi sobre cada arranjo de nabo e shiso.

Guarneça com "folhinha de wasabi" e um pouco de gari (gengibre em conserva).
Sirva acompanhado de molho shoyu.

Obs.: Siga os passos básicos para a confecção das receitas a seguir.

SASHIMI

Receitas / Ingredientes

SUZUKI USU-ZUKURI

Robalo finamente fatiado

Ingredientes para 1 prato:

400 g de filé de robalo (suzuki)
1 pepino cortado em leque
1 colher (café) de gengibre ralado
1/2 limão siciliano
200 mL de molho tosa-joyu
1 ramo de salsinha crespa
Wasabi

Preparo:

Coloque o filé de robalo sobre a tábua de corte com a parte externa (pele) para cima.
Para que eles fiquem bem finos, utilize o método sogi-zukuri para cortar os filetes.
Retirados os filetes, organize-os em uma travessa (conforme a ilustração), guarnecendo com o pepino em filetes, o gengibre ralado e os gomos de limão siciliano.
Sirva acompanhado de uma tigela de molho tosa-joyu e uma bolinha de wasabi.

AMADAI USU-ZUKURI

Namorado finamente fatiado

Ingredientes para 1 prato:

400 g de filé de namorado em filetes
1/2 limão siciliano finamente fatiado
100 mL de suco de limão
50 mL de sake
200 mL de molho tosa-joyu
1 colher (café) de gengibre ralado
Wasabi

Retirados os filetes, organize-os em uma travessa e acrescente as finas rodelas de limão. Regue com a mistura de sake e suco de limão. Sirva acompanhado de uma tigela de molho tosa-joyu e uma bolinha de wasabi.

MAGURO OROSHI-ZUKURI

Atum ao molho tosa-joyu

Ingredientes para 1 prato:

400 g de filé de atum em filetes
100 g de nabo ralado em tiras
1 folha de nori picada em tiras
200 mL de molho tosa-joyu
Cebolinha verde picada
Wasabi

Misture, em uma travessa, a cebolinha, o nabo, a nori e o wasabi. Regue-os generosamente com o molho tosa-joyu. Acrescente os filetes de atum fresco e sirva imediatamente.

HANA SAKANA SASHIMI

Sashimi em forma de flor

Ingredientes para 1 prato:

7 filetes de salmão
7 filetes de batum
7 filetes de linguado
1 colher (sopa) de gengibre em conserva
5 folhas de alface frizze
1 "folha" de wasabi

Para confeccionar as peças, umedeça as mãos na solução de tezu e higienize a faca constantemente.

スシマン

Etapa 1 – Utilize outra vez o método para o corte na transversal e retire aproximadamente 7 filetes de cada tipo de peixe.
Etapa 2 – Com o auxílio de um hashi, enrole a primeira peça.

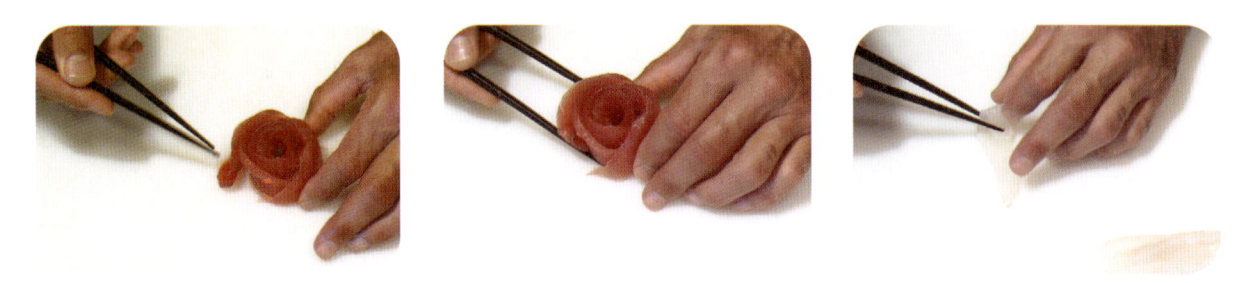

Etapa 3 – Acrescente os filetes, um a um, dando à peça o formato de uma rosa. Reserve.

Etapa 4 – Com o linguado, repita o mesmo procedimento para a retirada dos filetes e montagem da peça.

Etapa 5 – Por último, retire os filetes do salmão e enrole, um a um. Procure ser ágil para evitar a manipulação dos peixes por um tempo muito prolongado.

Etapa 6 – Coloque as três peças sobre as folhas de frizze e guarneça com wasabi e gari.

HANA SASHIMI

Sashimi em forma de flor

Ingredientes para 1 prato:

7 filetes de linguado
100 g de nabo em fios
1/2 limão siciliano em rodelas finíssimas
1 bolinha de wasabi
2 folhas de shiso

Siga os procedimentos utilizados na confecção da receita anterior e alterne os filetes de linguado com as rodelas de limão siciliano.

TAKO SASHIMI

Polvo

Ingredientes para 1 prato:

1 tentáculo de polvo cozido
100 g de nabo ralado
3 folhas de shiso
Wasabi

Para confeccionar as peças, umedeça as mãos na solução de tezu e higienize a faca constantemente.

Etapa 1 - Com a ponta de uma faca yanagi, bem amolada, retire 5 filetes finos do tentáculo. Se necessário, com o auxílio de uma faca, espete-o em uma tábua de madeira para facilitar o corte.

Etapa 2 - Forre a travessa com uma porção de nabo e acrescente 3 folhas de shiso.
Etapa 3 - Coloque, cuidadosamente, os filetes de polvo sobre o arranjo.
Etapa 4 - Guarneça com wasabi e molho shoyu.

IKA SASHIMI

Sashimi de lula com nori

Ingredientes para 12 peças:

1 corpo de lula preparado
1 tentáculo preparado
1/3 de folha de alga nori
5 ramos de salsinha crespa
Wasabi

Preparo:

Utilize a superfície posterior da lula (corpo) e os tentáculos previamente preparados.
Estenda a folha de nori sobre a carne da lula e ajuste bem. Enrole e corte em peças com a mesma espessura. Guarneça com a salsinha crespa.

OIL FISH SASHIMI

Peixe prego (anchova negra)

Ingredientes para 1 prato:

6 filetes de peixe prego
100 g de nabo em fios
1/2 limão taiti em rodelas finíssimas
1 "folha" de wasabi
2 ramos de salsinha crespa

Após cortar cada filete, organize-os em uma travessa, alternando com as rodelas de limão.

Obs.: Procure não ingerir uma grande quantidade de peixe-prego, devido ao seu alto teor de oleosidade.

スシマン

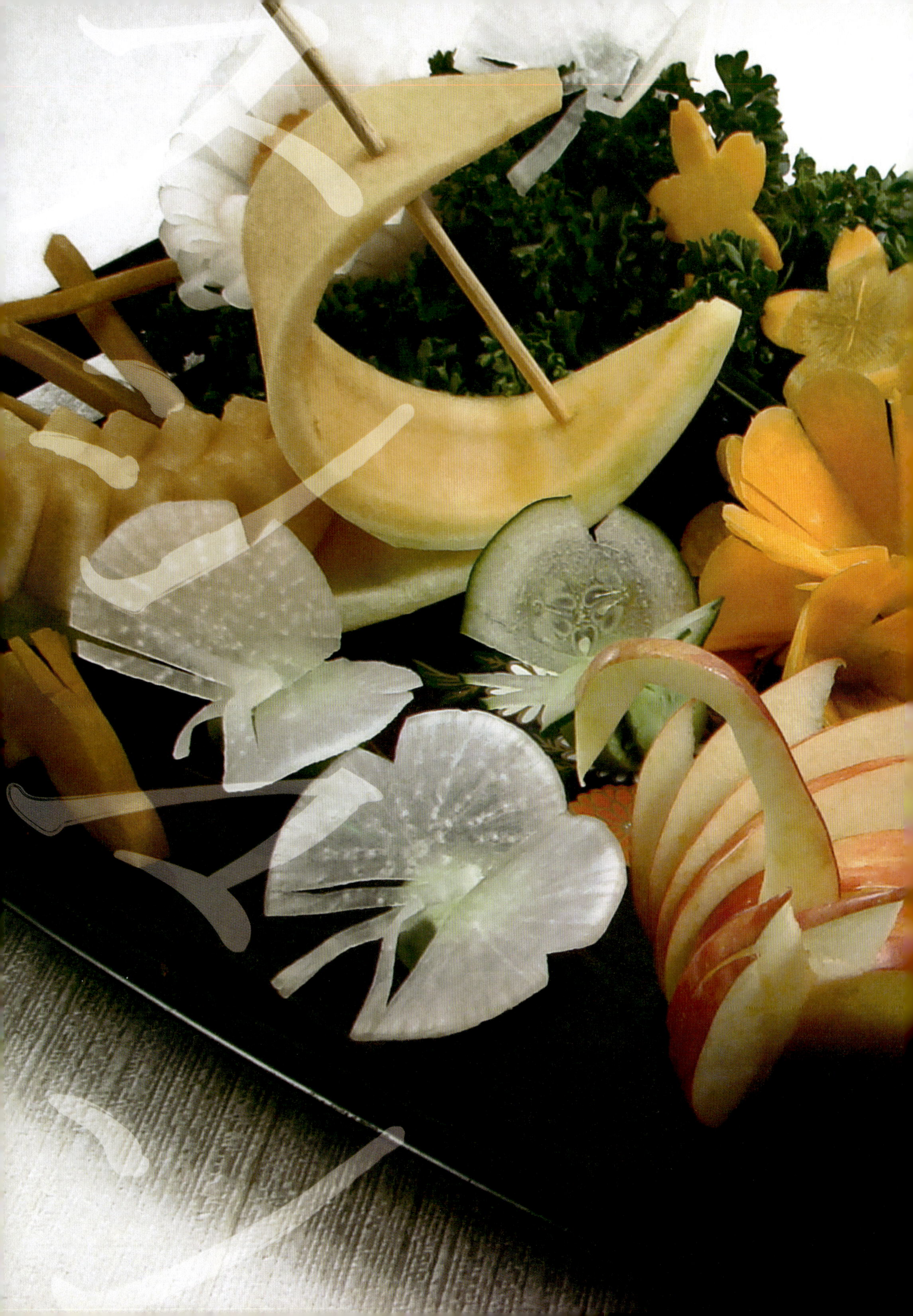

飾り

KAZARI

KAZARI

Decoração de pratos

Para decorar pratos de sushi e sashimi, são utilizados enfeites confeccionados com base em uma técnica tradicional japonesa. Aqui, serão demonstrados dois tipos de decoração: uma elaborada a partir de frutas e vegetais e outra feita com folhas de bambu, chamada de sasa-giri, muito comum nas casas de sushi. Como as técnicas são basicamente manuais, as ilustrações do passo a passo estão bem detalhadas, para facilitar o entendimento.

KAZARI BOCHO

Facas e estiletes

Os utensílios utilizados são bem simples e fáceis de adquirir:

1 faca yanagi
1 faca usuba
3 facas de tamanhos variados
1 estilete
1 tábua para corte

KATSURA-MUKI

Técnica para descascar

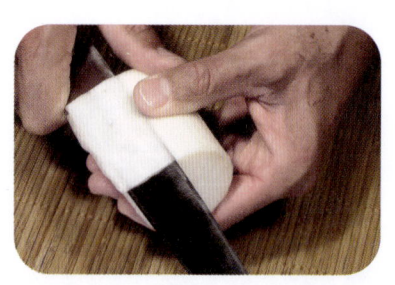

Etapa 1 - Retire um pedaço de nabo, com aproximadamente 8 cm.
Para descascá-lo, utilizaremos uma técnica tradicional chamada katsura-muki.
Etapa 2 - Delicadamente, insira a faca num ângulo de 45º e, em movimento rotatório, vá retirando uma faixa com a mais fina espessura possível. Nesse procedimento, pode ser utilizada uma faca yasai-bocho ou outra de sua preferência (na ilustração, é utilizada uma yanagi).

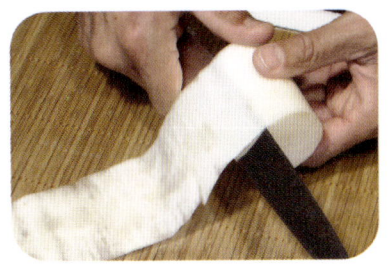

Etapa 3 - Com a mão esquerda, vá girando a peça e, simultaneamente, dando apoio com o polegar da mão direita. Retire uma faixa de 40 cm de comprimento.
Etapa 4 - Faça um corte na faixa, separando 10 cm, e reserve.

DAIKON - NINJIN

Enfeites preparados com nabo japonês e cenoura

Flores

Etapa 1 - Corte um pedaço de cenoura de aproximadamente 5 cm de comprimento.
Etapa 2 - Descasque-o, dando-lhe a forma de um cilindro.

Etapa 3 - Quadricule a parte superior da cenoura.
Etapa 4 - Faça rasas incisões, de modo que a textura fique em alto relevo.

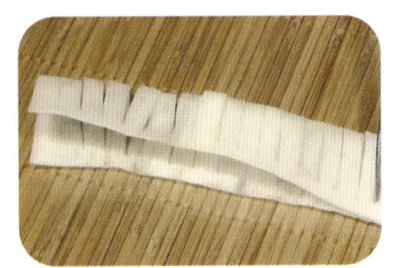

Etapa 5 - Dobre a faixa de 30 cm do nabo, no sentido longitudinal, e pressione-a, para que fique firme.
Etapa 6 - Faça vários cortes, na diagonal, em toda a extensão da faixa de nabo. Deixe aproximadamente 1cm de distância entre os cortes.

Etapa 7 - Coloque o pedaço de cenoura sobre a faixa de nabo e enrole-a firmemente.
Etapa 8 - Com um palito de dentes, prenda a faixa à cenoura.

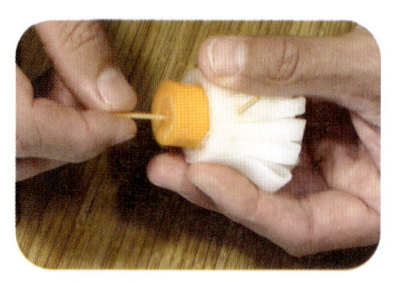

Etapa 9 - Insira outro palito de dentes na base da cenoura.
Etapa 10 - Abra as pétalas e modele a flor (conforme a ilustração).
Etapa 11 - Mergulhe-a em uma tigela com água e gelo para que a flor abra, ganhe brilho e mantenha o formato desejado.

Espirais

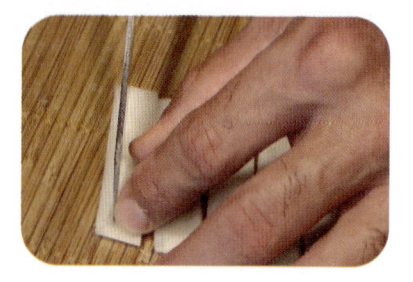

Etapa 1 - No outro pedaço da faixa de nabo (10 cm), faça cortes diagonais retirando fitas de 1cm de largura.
Etapa 2 - Em cada fita, faça dois cortes paralelos (conforme a ilustração).

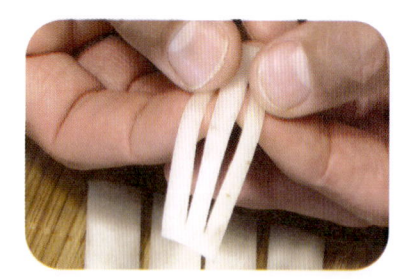

Etapa 3 - Enrole cada fita em volta de um palito de dente e pressione firmemente.
Etapa 4 - Retire o palito e coloque as fitas imediatamente em uma tigela com água e gelo.
Para variar a coloração, os espirais também podem ser feitos com cenoura.

Borboletas

Etapa 1 - Coloque um disco de nabo sobre a tábua e retire aproximadamente 1/5 dele.
Etapa 2 - Agora, coloque o disco em pé e faça um corte de aproximadamente 1 mm até próximo à base. Em seguida, faça um corte paralelo, com a mesma espessura, até retirar completamente o pedaço.

Etapa 3 - Coloque o pedaço retirado sobre a tábua e corte o canto dele, com o formato triangular.
Etapa 4 - Nessa mesma lateral, faça um corte paralelo, sem retirar o pedaço (acompanhe as ilustrações).

Etapa 5 - Em seguida, faça um corte no sentido contrário. Esses cortes darão forma à antena da borboleta.
Etapa 6 - Por último, faça um corte de formato triangular na parte curva da peça (meio das asas).
Etapa 7 - Abra as asas da borboleta e vire as antenas para os lados.
Etapa 8 - Mergulhe-a, imediatamente, em água com gelo e reserve.

Folhas de cenoura

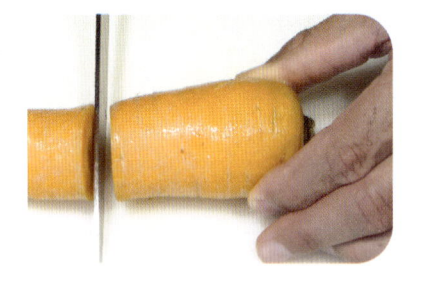

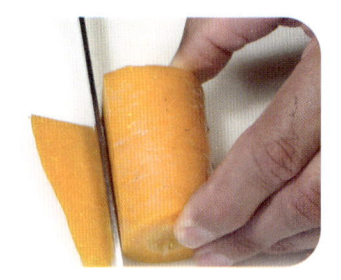

Etapa 1 - Retire um pedaço de cenoura de aproximadamente 5 cm de comprimento.
Etapa 2 - Faça cortes de modo a deixá-la totalmente plana.

Etapa 3 - Retire as quinas, dando-lhe o formato de uma cunha.
Etapa 4 - Descasque as laterais e modele a peça até que ela fique parecida com uma folha.

Etapa 5 - Faça pequenos cortes em toda a lateral da peça.
Etapa 6 - Em seguida, corte-a em finas fatias, formando uma folha maior.
Etapa 7 - Mergulhe-a em uma vasilha com água e gelo, e reserve.

Cálices de cenoura para wasabi

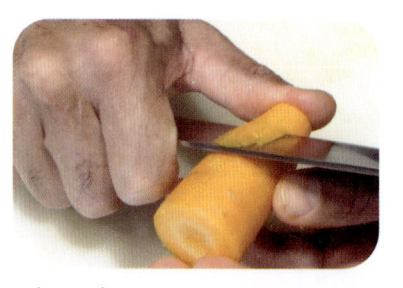

Etapa 1 - Retire um pedaço da cenoura (ponta) de aproximadamente 8 cm de comprimento.
Etapa 2 - Descasque e retire a ponta.

Etapa 3 - Com a ponta da faca (yanagi), faça 4 incisões, como se fosse a ponta de um lápis (conforme as ilustrações).
Etapa 4 - Mergulhe a peça em uma tigela com água e gelo para que o cálice mantenha o brilho e o formato desejado

Flores de cenoura

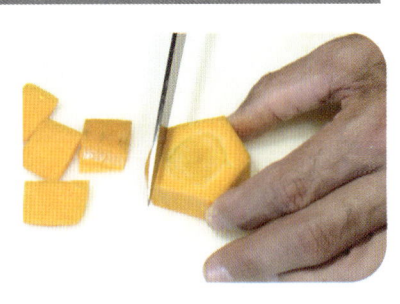

Etapa 1 - Retire da cenoura uma roda de aproximadamente 3 cm de espessura.
Etapa 2 - Corte as laterais, de modo que a peça fique em forma de pentágono.

Etapa 3 - No meio de cada face, faça uma pequeno corte curvo em direção ao centro (conforme a ilustração).
Etapa 4 - Agora, vire a peça e repita os cortes no sentido oposto, dando-lhe o formato de uma flor.

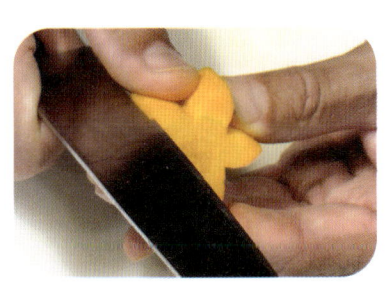

Etapa 5 - Em seguida, faça um pequeno corte em cada ponta da flor, para deixá-la mais arredondada.

Etapa 6 - Finalize retirando finas fatias da flor.
Etapa 7 - Mergulhe-as em água com gelo.

Peixinhos

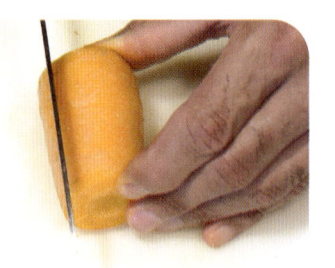

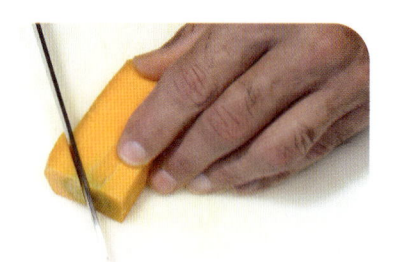

Etapa 1 - Utilize a parte mais grossa da cenoura e faça cortes, deixando-a totalmente plana.
Etapa 2 - Retire as quinas até produzir uma peça curva, conforme a ilustração.

Etapa 3 - Modele a peça até obter o formato de um peixinho.
Etapa 4 - Corte em fatias de 4 mm.
Etapa 5 - Com um palito, fure o local do olho do peixe.

Etapa 6 - Faça alguns na extremidade da peça para dar forma às nadadeiras.
Etapa 7 - Coloque os peixinhos, em pé, dentro de um recipiente com água e gelo.

Enfeites em triângulo

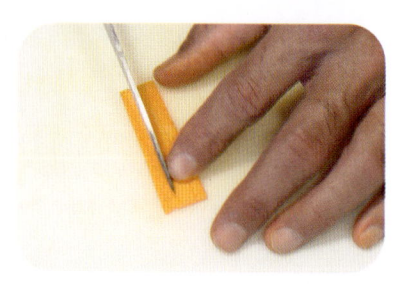

Etapa 1 - Corte um pedaço de cenoura, de modo que fique com o formato retangular.
Etapa 2 - Retire finas fatias da peça.
Etapa 3 - Faça um entalhe no sentido do comprimento.

Etapa 4 - Agora, faça outro entalhe paralelo, no sentido oposto.
Etapa 5 - Cruze as pontas.
Etapa 6 - Mergulhe as peças em uma vasilha com água e gelo e reserve.

KYURI

Enfeites preparados com pepino japonês

Pinheiro japonês

Etapa 1 - Retire, de um pepino inteiro, um pedaço de aproximadamente 8 cm de comprimento. Corte-o na diagonal.

Etapa 2 - Apare as laterais da peça.

Etapa 3 - Faça entalhes paralelos na casca, no sentido do comprimento. Tenha cuidado para não ultrapassar a casca.

Etapa 4 - Com a faca na horizontal, faça um corte sem retirar a fatia da peça.
Etapa 5 - Empurre a fatia para a direita.

Etapa 6 - Corte a segunda fatia um pouco abaixo da primeira e empurre-a para a esquerda.
Etapa 7 - Repita o procedimento até fatiar todo o pepino e empurre as fatias para lados alternados.

Borboletas

Etapa 1 - Coloque um disco de pepino sobre a tábua e retire aproximadamente 1/5 dele.
Etapa 2 - Agora, coloque o disco em pé e faça um corte de aproximadamente 1mm até próximo à base. Em seguida, faça um corte paralelo, com a mesma espessura, até retirar completamente o pedaço.

Etapa 3 - Coloque o pedaço retirado sobre a tábua e corte o canto dele, com o formato triangular.
Etapa 4 - Nessa mesma lateral, faça um corte paralelo, sem retirar o pedaço (acompanhe as ilustrações).
Etapa 5 - Em seguida, faça um corte no sentido contrário. Esses cortes darão forma à antena da borboleta.

Etapa 6 - Por último, faça um corte de formato triangular na parte curva da peça (meio das asas).
Etapa 7 - Abra as asas da borboleta e vire as antenas para os lados.
Etapa 8 - Mergulhe-a, imediatamente, em água com gelo e reserve.

Cálices de pepino para wasabi

Etapa 1 - Com a ponta da faca (yanagi), faça 4 incisões como se estivesse fazendo a ponta em um lápis (Acompanhe as ilustrações).
Etapa 2 - Corte a ponta para fazer a base.

Etapa 3 - Repita o procedimento para confeccionar outros cálices.
Etapa 4 - Mergulhe-os em uma tigela com água e gelo para que o cálice preserve o brilho e o formato desejados.

Enfeite em leque

Etapa 1 - Corte um pedaço de pepino com aproximadamente 8 cm de comprimento.
Etapa 2 - Retire as pontas e divida-o ao meio, no sentido longitudinal.
Etapa 3 - Apare as laterais da peça.

Etapa 4 - Com a ponta da faca, faça 6 incisões paralelas, produzindo 7 astes de aproximadamente 3 mm de espessura.

Etapa 5 - Dobre alternadamente as astes para obter o resultado desejado (conforme a ilustração).
Etapa 6 - Mergulhe a peça em uma vasilha com água e gelo.

Caramujo

Etapa 1 - Corte um pedaço de pepino com aproximadamente 8 cm de comprimento.
Etapa 2 - Para descascá-lo, utilize a técnica katsura-muki e retire uma faixa com aproximadamente 25 cm de comprimento.
Etapa 3 - Comece a enrolar a partir da casca.

Etapa 4 - Enrole, firmemente, deixando a casca no centro.
Etapa 5 - Corte em rodelas de aproximadamente 8 mm de espessura.

Leque de pepino

Etapa 1 - Retire, de um pepino inteiro, um pedaço de aproximadamente 8 cm de comprimento e corte-o na diagonal.
Etapa 2 - Faça entalhes paralelos no sentido do comprimento.

Etapa 3 - Abra as fatias, dando-lhe o formato de um leque.
Etapa 4 - Mergulhe-o em uma vasilha com água e gelo.

SASA-GIRI

Corte na folha de bambu

A folha de bambu é tradicionalmente usada na decoração de pratos de sushi. Ela é útil na confecção de enfeites em geral e é utilizada também para separar os variados tipos de sushi, impedindo que os sabores se misturem. Elas podem ser substituídas pelas folhas de aspidistra. Antes de usá-las, é importante lavar bem.

Etapa 1 - Com a ponta da faca, corte a folha de bambu, definindo o seu comprimento.
Etapa 2 - Dobre a folha ao meio e faça um corte diagonal, que servirá como base do enfeite.

Etapa 3 - Ainda com a folha dobrada, faça um corte em "meia lua", acompanhando o tamanho dela.
Etapa 4 - Com a ponta da faca, faça pequenas incisões em uma das extremidades, formando 3 pontas.
Etapa 5 - Faça outro corte em "meia lua" acompanhando o formato externo da folha. Retire o pedaço.

Etapa 6 - Em seguida, faça um corte semelhante, um pouco abaixo do anterior. Retire o pedaço.

Etapa 7 - Repita o procedimento 3 vezes, diminuindo a extensão do corte, mas sempre acompanhando o formato da folha.

Etapa 8 - Com a ponta da faca, faça uma incisão de duas pontas, abaixo do último corte em "meia lua".

Etapa 9 - Abra a folha e observe o resultado.
Etapa 10 - Mergulhe a peça em uma travessa com água e reserve na geladeira.

Obs.: Siga os passos básicos para confeccionar os enfeites a seguir.

スシマン

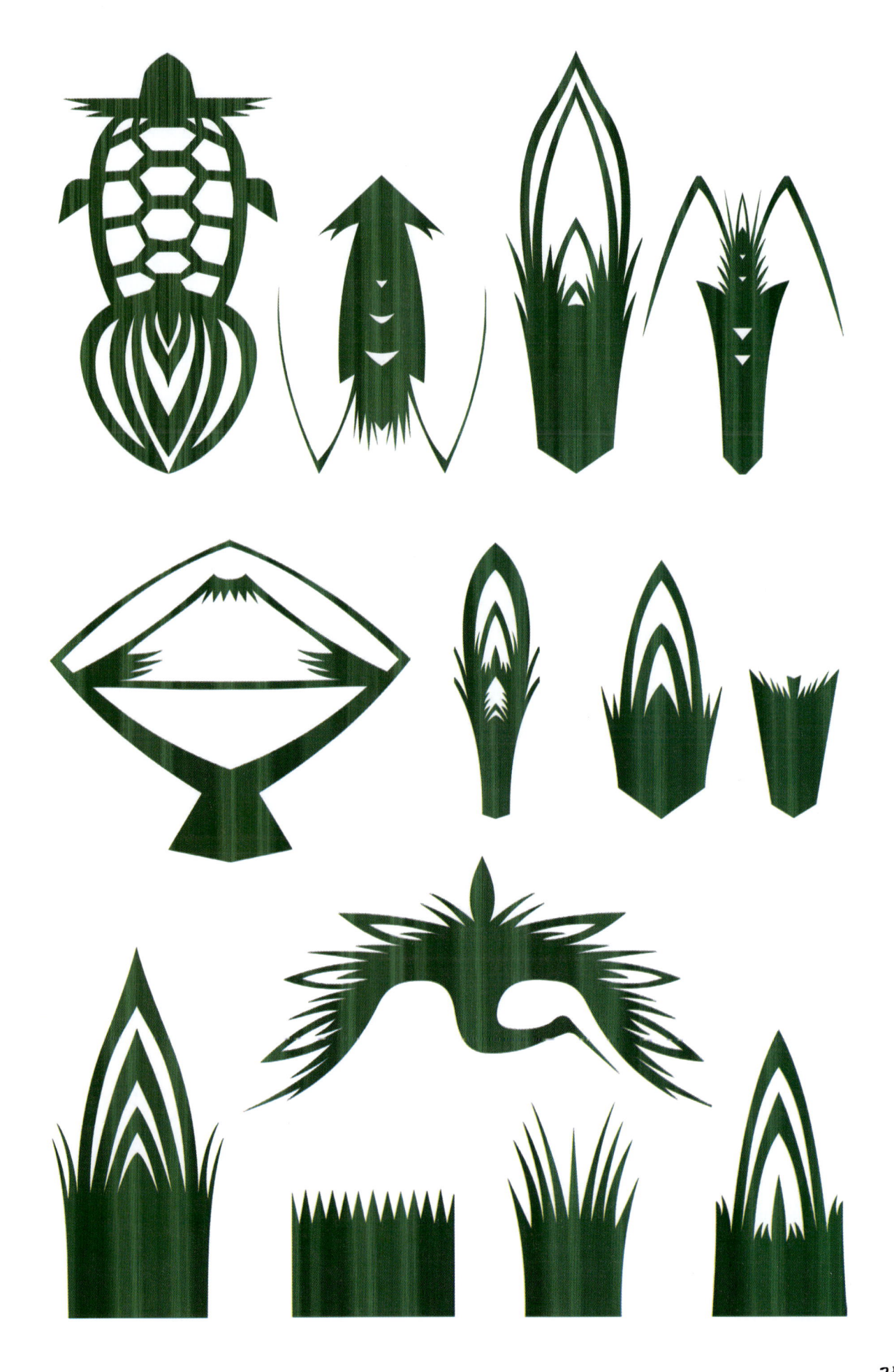

RINGO

Maçã

Ponteira

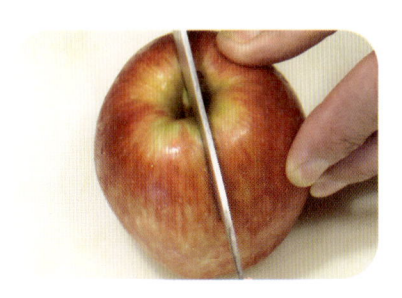

Etapa 1 - Corte a maçã ao meio.
Etapa 2 - Corte uma metade em duas partes iguais e reserve a outra metade.

Etapa 3 - Apare as duas laterais da peça a ser utilizada.

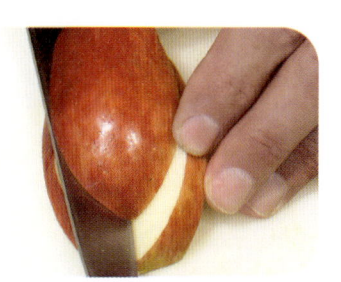

Etapa 4 - Faça um corte de cada lado, de modo que se encontrem. Observe a inclinação.

Etapa 5 - Repita o procedimento, retirando peças com espessura de aproximadamente 4 mm. Mantenha sempre o mesmo ângulo de inclinação, preservando a integridade da peça.
Etapa 6 - Ao término dos cortes, empurre as partes de dentro para fora.

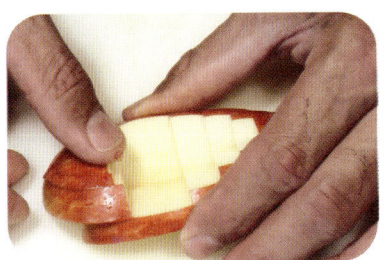

Etapa 7 - Pegue a metade reservada e repita o mesmo procedimento.
Etapa 8 - Corte ao meio as peças de cima, preservando apenas a peça de base.
Etapa 9 - Ao término dos cortes, empurre as partes de dentro para fora. Observe a ilustração.

Cisne

Etapa 1 - Corte a maçã ao meio e uma das metades em duas partes iguais. Reserve 1/4.
Etapa 2 - Apare a base do outro 1/4, retirando o caroço.

Etapa 3 - Corte cada lateral em 5 fatias. Preserve a parte central.

Etapa 4 - Faça uma incisão no centro, até a metade do corpo.
Etapa 5 - Retire uma fatia do outro 1/4 da maçã.

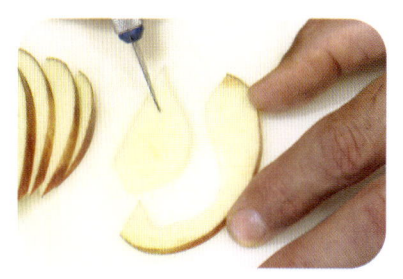

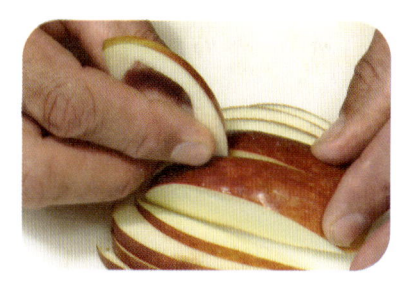

Etapa 6 - Com um estilete, recorte o que virá a ser o pescoço e a cabeça da ave.
Etapa 7 - Abra o corte do centro do corpo e introduza essa parte.

Etapa 8 - Em seguida, abra as asas do cisne e junte ao corpo (conforme a ilustração).

MERON

Melão

Barquinho

Etapa 1 - Corte o melão ao meio e retire as sementes. Divida uma metade em duas.
Etapa 2 - Com um corte paralelo à casca, retire a "carne", deixando aproximadamente 1,5 cm ainda na casca. Reserve a parte comestível.
Etapa 3 - Faça um corte, deixando somente 1/3 grudado na casca (conforme a ilustração).

Etapa 4 - Dobre a fatia, formando a vela do barquinho.
Etapa 5 - Prenda com um palito, simulando um mastro.
Etapa 6 - Fatie a parte reservada e coloque sobre o barco.

WASABI

Raiz forte

Folhinha

Etapa 1 - Misture 2 colheres (sopa) de wasabi em pó com um pouco de água e prepare a massa.
Etapa 2 - Faça um rolinho na palma da mão.
Etapa 3 - Coloque-o sobre a tábua de corte e pressione as extremidades.
Etapa 4 - Achate a peça, moldando-a em forma de folha. Se necessário, utilize uma faca para alisar a superfície.

Etapa 5 - Com a ponta de uma faca, faça um sulco marcando o que seria o caule no centro da folha.
Etapa 6 - Ainda com a ponta da faca, marque os veios da folha. Vire a peça e marque também do outro lado.

TOGI HÕCHÕ

Afiando as facas

Sem dúvida, a faca é a ferramenta mais importante para o sushiman. É necessário ter um cuidado especial em seu manuseio, para garantir sua durabilidade e a manutenção do corte. Para não prejudicar o preparo do sushi, é essencial que ela esteja sempre muito bem afiada.
No primeiro capítulo do livro, relacionei as facas mais utilizadas e adequadas em cada receita, bem como suas funcionalidades (pág. 26). É imprescindível seguir aquelas orientações e não utilizar as facas para outros fins.
A seguir, o método correto para afiar sua faca yanagi.

Etapa 1 - Coloque a pedra de amolar (wet stone 800) na água e espere até que as bolhas parem de sair do interior da pedra (aproximadamente 20 min).
Etapa 2 - Na bancada, coloque um pano úmido e um pedaço de jornal sobre ele. Retire a pedra da água e coloque-a sobre o jornal, para que ela fique fixa enquanto a faca é amolada.
Inicialmente vamos trabalhar nos primeiros 3/4 da lâmina.
Etapa 3 - Segure firmemente o cabo da faca com sua mão dominante e coloque o polegar sobre a lâmina. Mantenha o corpo em frente à pedra e as pernas entreabertas na mesma largura dos ombros.

Etapa 4 - Coloque o dedo indicador, o dedo médio e o polegar da outra mão na lâmina, apoiando-a na pedra.
Etapa 5 - Deslize a lâmina para frente e para trás, em movimentos contínuos. Coloque pressão quando empurrar e reduza a pressão quando puxar. Não mova o punho da mão dominante durante o procedimento. Repita o movimento umas 10 vezes.

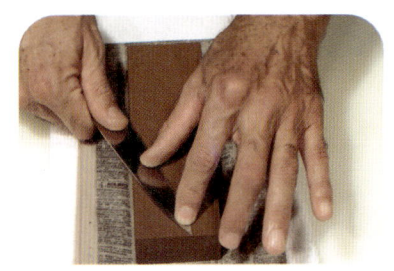

Etapa 6 - Para amolar a outra parte da lâmina, repita as etapas de 3 a 5.
Etapa 7 - Novamente, deslize a lâmina para frente e para trás, em movimentos contínuos. Coloque pressão quando empurrar e reduza a pressão quando puxar. Repita o movimento umas 10 vezes.

Etapa 8 - Vire a faca. Empurre e puxe da mesma forma, para frente e para trás. Dessa vez, coloque a pressão quando puxar e diminua quando empurrar

Repita o movimento de empurrar e puxar umas 10 vezes. Não mova o punho de mão dominante durante o movimento.
Etapa 9 - Despeje água sobre a pedra, mantendo-a sempre encharcada.
Etapa 10 - Limpe a lâmina com um pano úmido e repita as etapas anteriores, quantas vezes forem necessárias.

Para saber se a faca está afiada, encoste a lâmina em uma das unhas da mão e pressione delicadamente.

O HASHI

Como utilizar os pauzinhos

Há alguma regra que determine que o nigiri deve ser apanhado com os dedos ou com os hashis? Em minha opinião, não. A meu ver, você deve comer o sushi do modo mais fácil e natural possível.

Apesar disso, você já deve ter ouvido falar sobre "o modo correto de comer sushi" e de acordo com essa teoria, é necessário segurá-lo com os dedos, cobrindo a parte superior dele e elevando a parte de baixo. Nesse caso, virando a cobertura para baixo. Em seguida, você deve molhar o peixe ligeiramente no molho de soja e levá-lo à boca.

Porém, com alguns tipos de nigiri-zushi, você encontrará grande dificuldade em obedecer a essa "regra". Se o filete de peixe (cobertura) não estiver bem aderido ao arroz de sushi, ele poderá cair e, nesse caso, essa teoria não fará sentido. Será mais fácil deitar lateralmente o nigiri e segurá-lo, delicadamente, utilizando o dedo polegar e o indicador, ou o polegar e o dedo médio, colocando, assim, o indicador e o médio no peixe. Particularmente, o mais importante é que o sabor do sushi seja desfrutado. Como você come é secundário.

Em alguns casos, vemos pessoas que tiram o peixe do nigiri, separando-o do arroz e mergulhando-o no molho shoyu, depois colocam sobre o bolinho de arroz e, só então, comem. Você pode fazer isso para comer o chirashi-zushi, mas não o nigiri-zushi. Esse procedimento decepciona o sushiman e, certamente, é o pior modo para se comer nigiri-zushi.

O modo mais simples de como utilizar o hashi:

Controlamos os pauzinhos com os dedos, excetuando-se o dedo mínimo.
Colocamos um pauzinho entre o dedo polegar e o dedo indicador, e o outro, apoiado pelo terceiro dedo, próximo a sua segunda falange, enquanto o pauzinho superior é segurado pela ponta dos dedos indicador e médio. Ao apanhar algo com o hashi, mova o pauzinho superior enquanto mantém fixo o pauzinho que está embaixo.

Veja, a seguir, um exemplo de como utilizar o hashi ao comer um nigiri-zushi.

Etapa 1 - Com as pontas do hashi, deite lateralmente o sushi.
Etapa 2 - Pegue o sushi, apoiando um pauzinho sobre a cobertura e o outro sobre o shari.
Etapa 3 - Molhe parte da cobertura no molho shoyu e leve à boca.

スシマン

GLOSSÁRIO

Abokado	Abacate ou avocado.
Abura age	Fatias de tofu frito.
Ahiru	Pato.
Aji	Carapau.
Aji-no-moto	Glutamato monossódico.
Ajikiri	Faca para abrir o peixe pequeno.
Amadai	Namorado.
Asuparagasu	Aspargo.
Atsui	Quente.
Bainiku-joyu	Variação de molho para sashimi, à base de tosa-joyu e ume-boshi.
Battera	Fôrma de madeira utilizada para fazer sushi prensado (oshi-zushi).
Beni shoga	Gengibre em conserva, com anilina vermelha.
Bifu suteki	Bife.
Chakin-zushi	Tipo de sushi em que o recheio é colocado em pequenos saquinhos feitos de omelete, amarrados como uma bolsa.
Chirashi-zushi	Tipo de sushi em que uma variedade de peixes e frutos do mar são colocados sobre uma camada de shari, dentro de uma tigela de madeira.
Chizu	Queijo.
Daikon	Nabo branco gigante.
Dashi	Caldo básico de peixe.
Deba bosho	Facas pesada e larga, com a lâmina de formato triangular, utilizada para abrir o peixe.
Donburi	Tigela.
Doragon	Dragão.
Dõgu	Utensílios.
Ebi	Camarão ou lagosta.
Edomae-zushi	Sushi típico de Tóquio.
Fukin	Pano usado na cozinha.
Fukusa-zushi	Tipo de sushi em que o recheio é colocado em pequenos pacotes retangulares feitos de omelete bem fina.
Funa-zushi	Prato considerado como precursor do sushi, cujo preparo levava de dois meses a um ano para ser concluído.
Furikake	Tempero japonês feito com vários ingredientes miúdos e usado, geralmente, sobre o arroz cozido.
Futo-maki	Sushi enrolado grosso em que o recheio fica no centro, envolto no arroz de sushi e, por fora, a alga nori.
Gaiyo	Alto mar; oceano.
Gohan	Arroz cozido.
Goma-joyu	Variação de molho para sashimi, à base de tosa-joyu e sementes de gergelim.
Gomai-oroshi	Técnica de corte utilizada para peixes achatados, como o linguado.
Gunkan-maki	Sushi em forma de "barco de guerra".

Gunto	Arquipélago.
Gyoran	Templo localizado em Tóquio, no Japão.
Hakusai	Acelga.
Hamachi	Olhete
Hamono	Instrumentos de corte; cutelaria.
Hana-zushi	Sushi enrolado em forma de pétalas, utilizado para a montagem de flores e ramos.
Hangiri	Tina de madeira. Utensílio utilizado para resfriar o arroz e misturar os temperos.
Haru-maki	Massa de origem chinesa, parecida com uma panqueca.
Hashi	Palitos de madeira utilizados como talheres na culinária japonesa.
Hijiki	Tipo de alga. Quando seca, lembra chá mate.
Hirame	Linguado.
Hon-wasabi	Wasabi obtido da raiz fresca. É considerado como o verdadeiro wasabi.
Hondashi	Marca de tempero industrializado, feito à base de condimentos e peixe-bonito desidratado.
Horenso	Espinafre.
Hoso-maki	Sushi enrolado fino em que o recheio fica no centro, envolto no arroz de sushi e, por fora, a alga nori.
Hotate-gai	Vieiras.
Ibusu	Defumar.
Ichigo	Morango.
I-gai	Mexilhão.
Ika	Lula.
Ikura	Ovas de salmão.
Inari-zushi	Abura age recheado com arroz e outros ingredientes.
Ishi	Pedra de amolar.
Iwashi	Sardinha.
Izumi-dai	Tilápia.
Kaika	Florescimento.
Kaikan	Prazeroso; agradável.
Kaiware	Broto de nabo.
Kaki	Ostra.
Kami	Soberano; espírito; alma.
Kampyo	Cabaça seca, em tiras.
Kani	Caranguejo; siri.
Kani-kama	Produto industrializado em forma de bastonete, feito com pasta de peixe branco e aromatizado com extrato de carne de caranguejo.
Kansatsugan	Olho.
Kappa-maki	Sushi enrolado com arroz e pepino.
Karashi-su-miso	Molho para sashimi de peixe de rio e polvo.
Karikari	Ruído de mastigar.
Katsuo	Peixe-bonito; serra.
Katsuo-bushi	Flocos de bonito seco
Katsura-muki	Técnica japonesa usada para descascar nabo, pepino, cenoura e outros.
Kazari	Decoração de pratos.
Kazunoko	Ovas de arenque.
Kemushi	Lagarta; taturana.
Kenuki	Pinça para retirar espinhas.

Kihada	Espécie de atum mais comercializado no Brasil.
Kinoko	Cogumelo.
Kinusaya	Vagem de ervilha.
Kirin	Marca de sake seco.
Koebi	Camarão desidratado.
Kohada	Savelha.
Kokonatsu no mi	Coco.
Kombu	Tipo de alga comprida, geralmente seca.
Kome	Arroz japonês cru.
Kona-wasabi	Wasabi (raiz forte) em pó.
Kurimu	Creme de leite.
Kyabia	Caviar.
Kyuri	Pepino.
Maguro	Atum.
Maki-zushi	Sushi enrolado.
Mame-nori	Finas folhas de papel de soja multicolor, usadas como substituto da alga nori na confecção do maki-zushi.
Manaita	Tábua para corte.
Mangoo	Manga.
Masago	Ovas de capelin.
Matsukasa-zushi	Tipo de corte que simula a casca do abacaxi.
Meka	Meca.
Meron	Melão.
Mirin	Sake doce muito utilizado na cozinha japonesa.
Miso	Pasta de soja fermentada.
Misoshiro	Sopa quente feita com pasta de grãos de soja.
Mitsuba	Trevo japonês.
Nare-zushi	Sushi primitivo feito de peixe (carpa) e arroz fermentados em caixa de madeira.
Negi	Cebolinha verde.
Neri uni	Conserva de ouriço em pasta.
Nigiri-zushi	Sushi moldado à mão. Bolinho alongado de arroz de sushi, coberto com filetes de peixe, legumes ou fruto do mar.
Niji	Arco iris.
Ninjin	Cenoura.
Nira	Cebolinha japonesa.
Nitate	Cozido; fervido.
Nitsume	Molho à base de caldo de enguia.
Nori	Alga desidratada e prensada em folhas finas.
Ohitsu	Pote de madeira com tampa, utilizado para colocar o arroz de sushi pronto.
Oishii	Delicioso; saboroso.
Oroshi-gane	Ralador de metal.
Oroshiki	Ralador e fatiador de legumes.
Oshi-zushi	Sushi prensado.
Paseri	Salsinha crespa.
Ponzu	Molho à base de shoyu e suco de limão.
Renkon	Raiz de lótus.
Ringo	Maçã.
Saaroim	Filé mignon.

Saba	Cavalinha.
Saibashi	Pauzinhos longos usados para cozinhar e servir.
Saiku-zushi	Sushi feito com arroz colorido. Muito comum em festividades.
Sakana	Peixe.
Sake	Vinho feito a partir da fermentação do arroz. Obs.: Se a palavra quando for pronunciada de forma diferente (shake), significa o peixe salmão.
Sake sukin	Pele de salmão.
Sakudori	Método para cortar peixe.
Sakurambo	Cereja.
Sansho	Pimenta japonesa de cor marrom clara e aroma de menta; possui sabor suave e picante ao mesmo tempo.
Sasa	Espécie de bambu, taquara.
Sasa-giri	Corte em folha de bambu.
Sashimi	Prato de peixe cru fatiado, servido sem arroz.
Saya	Vagem.
Seichuang	Tipo de pimenta em pó.
Shamoji	Colher achatada usada para revirar o arroz de sushi.
Shari	Termo usado para arroz cozido e temperado, preparado para sushi.
Shichimi togarashi	Tempero picante à base de sete pimentas; muito usado em sopas e macarrão.
Shiira	Dourado do mar.
Shiitake	Tipo de cogumelo.
Shikaku	Quadrado.
Shikisai	Cor, coloração.
Shimeji	Tipo de cogumelo.
Shime saba	Cavalinha marinada no vinagre.
Shiso	Folha aromática que lembra a hortelã.
Shoga	Gengibre.
Shoga-joyu	Variação de molho para sashimi, à base de tosa-joyu e gengibre ralado.
Shokubutsu no	Vegetais.
Shoyu	Molho de soja.
Soboro	Carne de peixe moída, temperada e seca.
Sōsu	Molho.
Su	Vinagre de arroz.
Sunomono	Salada avinagrada, feita com frutos do mar e pepino, servida como entrada.
Surimi	Pasta de peixes de carne branca.
Sushi-zu	Tempero para o arroz de sushi
Suzuki	Robalo.
Tako	Polvo.
Takuwan	Nabo em conserva.
Tamago-yaki	Omelete japonesa.
Tamago-yaki-nabe	Frigideira especial para o preparo do tamago-yaki.
Tanpo	Cobertura.
Tare	Molho adocicado, feito à base de shoyu, sake e açúcar.
Tasuna-zushi	Sushi em que os ingredientes são colocados, na diagonal, sobre o shari.
Tekka-maki	Sushi de atum e shari, enrolados em alga nori.
Te-maki	Sushi em forma de cone.
Te-mari	Sushi em forma de bolinhas.
Tempura	Vegetais ou frutos do mar empanados e fritos.
Teppanyaki	Prato de peixes, carnes e vegetais feitos na chapa.
Teriyaki	Molho feito à base de shoyu e carcaça de peixe.

Tezu	Solução de água, vinagre de arroz e sal, utilizado para umedecer as mãos durante o preparo do sushi e no corte do sashimi.
Tobiko	Ovas de peixe-voador.
Tobikowasabi	Ovas de peixe-voador marinadas no wasabi.
Tofu	Queijo de soja.
Tokubetsu	Especial.
Tomato	Tomate.
Tomoe maki-zushi	Sushi enrolado grosso em que o recheio é colocado em dois rolinhos com forma de vírgula, depois unidos e enrolados em alga nori.
Tori	Ave, pássaro.
Toro	Parte gorda retirada da barriga do atum.
Tororo	Kará ralado.
Tosa-joyu	Molho base para sashimi.
Tsukemono	Conserva de legumes ou vegetais.
Tsukimi	Apreciar a lua.
Tsutsumi-zushi	Tipo de sushi em que o peixe é colocado em um tecido úmido e, sobre ele, uma porção de shari. Os ingredientes são embrulhados e moldados.
Uchiwa	Tipo de abanador.
Ume-boshi	Ameixa verde em conserva.
Unagi kabayaki	Enguia de água doce cozida e grelhada.
Ura-maki	Sushi enrolado em que o recheio fica no centro, envolto na alga nori e com arroz de sushi por fora.
Uroko tori	Limpador de escamas.
Uzura-tamago	Ovo de codorna.
Wakame	Tipo de alga verde-escuro, desidratada.
Wasabi	Raiz forte japonesa.
Wasabi-joyu	Variação de molho para sashimi, à base de tosa-joyu e raiz forte em pó.
Yakissoba	Prato de origem chinesa, muito popular na culinária japonesa, que significa, literalmente, macarrão frito.
Yama	Montanha; serra.
Yanagi-ba	Faca longa e fina, com a extremidade pontuda, muito utilizada na preparação do sashimi e para fatiar o sushi enrolado.
Yasai	Hortaliça; verdura; legume.
Yasai-bocho	Faca para cortar legumes – tem cerca de 15 cm e lâmina retangular que, às vezes, é arredondada na ponta.
Yoshiki	Estilo; forma.
Zairyõ	Ingredientes.
Zaru	Coador feito de bambu.

BIBLIOGRAFIA

Fontes de consulta

ALIANÇA CULTURAL BRASIL-JAPÃO. **Michaelis**. Dicionário Prático Japonês-Português. São Paulo: Melhoramentos, 2006.
BARBER, Kimiko. **La Cocina Japonesa**. Barcelona: Blume, 2005.
BARBER, Kimiko; TAKEMURA, Hiroki. **Sushi - Técnicas e receitas**. São Paulo: Publifolha, 2008.
BONOMO, Giuliana. **El Gran Libro Del Pescado**. Barcelona: Grijalbo, 1990.
CORRÊA, Thomaz Souto. **Jun Sakamoto**: o virtuose do sushi. São Paulo: Bei Comunicação, 2008.
DETRICK, Mia. **Sushi**. San Francisco: Chronicle Boocks, 1981.
EDITORA JBC DO BRASIL. **Culinária japonesa - o segredo da vida longa**. São Paulo: Editora JBC, 2004.
FISHER, Maite Rodrigues. **Sushi**. Barcelona: Blume, 2002.
FROST, Griffith; GAUNTNER, John. **Saquê**. São Paulo: Editora JBC, 2007.
FUKUOKA, Yasuko. **Cozinha Japonesa**. São Paulo: Marco Zero, 2009.
GAYOSO, Ana Carolina. **Sushi Leblon**. Rio de Janeiro: Editora Senac Rio, 2006.
HOLZMANN, Sérgio Neville. **Sushi**: sabor milenar. São Paulo: Publifolha, 2006.
KAZUKO, Emi. **26 recetas de sushi**. Barcelona: Blume, 2007.
KAZUKO, Emi. **Culinária Japonesa**. São Paulo: Publifolha, 2010.
KINA, Eiko Miyagui. **Cozinha japonesa**. São Paulo: Melhoramentos, 2005.
SUSHI Chef Institute – Complete course. Produção de Andy Matsuda. Los Angeles, 2005. DVD.
MIGDALSKI, Edward C. **The fresh & salt water fishes of the world**. New York: Greenwich house, 1989.
MORIYAMA, Yukiko; TOYAMA, Heihachiro. **Quick & ease - Sushi Cook Book**. Tokio: Joie, ink, 1983.
MORIYAMA, Yukiko; TOYAMA, Heihachiro. **Livro de culinária sushi**. Tokio: J.B. Comunication, 2001.
NAGAYAMA, Hisao. **Os segredos da tradicional culinária japonesa**. São Paulo: Aliança cultural Brasil--Japão,1993.
OKAMOTO, Masami. **A arte do sushi**. São Paulo: Editora Melhoramentos, 2001.
OMAE, Kinjiro; TACHIBANA, Yuzuru. **The book of Sushi**. New York: Kodansha International, 1988.
ORGANIZAÇÃO MUNDIAL DE TURISMO. **Manual de qualidade, higiene e inocuidade dos alimentos no setor de turismo**. São Paulo: Roca, 2003.
PALLET, Steven. **Sushi de la A a la Z - Paso a paso**. Madrid: Editorial El Drac, 2006.
PARRAGON PUBLISHING. **Sushi - Full of delicious authentic recipes**. Bath: Parragon books, 2004.
REIS, Regina. **Cozinha japonesa**. São Paulo: Girassol, [s. d.].
SANTANA, Constança Paiva Boléo. **Sushi e sashimi**. Lisboa: Livro e livros, 2004.
SHIMIZU, Kay. **Sushi at home**. Tokio: Shufunotomo/Japan Publications, 1988.
TSUDA, Nobuko. **Sushi made easy**. New York: Weatherhill, 1985.
TSUJI, Shizuo; HATA, Koichiro. **Practical Japanese Cooking**. Tokio: Kodansha, 1986.
YAMAMOTO, Katsuji; HICKS, Roger W. **El Libro Del Sushi**. Madrid: Susaeta, 1996.
YOSHII, Ryuichi. **Simple & Delicious - Sushi**. East Sussex: Aplee Press, 2002.
YOSHINO, Masuo. **Sushi**. Tokio: Gakken, 1986.